GEIRIAU FFYDD 2

100 MYFYRDOD
AR RAI O EIRIAU
MWYAF CYFARWYDD
YR EGLWYS FORE

JOHN TREHARNE

Cyflwynir y gyfrol hon
i'r diweddar Barchg. Gareth Davies
a'r Parchg. Evan George
'Gweinidogion bore oes'

Testun gwreiddiol: John Treharne

Dymuna'r cyhoeddwyr gydnabod cymorth
Adrannau Golygyddol a Grantiau Cyngor Llyfrau Cymru.

Golygydd Cyffredinol: Aled Davies

ISBN 978 1 85994 655 0
Argraffwyd ym Mhrydain.

Cyhoeddwyd gan
Cyhoeddiadau'r Gair, Cyngor Ysgolion Sul Cymru,
Ael y Bryn, Chwilog, Pwllheli, Gwynedd LL53 6SH
www.ysgolsul.com

CYNNWYS

RHAGAIR

Mae'n bleser ac yn fraint i gael cyflwyno ail gyfrol o 'Geiriau Ffydd'. Diolch am yr ymddiriedaeth i lunio cyfrol arall, a diolch i'r sawl a ddarllenodd y gyntaf.

Y tro yma, y maes yw geiriau'r apostolion, ac fe geisiais bori yn y mwyafrif o'r epistolau, yn ogystal â'r Actau a'r Datguddiad.
Mae'r arddull yn aros yr un, gan geisio rhoi goleuni ar gefndir a chyd-destun er mwyn gwneud ystyr y testun yn fwy eglur.

Fy ngobaith pennaf yw y bydd y gwaith yn gyfraniad bach i gadarnhau'r ysgrythurau fel gair Duw. O ganlyniad, gweddïaf y bydd yn cryfhau'r awydd ym mhawb i ddarllen y Beibl eu hunain, a thrwy hynny gryfhau ffydd trwy ddod â'n meddyliau a'n gweithredoedd i harmoni tynnach â gair Duw. Gobeithio wedyn y bydd yn cryfhau'n tystiolaeth trwy grymyso rywfaint ar ein deall o ddysgeidiaeth ein ffydd.

Boed i Dduw yr Ysbryd Glân fwrw ei oleuni nefol ar y gair er mwyn i'r gair ein goleuo ni.

"Y mae dy air yn llusern i'm troed, ac yn oleuni i'm llwybr."
Salm 119.105

John Treharne

"Wedi iddo ddweud hyn, a hwythau'n edrych, fe'i dyrchafwyd, a chipiodd cwmwl ef o'u golwg." **(Actau 1:9)**

Dyma gofnod syml Luc o esgyniad Iesu Grist. Fe ddigwyddodd bedwar deg diwrnod ar ôl ei atgyfodiad a deg diwrnod cyn dydd y Pentecost. Rŷn ni'n cofio'r digwyddiad pwysig yma ar Ddydd Iau Dyrchafael.

Dyrchafiad Iesu Grist

Mae'r Dyrchafael yn digwydd ar adeg o'r flwyddyn pan mae llawer o glybiau pêl-droed yn ymdrechu tuag at, neu yn dathlu dyrchafiad i gynghrair uwch. Yr esgyniad oedd ail gymal dyrchafiad ein Harglwydd a'n Gwaredwr. Yr atgyfodiad buddugoliaethus o'r bedd oedd y cymal cyntaf, yr eisteddiad ar ddeheulaw'r Tad yng ngogoniant y nefoedd oedd y trydydd, a'r ailddyfodiad fydd y cymal olaf.

Ffaith hanesyddol

Mae'r Beibl yn disgrifio'r esgyniad fel ffaith hanesyddol a ddigwyddodd mewn lleoliad arbennig, sef Mynydd yr Olewydd, yng nghyffiniau Bethania, ac felly i'r dwyrain o Jerwsalem (Actau 1 a Luc 24).

Fe esgynnodd yn gorff gwirioneddol ac enaid rhesymol yn gyhoeddus yng ngŵydd nifer o'i ddisgyblion. Dyma esgyniad y Duw-ddyn, Mab Duw yn ein natur ni. Roedd yn ddigwyddiad gweladwy, gyda'r disgyblion yn dystion i'r cyfnewidiad. Gwelsant Grist yn codi'n raddol o'r ddaear nes i gwmwl ei guddio o'u golwg. Roedd yn newid lleoliad o'r ddaear i'r nefoedd – yn y cyswllt yma, lleoliad lle mae presenoldeb Duw yn amlwg ymhlith yr angylion a'r saint sydd wedi'n blaenori yn eu hysbryd.

Fel y cododd Apollo 11 i gario dyn i'r lleuad am y tro cyntaf yng Ngorffennaf 1969, cododd Crist o'r ddaear i'r nef.

Arwyddocâd i ni

Mae'r ffaith fod Iesu Grist yn y nef ar hyn o bryd yn arwyddocaol iawn i bob un o'i bobl:

Mae wedi dychwelyd i'w gartref. Dywed yr Arglwydd yn Eseia 66 mai'r nefoedd yw ei orseddfainc a'r ddaear ei droedfainc. Yn ei ddarostyngiad daeth Crist i lawr i droedfainc Duw, ac yn ei ddyrchafiad mae wedi dychwelyd i'r orseddfainc.

Gadawodd y nef fel Duw, dychwelodd yno fel Duw-ddyn. Felly, mae'r Duw-ddyn wedi ei dra-dyrchafu ymhell uwchlaw pawb a phopeth.

Y mae'n cynrychioli ei bobl fel eu Brawd mawr a'u harchoffeiriad. Yn yr un modd ag yr oedd yr archoffeiriad yn mynd i gysegr y deml ar ran y bobl, aeth Crist i gysegr y nef ar ran ei gredinwyr. Mae nifer o aelodau seneddol, aelodau cynulliad neu gynghorwyr yn cael eu hethol mewn etholiadau i gynrychioli pobl eu hardal mewn llywodraeth wladol neu leol. Nhw fydd llais eu hetholaeth. Felly y mae Crist i ni. Oherwydd bod Iesu Grist yn eiriol trosom, cawn bob gras a thrugaredd sydd ei angen arnom i ddod i deyrnas Dduw ac i ddyfalbarhau tan y diwedd hefyd.

Wedi concro'i elynion, aeth fel Brenin buddugoliaethus i'w orsedd a sicrhau rhoddion gwerthfawr i'w ddeiliaid:

Rhoddodd yr Ysbryd Glân, sef trydydd person y Drindod, i gynrychioli Duw gyda dyn. Ef sydd yn arwain dynion at Dduw, yn deffro a bywhau pobl i feddwl ac i adnabod Duw, trwy eu hargyhoeddi o bechod, o gyfiawnder ac o farn. Ef sydd yn chwythu lle y mynno ac yn eu geni o'r newydd i obaith bywiol. Ef sydd yn cynhyrchu ffrwyth i brofi dilysrwydd pobl Iesu Grist.

Trwy'r Ysbryd Sanctaidd cawsom roddion i'r Eglwys mewn gweinidogaethau – apostolion, proffwydi, efengylwyr, bugeiliaid ac athrawon. Cawsom ddoniau ysbrydol gan y Diddanydd i adeiladu ein gilydd, megis **"doniau iacháu, cynorthwyo, cyfarwyddo, llefaru â thafodau ... dehongli tafodau."** (1 Cor. 12:28,30)

Ein hadwaith

Sut ydym yn ymateb i wirionedd yr esgyniad heddiw? Bydd rhai yn ei amau fel ffaith hanesyddol. Bydd llawer o Gristnogion yn credu'r digwyddiad ond efallai ddim yn sylweddoli ei arwyddocâd yn llawn.
Oherwydd ffaith yr esgyniad:

1. Daethom i brofi realiti Duw yn ein bywyd trwy berson yr Ysbryd Glân yn gweithio trwy gyfrwng y moddion gras. Os wyt ti wedi dod i brofiad byw o Dduw yng Nghrist, roedd ffaith yr esgyniad yn rhan allweddol o waith Crist i beri i hynny ddigwydd.

2. Byddwn yn dyfalbarhau tan y diwedd oherwydd bod Crist yn ein cynrychioli yn y nef. Nid ein nerth na'n dyfalbarhad ni a aiff â ni i ben ein taith, ond y ffaith fod Iesu Grist yn ein cynrychioli ac yn gwneud yn siŵr ein bod yn derbyn y gras i ddal ati tan y diwedd.

3. Mae popeth sydd ei angen arnom i gyrraedd y nef wedi ei warantu yn Iesu Grist y Cyfiawn.

Beth am fyw yn yr hyder a'r sicrwydd hwn?

“Yr oedd y rhain oll yn dyfalbarhau yn unfryd mewn gweddi, ynghyd â rhai gwragedd a Mair, mam Iesu, a chyda'i frodyr.” **(Actau 1:14)**

Dyma ddisgrifiad Luc o weithgaredd y credinwyr cyntaf wrth iddyn nhw ddisgwyl am fedydd yr Ysbryd Glân a fyddai'n dod ar ddydd y Pentecost. Dywedodd yr Arglwydd Iesu yn y Bregeth ar y Mynydd fod yn rhaid mynd i'n hystafell a chau ein drws a galw ar y Tad nefol; mae'n rhaid gwneud hynny fel Cristnogion unigol ac fel corff Crist gyda'n gilydd hefyd. Dyna'r unig ffordd i brofi nerthoedd y Pentecost eto yn ein plith.

Pawb
Roedd pawb gyda'i gilydd mewn gweddi; yr apostolion, rhai gwragedd a Mair. Doedd hi ddim yn ddigon da cael hanner y criw yn gweddïo, neu draean, neu ddeg y cant. Nid opsiwn ychwanegol oedd gweddi i'r Eglwys Fore ond anghenraid.

Dyfalbarhau
Roedden nhw'n gyson, yn parhau i alw ar enw'r Arglwydd. Doedden nhw ddim yn byw yn yr oruwchystafell, ond mae'n amlwg eu bod yno'n ddyddiol. Pan ryddhawyd Pedr o garchar yr oedd yr Eglwys gyfan mewn gweddi daer drosto.

Unfrydol
Un meddwl ac un galon oedd i'w gweddïau. Roeddent yn unfarn ynglŷn â'r hyn i'w geisio, ac roedd harmoni yn eu plith. Roedd cariad rhyngddynt ac undeb yr ysbryd yng nghwlwm tangnefedd.

Gweddi
Mae gweddi yn cynnwys mawl, addoliad, diolch, defosiwn, cyffesu a gofyn. Rhaid cofio diolch a chyffesu yn ogystal â chyflwyno petisiwn. Mae'r Arglwydd Iesu yn ein hannog i weddïo'n daer hefyd. Rhaid gofyn yn benodol a dangos ysbryd disgwylgar.

Canlyniadau

Cymdeithas Mae'r gweddïwyr yn profi cymdeithas hyfryd â'i gilydd a chyda'r Arglwydd. Roedd cymdeithas weddïgar rhwng yr un ar ddeg a Mair a'r gwragedd eraill. Dyma sut mae swpera gyda'r Arglwydd hefyd, wrth i ni alw arno ar ein gliniau.

Arweiniad Roedd angen i Pedr a'r gweddill gael apostol arall yn lle Jwdas Iscariot. Yng nghyd-destun eu gweddïau aethant ati i ystyried pwy oedd yn gymwys, ac roedd dewis o ddau. Er mwyn darganfod pa un o'r ddau oedd dewis Duw, roedd rhaid gweddïo cyn bwrw coelbren. Os oedd angen gweddi fel hyn ar yr apostolion, ac os oedd angen gweddi trwy'r nos ar Iesu cyn dewis y deuddeg, sut gallwn ni feiddio gwneud penderfyniadau eglwysig heb weddi? Heb weddi fel hyn rŷn ni'n siŵr o wneud camgymeriadau, ond trwy ymostwng i'n Harglwydd fe aiff ei waith ymlaen.

Grym yr Ysbryd Ar ôl gweddïo am ddeg diwrnod daeth tywalltiad dydd y Pentecost a dyna'r canlyniad pwysicaf i'n gweddïau ni heddiw hefyd. Onid ein hangen mwyaf yw gweinidogaeth nerthol yr Ysbryd Glân yn argyhoeddi dynion o bechod ac o gyfiawnder ac o farn? Onid y diffyg mwyaf yn ein plith heddiw yw absenoldeb y grym a ddarllenwn amdano yn Llyfr yr Actau? Po fwyaf o weddi fydd yn ein heglwysi, mwyaf o ddylanwadau grasol yr Ysbryd a welwn yn ein plith. Canlyniad y cyfnod hwn o weddi oedd nerth a hyder i bregethu'r Efengyl, a ffordd o fyw oedd yn peri bod y Cristnogion cyntaf yn sefyll allan ac yn disgleirio. Er na chawn ddydd y Pentecost eto mewn un ystyr, mae'n rhaid inni brofi cyflenwad a chyfnerthiad cyson o'r Ysbryd Glân.

Gwaith Satan Pan brofodd yr Eglwys Fore bresenoldeb nerthol yr Ysbryd, daeth gwrthwynebiad ffyrnig gan y diafol hefyd. Mae cwrdd gweddi effeithiol yn siŵr o ddenu'r Diddanydd nefol a'r Gwrthwynebwr ffiaidd. Ym mhenodau Llyfr yr Actau fe welwn wrthwynebiad cryf a chas yn dod o sawl cyfeiriad, megis arweinwyr crefyddol Iddewig yn y Sanhedrin, neu'r synagogau trefol, neu ddynion blaenllaw lleol (e.e. Philipi ac Effesus). Lle does dim grym ysbrydol does dim ymosodiadau chwyrn chwaith. Wnaiff Satan ddim poeni cymaint am eglwysi bydol sydd heb bwyslais ar bregethu'r Gair, gweddi a chyflwr y colledig. Rhaid bod yn barod, felly, am ei ruo mileinig, neu ei ymddangosiad slei fel angel goleuni. Er bod rhaid ei wrthwynebu a gwylio rhagddo bob munud, o leiaf mae ei bresenoldeb a dwyster y frwydr ysbrydol yn brawf o fywyd ysbrydol.

Lledaenu'r Efengyl O fewn ychydig ddyddiau roedd miloedd wedi dod i deyrnas Dduw. Mae pob gweithgaredd nerthol yn hanes yr Eglwys wedi cychwyn gyda phobl ar eu gliniau. Dyma a ddigwyddodd yn Antiochia cyn anfon allan Paul a Barnabas, a dyma a ddigwyddodd gyda'r diwygiadau yng Nghymru a thu hwnt yn 1735, 1859 ac 1904.

Boed i ni gael gras i blygu glin a galw ar ein Harglwydd heddiw yn wyneb gwendid tila ein tystiolaeth gyfoes ni o'i gymharu â grym yr Actau, grym y gorffennol a'r grym a welir mewn gwledydd eraill.

"Wedi eu gollwng, aethant at eu pobl eu hunain ac adrodd y cyfan yr oedd y prif offeiriaid a'r henuriaid wedi ei ddweud wrthynt. Wedi clywed, codasant hwythau eu llef yn unfryd at Dduw." **(Actau 4:23–24)**

Dyma gofnod gwerthfawr gan Luc o fywyd yr Eglwys yn ei dyddiau cynharaf. Cawn weld ymateb naturiol yr aelodau ar ôl derbyn dau o'r apostolion 'nôl o garchar. Cawn wybod eu cyfrinach ynghylch sut i wynebu anawsterau a phroblemau mawr. Maen nhw'n esiampl i ni o eglwys ar ei gliniau, ac eglwys yn profi nerthoedd y nef.

Gwerth gweddi

Roedd Pedr ac Ioan wedi bod yn y carchar, ond nawr roeddent yn rhydd i ddod nôl at y brodyr a'r chwiorydd yn Jerwsalem ac i adrodd yr hyn oedd wedi digwydd iddynt.

Ymateb y Cristnogion oedd nid cynnal pwyllgor, na chynhadledd, nac is-banel, ond cwrdd gweddi. Iddyn nhw roedd gweddi'n hanfodol, nid yn ddewisol, i'w cryfder ysbrydol. Roedd unfrydedd yn y mater hefyd.

Ydyn ni heddiw yn sylweddoli pwysigrwydd gweddi, ac a oes gennym yr un awydd naturiol tuag ati? Wnawn ni ddim profi'r grym ysbrydol a ysgydwodd y gynulleidfa yn Jerwsalem os na fydd ceisio Duw yn flaenoriaeth yn ein bywydau personol ac eglwysig.

Gwendid y gweddïwr

Mae gweddi'n cydnabod gwendid dyn wrth iddo godi ei olwg at Dduw. Beth bynnag ein problemau eglwysig, boed yn ddiffyg niferoedd, pobl, pres neu adeilad, yr allwedd yw codi'n golwg o'r sefyllfaoedd hynny at ein Tad nefol.

Mae'n Benllywydd tirion (24, 28). Ef yw'r Creawdwr, Cynhaliwr hollalluog a Duw rhagluniaeth sydd yn gwybod y diwedd o'r dechrau. Mae ganddo gynllun mawr iachawdwriaeth ar waith ac ni ellir ei rwystro.

Mae wedi'i ddatguddio'i hun trwy'r Ysgrythurau (25–26). Mae eglwys Jerwsalem yn defnyddio Salm 2 i gofio'r broffwydoliaeth am wrthwynebiad i Dduw a'i Feseia, ac i gofio ateb buddugoliaethus y Tad hefyd.

Mae'n hollbresennol i weld sefyllfa'i blant a'u gelynion (29). Mae hyn yn gymorth aruthrol i ni a gallwn apelio arno i ymateb i'r hyn y mae Ef yn ei weld.

Gweddi'r ufudd

Yr hyn sydd yn syndod yng ngweddi'r Eglwys Fore yw nad oes cais am ddiogelwch rhag anawsterau. Eu diogelwch yw aros y tu mewn i ewyllys Duw. Eu dymuniad a'u cais yw y cânt hyder a nerth i barhau i dystio trwy lefaru gair yr Efengyl. Maen nhw'n disgwyl hefyd i'r Arglwydd ddod gyda nhw mewn arwyddion a rhyfeddodau er mwyn arwain y gwrandawyr i ffydd yn Iesu Grist. Roedden nhw'n disgwyl arwyddion o bresenoldeb yr Arglwydd gyda nhw trwy rym yr Ysbryd Glân. Mor aml yr ydym yn llawenhau am fywiogrwydd mewn eglwys yn hytrach na mewn bywyd ysbrydol. Ein dyhead mawr yw gweld pobl yn cael eu hargyhoeddi o'u hangen a'u pechod, yn dod i edifeirwch a ffydd yn Iesu Grist ac yn derbyn yr Ysbryd Glân i'w bywydau.

Atebion gweddi

Gallwn nodi tri ateb i weddi'r eglwys yn Actau 4:

1. Ysgytwad Bron yn syth ar ôl iddyn nhw weddïo dangosodd yr Ysbryd Glân ei bresenoldeb gyda nhw mewn grym nerthol. Nid dydd y Pentecost oedd hwn ond roedd yn debyg iddo. Nid cofio 'nôl i brofiad y Pentecost oedd angen y credinwyr ar y pryd, ond profi'r un presenoldeb grymus unwaith eto – a dyna a ddigwyddodd.

Felly, dyw'r Arglwydd ddim am i ni fyw ar atgofion o ddyddiau mwy grymus a nerthol ysbrydol yn ein gorffennol ni, fel pobl Dduw, ond i geisio'r un nerthoedd yn ein dyddiau ni.

2. Cyhoeddi nerthol Canlyniad arall oedd cael yr hyder yr oedden nhw wedi gofyn amdano i lefaru'r Gair. Hefyd fe ddaeth nerth mawr arnynt wrth iddynt dystiolaethu (33). Dyma a ddigwyddodd gyda phregethwyr mawr fel Spurgeon. Pan ofynnodd rhywun iddo am gyfrinach ei nerth a'i ddylanwad aruthrol fel pregethwr, ni soniodd am ei ddoniau areithio nac am ei ddoniau gweinyddol, ond aeth â nhw i ystafell arall lle'r oedd pobl yn gweddïo tra oedd ef yn pregethu.

3. Gras bywiol Hefyd fe ddarllenwn ymhellach yn adnod 33 fod gras mawr arnynt hefyd. Roedd gras unoliaeth arnynt am eu bod o un galon ac un enaid, ac yn fodlon rhannu â'i gilydd o'u hadnoddau personol.

Roedd gras cymdeithas arnynt. Yr Eglwys oedd eu teulu mewn gwirionedd. Yr oedden nhw'n dal ati mewn cymdeithas glos â'i gilydd, yn ôl 2:42. Yr oedd gras haelioni yn amlwg yn eu plith wrth iddyn nhw uniaethu'n llwyr â'i gilydd fel pobl a theulu Crist.

Boed i ni roi'r un flaenoriaeth i weddi yn ein heglwysi er mwyn profi'r un arwyddion bendithiol eto.

"Yr oedd Steffan, yn llawn gras a nerth, yn gwneud rhyfeddodau ac arwyddion mawr ymhlith y bobl." **(Actau 6:8)**

Dyma Luc yn cyflwyno hanes Steffan y diacon, ei dystiolaeth a'i ferthyrdod. Gadewch i ni edrych gyda'n gilydd ar un o gymeriadau mwyaf disglair yr Eglwys Fore. Gadewch i ni geisio gweld rhai o nodweddion y Cristion tanbaid sydd yn llawn o'r Ysbryd Glân, er mwyn ein helpu ninnau i fod felly hefyd.

Ar gael

Rwy'n cofio clywed Dr Billy Graham yn dweud mai'r peth hanfodol i fod yn was effeithiol i Iesu Grist oedd nid yn gymaint 'ability' ond 'availability'. Yn Actau 6:1–5 cawn hanes problem ymarferol a gododd yn yr eglwys gyntaf yn Jerwsalem. Roedd tensiwn rhwng y Cristnogion Groegaidd a'r Cristnogion Iddewig ynglŷn â'r gronfa gynnal i'r gweddwon. Roedd yr apostolion yn rhy brysur gyda gweddi a Gair Duw i ddelio â hyn ac felly etholodd yr eglwys saith dyn i'r gwaith o 'wasanaethu byrddau'.

Y cymwysterau oedd bod gair da iddynt (yn yr eglwys), a'u bod yn llawn o'r Ysbryd Glân a doethineb. Felly un nodwedd o'r person sydd yn llawn o'r Ysbryd yw parodrwydd i wneud pa dasg bynnag sy'n cael ei rhoi o'i flaen.

Sianel

Yn yr adnod sydd gennym dan sylw fe ddywed Luc fod Steffan yn cyflawni rhyfeddodau mawr. Daeth diacon y byrddau mewn byr amser yn bregethwr nerthol ac yn gyfrwng gwyrthiau. Ai Steffan mewn gwirionedd oedd yn gyfrifol am hyn? Na, Ysbryd y Duw byw oedd yn gweithredu drwyddo. Am iddo fod yn ffyddlon yn y pethau bach, gallai'r Ysbryd lifo trwyddo i wneud pethau mawr hefyd. Lle bynnag y ceir person yn llawn o'r Ysbryd Glân, fe fydd grym goruwchnaturiol, rhyw ddisgleirdeb a deinamig yn ei fywyd.

Grasol ei adwaith

Nid ein *gwaith* sydd yn dangos gwir natur ein cymeriad ond ein *hadwaith*. Mae'n weddol hawdd bod yn dawel ac yn ysbrydol pan mae popeth yn mynd o'n plaid a'r gwynt yn ein hwyliau, ond sut ydym pan fydd y gwyntoedd yn troi? Pan mae'r Gwynt Sanctaidd yn ein hwyliau, mae'n hadwaith yn sanctaidd hefyd. Er bod pobl yn dadlau â Steffan ac yn ei wrthwynebu, yr oedd yn disgleirio fel angel. Hyd yn oed wrth gael ei labyddio yr oedd yn dymuno maddeuant i'w elynion, ac yn fwy ymwybodol o Grist nag o chwerwder ei amgylchiadau.

Gair Duw

Wrth ddarllen ei amddiffyniad a'i araith yn Actau 7 fe welwn pa mor gyfarwydd oedd y merthyr cyntaf â'i Feibl, sef yr Hen Destament.

Roedd yn **gwybod** y Gair. Ni allai ddweud hanes pobl Dduw o dan yr hen gyfamod mor fanwl heb iddo gael ei drwytho a'i biclo yng Ngair Duw. Mae anwybodaeth o Air Duw yn golled ac yn wendid aruthrol yn ein tystiolaeth.

Roedd yn **credu** Gair Duw ac yn derbyn cynnwys yr Ysgrythur fel yr oedd yn cael ei gyflwyno iddo. Roedd yn credu mai hanes oedd stori Abraham, Isaac a Jacob, meibion Jacob, a Moses, a'r waredigaeth wyrthiol o'r Aifft. Roedd hefyd yn credu'r proffwydoliaethau am y Meseia (7:52).

Roedd yn **cyhoeddi** Gair Duw. Gwyddai sut i drin Gair Duw a dangos daioni Duw a gwrthryfel dyn.

Roedd yn **cymhwyso'r** Gair. Roedd yn fodlon dangos gwrthryfel ei wrandawyr a'u cyhuddo o wrthwynebu'r Ysbryd Glân ac erlid pobl ffyddlon yr Arglwydd.

Cynhaliaeth

Mae'r Arglwydd yn rhoi cynhaliaeth ryfeddol yn y stormydd garwaf i'r crediniwr sy'n llawn o'r Ysbryd. Cafodd Steffan ei gadw rhag hunandosturi, chwerwder ac ysbryd dialgar tuag at ei elynion. Profodd dangnefedd Crist yn llywodraethu dros bob anhawster erchyll ddaeth i'w ran. Roedd yn gwybod ble i edrych, a chadwodd ei olwg ar Iesu, Pentywysog a Pherffeithydd ei ffydd.

Crist-debyg

Daeth yn fwyfwy tebyg i'w Waredwr gyda phob cymal o'i ferthyrdod. Roedd yn siarad fel un ac awdurdod ganddo, ac yn ateb dadleuon ei elynion gyda doethineb na allen nhw ei wrthsefyll. Roedd yn dioddef yn dawel a dirwgnach. Gweddïodd dros ei erlidwyr, a chyfeiriodd ei feddyliau olaf tua'r nef. Roedd yr Ysbryd yn troi golwg Steffan at Grist, ac wrth iddo syllu ar ei Geidwad cafodd ei drawsffurfio o ogoniant i ogoniant.

Colled

Mae colled fawr ar ôl Cristion fel hwn. Does dim rhyfedd fod Luc yn disgrifio dynion duwiol Jerwsalem yn mynegi eu galar yn amlwg trwy wylo'n uchel o'i golli. Mae'r nef ar ei hennill pan mae Cristion yn marw, ond mae yna fwlch enfawr yn yr eglwys y mae'n ei gadael ar ôl.

O edrych ar rai o nodweddion amlwg Steffan, sef disgybl oedd yn llawn o'r Ysbryd Glân, beth am ofyn i'r Arglwydd Iesu ein llenwi ninnau hefyd â'r Diddanydd arall?

"Rhedodd Philip ato a chlywodd ef yn darllen y proffwyd Eseia, ac meddai, 'A wyt ti'n deall, tybed, beth yr wyt yn ei ddarllen?'" **(Actau 8:30)**

Dyma eiriau o eiddo Philip yr Efengylwr, un o'r saith diacon a benodwyd i'r eglwys yn Jerwsalem. Er nad yw'n apostol, mae'n cael ei ddefnyddio gan yr Arglwydd i fynd â'i deyrnas fawr ymlaen.

'Lleygwr'

Does dim sôn am leygwyr fel y cyfryw yn y Testament Newydd. Roedd yna apostolion a gomisiynwyd gan Iesu Grist, tystion o'i weinidogaeth ddaearol a'i atgyfodiad. Roedden nhw'n allweddol yn ysgrifennu'r Testament Newydd o dan ysbrydoliaeth yr Ysbryd Glân. Roedd hefyd henuriaid oedd yn arolygu gwaith yr eglwysi, a diaconiaid oedd yn gwasanaethu'n ymarferol. Roedd hefyd amrywiol weinidogaethau fel dysgu a phregethu, efengylu a bugeilio. Y bwriad a'r nod oedd adeiladu'r saint i waith gweinidogaeth.

Felly doedd gwaith y weinidogaeth ddim wedi ei gyfyngu i'r apostolion. Yn yr hanes yma, mae Philip, oedd wedi bod yn efengylu yn Samaria, yn cael ei anfon gan angel i gyfeiriad y de, i'r ffordd rhwng Jerwsalem a Gasa.

Dyma gyfeiriad arall yn y Beibl at angel yn cael ei anfon fel negesydd o'r nef at un o weision Duw. Mae hyn yn gyson â chyfeiriadau eraill atynt, fel yr ymddangosiad i Abraham, Jacob, Gideon, Mair a Joseff, i enwi rhai amlwg a gafodd neges gan was nefol.

Serch hynny, doedd yr angel ddim yn gallu pregethu'r Efengyl i ddynion. Mae'r cyfrifoldeb a'r fraint yma wedi eu rhoi i ddynion, nid i angylion.

Tybed ydyn ni'n sylweddoli'r fraint sydd gennym o fod yn enau Crist i'n cymdogion a'n cydnabod?

Gan fod yr Arglwydd yn defnyddio'i holl saint yng ngwaith ei deyrnas, gallwn weld yn Philip rai o'r cymwysterau sy'n angenrheidiol i fod yn ddefnyddiol i'r Arglwydd yn ei waith:

Ufudd-dod

Mae'n cael neges gan yr angel ac mae'n ufuddhau ar unwaith. Roedd hyn yn golygu gadael Samaria, lle roedd wedi gweld bendith sylweddol ar ei genhadaeth. Roedd arwyddion yn dilyn ei bregethu a daeth tyrfaoedd i gredu yn Iesu Grist. Roedd yr apostolion Pedr ac Ioan wedi dod i lawr o Jerwsalem ac wedi cadarnhau gweinidogaeth Philip. Galwad yr Arglwydd, fodd bynnag, oedd symud ymlaen i le llawer mwy anial, ac i efengylu i unigolyn, er nad oedd

Philip yn deall hynny ar y pryd.

Roedd Philip, fel efengylwr, wedi gwneud ei waith yn Samaria ac roedd yn amser iddo symud ymlaen. Mae'n ufuddhau heb gwestiynu doethineb ei Feistr, na'r cyfeiriad yr oedd yn cael ei anfon iddo.

Mae hyn yn dangos i ni gymhwyster hanfodol i fod o ddefnydd i'r Arglwydd ac i'w blesio a'i arwain i'n defnyddio eto.

Deall y Gair a'r Efengyl

Wrth anfon Philip i gyfarfod â'r eunuch o Affrica, roedd yr Arglwydd yn gwybod bod yr efengylwr yma'n llysgennad y gallai ddibynnu arno. Wrth gael ei arwain at gerbyd uchel-swyddog Candace, mae Philip yn ei glywed yn darllen Eseia 53. Doedd y Proselyt ddim yn deall yn iawn pwy oedd gwrthrych geiriau'r proffwyd; roedd angen goleuni pellach arno.

Roedd Philip yn gwybod yr Ysgrythurau ac yn gwybod sut i'w hesbonio'n iawn hefyd. Gwyddai fod y darn oedd yn sôn am y Gwas Dioddefus yn cyfeirio at y Meseia, sef Iesu o Nasareth. Yn wir, dyma sut roedd Iesu ei hun wedi esbonio'r Gair i'r ddau ddisgybl ar y ffordd i Emaus: **"Onid oedd yn rhaid i'r Meseia ddioddef y pethau hyn, a mynd i mewn i'w ogoniant?" A chan ddechrau gyda Moses a'r holl broffwydi, dehonglodd iddynt y pethau a ysgrifennwyd amdano ef ei hun yn yr holl Ysgrythurau."** (Luc 24:26–27)

Roedd yn gwybod sut i arwain ei wrandäwr i ffydd achubol yn Iesu Grist, ffydd yn y Gwaredwr, ei ddioddefaint, a'i fuddugoliaeth ar angau a phechod; ffydd yn y galon yn cael ei mynegi'n gyhoeddus trwy gyffes a bedydd er mwyn dangos ei fod yn ei uniaethu ei hun â Christ Iesu.

Os nad ydym yn deall beth wnaeth Iesu trosom, ac os nad ydym yn ei adnabod ein hunain, does dim posib i ni ei gyflwyno i arall.

Diflannu

Yna mae'r Ysbryd yn 'cipio' Philip o'r golwg yn sydyn iawn. Nid sianel yr Efengyl sy'n bwysig ond y Gwaredwr ei hun. Unwaith eto mae'r gennad yn cael ei symud ymlaen a bydd yr Arglwydd yn gofalu am y crediniwr newydd.

Felly gwelwn rai nodweddion sy'n perthyn i'r person y gall yr Arglwydd ei ddefnyddio. Gadewch i ni weddïo am ras i fod yn ufudd, i fod yn hyddysg yn yr Efengyl mewn ffordd ymarferol, ac yn barod i symud o'r neilltu er mwyn i'r Arglwydd fod yn y canol.

"Aeth Ananias ymaith ac i mewn i'r tŷ, a rhoddodd ei ddwylo arno a dweud, 'Y brawd Saul, yr Arglwydd sydd wedi fy anfon, yr un a ymddangosodd iti ar dy ffordd yma – er mwyn iti gael dy olwg yn ôl, a'th lenwi â'r Ysbryd Glân.'" **(Actau 9:17)**

Dyma ran o hanes tröedigaeth Paul. Yng nghanol y broses o ddod yn ddisgybl ac yn apostol Iesu Grist, yr oedd crediniwr 'cyffredin' o'r enw Ananias yn allweddol. Ychydig a wyddom am Ananias ar y cyfan, ond oni bai amdano ef, ni fyddem yn gwybod fawr ddim am Paul chwaith.

Disgybl

Mae Luc yn ei gyflwyno yn adnod 10 fel 'rhyw ddisgybl yn Namascus'. Mae hynny'n dweud wrthym ei fod yn grediniwr – yn ymddiried yn Iesu Grist fel ei Waredwr a'i Arglwydd. Yr oedd yn perthyn i Eglwys Iesu Grist yn ystyr ehangaf y gair, ac yn perthyn i eglwys leol Damascus hefyd. Roedd yn uniaethu â Christ ac yn wynebu erledigaeth rhai fel Saul o Darsus oherwydd hynny. Mae'n amhosib i ni fod yn gyfryngau yn llaw Duw heb i ni fod yn aelodau o gorff Crist, yn Gristnogion wedi'n haileni.

Di-nod

Mae'n ddiddorol sylwi ar y cyfryngau y mae Duw yn eu defnyddio yn ei waith mawr. Defnyddiodd forwyn fach o Samaria i ddweud wrth Namaan am Eliseus. Arweiniodd hyn at iachâd corfforol ac ysbrydol y capten Syriaidd. Mae gan Dduw gadwyn fawr gref i dynnu pechaduriaid i'w deyrnas, ond mae'r gadwyn yn cynnwys nifer o ddolenni, ac ar eu pennau eu hunain mae'r rheini'n fach a gwan, ac yn aml yn ddi-nod yng ngolwg y byd. Mae'r Arglwydd yn ymhyfrydu mewn defnyddio'r di-nod i symud ei waith ymlaen. Pregethwr lleyg cyffredin iawn gyda'r Wesleaid fu'n gyfrwng tröedigaeth C. H. Spurgeon, un o'r gweision mwyaf yn hanes yr Eglwys.

Disgybledig

Dyma sut mae Paul yn disgrifio Ananias wrth adrodd ei brofiad yn Jerwsalem: **"gŵr duwiol yn ôl y Gyfraith, a gair da iddo gan yr holl Iddewon oedd yn byw yno"** (Act. 22:12). Roedd ei fywyd a'i ymddygiad yn ddi-fai; doedd pobl ddim yn gallu pwyntio bys ato i'w gondemnio. Roedd ei ffordd o fyw yn ymgorfforiad o'r Efengyl. Roedd yn hysbyseb o ras Duw ar waith mewn bywyd bob dydd. Mae Duw yn defnyddio pobl sydd yn gyson eu buchedd ac yn byw i'w ogoneddu.

Defnyddiol

Roedd Ananias yn was oedd at ddefnydd ei Feistr. Ni all yr Arglwydd ddefnyddio pob Cristion honedig bob amser. Roedd Ananias yn wahanol:

Roedd ei berthynas â'r Arglwydd yn ddigon agos iddo glywed Crist yn siarad ag ef. Mae'r sgwrs rhwng y gwas a'r Meistr yn adnodau 10-14 yn dangos agosrwydd eu perthynas. Yr oedd ar delerau cyfarwydd â'i Dduw. Er ei fod yn awgrymu'n onest fod ofn arno wrth feddwl am agosáu at Saul, doedd dim cwestiwn o ddisgybl Damascus yn gwrthod gwŷs y nef.

Weithiau fydd eraill ddim yn cymeradwyo'r gwas ufudd. Ni chafodd William Carey gefnogaeth frwd pob un o'i ffrindiau cyn mynd i India. Mae'n bosib i rieni osod rhwystrau ar ffordd eu plant sydd yn awyddus i roi eu bywyd yn llwyr i'r Arglwydd.

Di-ddrwg

Wrth edrych ar yr adnod hon mae'n syndod gweld Ananias yn cyfarch Saul, yr un oedd wedi dod i Ddamascus gyda'r bwriad gwreiddiol o garcharu a lladd dilynwyr Iesu. Dyw e ddim yn defnyddio'r cyfle i flagardio cyn-elyn y ffydd, nac i edliw iddo'i orffennol agos. Yn wir, mae'n ei gyfarch fel brawd, mae'n ei dderbyn fel credadun newydd sydd wedi derbyn gras Duw a'i faddeuant fel pob Cristion arall. Os na allwn wneud hyn, ni allwn gael ein defnyddio.

Deallus

Mae adnodau 13–14 yn dangos bod Ananias yn gwybod beth oedd yn digwydd o'i gwmpas yn ysbrydol ar y pryd. Casglodd Dafydd Frenin ddynion i'w lu arfog o'r gwahanol lwythau. Roedd y rhai o lwyth Issachar **"yn deall arwyddion yr amseroedd".** Dyna'r math o bobl mae'r Brenin Iesu yn eu consgriptio i'w waith mawr grasol ef hefyd.

Mae angen pobl hefyd a all ddefnyddio'u Beibl i arwain pobl at Iesu Grist. Nid llunio'i neges ei hun wnaeth Ananias mewn gwirionedd, ond gweithredu fel negesydd syml wrth roi ei ddwylo ar Saul a chyhoeddi bod Crist yn ei godi fel disgybl ac apostol iddo.

Gwyddai sut i arwain Saul i lawnder o'r Ysbryd Glân. Roedd Ananias ei hun yn llawn o'r Ysbryd, mae'n amlwg, ac yn gwybod na fynnai'r Arglwydd i Paul ddechrau bywyd y Cristion na'i weinidogaeth heb eneiniad y golomen nefol.

Boed i ni fod yn bobl y gall Duw eu defnyddio fel dolenni yng nghadwyn yr iachawdwriaeth fawr.

"Ar fy ngwir," meddai, "rwy'n deall nad yw Duw yn dangos ffafriaeth." **(Actau 10:34)**

Dyma eiriau'r apostol Pedr wrth iddo sylweddoli bod Efengyl Iesu Grist i bawb o bob cenedl, llwyth, gwlad ac iaith. Er bod yr Arglwydd Iesu wedi comisiynu'r apostolion i fynd i'r holl fyd i bregethu'r Efengyl, doedden nhw ddim wedi cyflwyno'r neges i neb ond Iddewon hyd hynny. Erbyn i Pedr ynganu'r geiriau hyn yn nhŷ Cornelius, roedd yr Arglwydd Iesu wedi bod yn gweithio'n amyneddgar arno i'w baratoi ar gyfer datblygiad newydd ei genhadaeth. Dyma rai o ddulliau'r Arglwydd:

Gweledigaeth

Bu'n rhaid i'r Arglwydd roi gweledigaeth ryfedd i Pedr (10:9–16) i ddangos iddo fod yr hen wahaniaeth rhwng Iddew (glân) a Chenedl-ddyn (aflan) wedi dod i ben. Fel Iddew, roedd Pedr wedi ystyried y Cenhedloedd yn aflan, yn estroniaid a dieithriaid, yn bell i ffwrdd a heb Dduw yn y byd. Nawr, roedd Duw yn gwneud rhywbeth newydd; roedd y Cenhedloedd (a gâi eu cynrychioli yn y weledigaeth gan anifeiliaid ac adar aflan) yn mynd i dderbyn yr Ysbryd Glân yn yr un modd yn union â'r apostolion a'r disgyblion Iddewig ar ddydd y Pentecost. Roedd gwahaniaethau gwladol a chrefyddol yn mynd i gael eu datod, a byddai pob crediniwr yn Iesu Grist ar yr un gwastad mewn cymdeithas Gristnogol.

Cymhelliad yr Ysbryd

Ar ôl cael gweledigaeth o'r ganfas fawr yn llawn o bob math o anifeiliaid ac adar, a hynny dair gwaith, daeth cnoc ar ddrws y llety lle roedd Pedr yn aros. Negeswyr Cornelius oedd yn holi am Simon er mwyn ei wahodd i gartref y canwriad Rhufeinig yng Nghesarea.

Roedd Pedr yn weddol bell i ffwrdd ar y to, ond ar yr un pryd daeth cnoc yr Ysbryd Glân ar feddwl ac ysbryd Pedr gan ddweud wrtho am fynd gyda'r dynion oedd yn gofyn amdano i lawr grisiau.

Arweiniad heddiw

Felly cafodd Pedr arweiniad deublyg gan yr Arglwydd, sef trwy neges y weledigaeth a hefyd cymhelliad mewnol yr Ysbryd. Mae hyn yn gadael patrwm ynglŷn ag arweiniad yr Arglwydd i ni heddiw. Yn gyntaf mae angen Gair Duw arnom, sef y Beibl. Roedd Iesu wedi rhoi neges i'w apostolion i fynd i'r holl fyd i bregethu'r Efengyl a gwneud disgyblion o'r **'holl genhedloedd'.** Doedd y weledigaeth a gafodd Pedr yn Jopa ddim yn croesddweud ond yn tanlinellu Gair yr Arglwydd.

Os yw person yn honni cael gweledigaeth arbennig gan yr Arglwydd, rhaid gofyn o hyd os yw'r neges yn cyd-fynd â Gair Duw yn yr Ysgrythurau. Os nad yw, mae'n amlwg na ddaeth y weledigaeth oddi wrth yr Arglwydd o gwbl. A gallwn ddweud yr un peth yn union am arweiniad yr Ysbryd Glân. Ni all yr Ysbryd roi arweiniad fydd yn groes i'r Beibl y mae Ef ei hun wedi ei ysbrydoli.

Ufudd-dod

Ar sail y weledigaeth a chymhelliad yr Ysbryd, mae Pedr yn mynd gyda'r negeswyr i Gesarea. Mae'n gweld cynulleidfa arbennig iawn, sef Cornelius, ei deulu a'i gydnabod, yn awchu am glywed ei neges. O ganlyniad i'r arweiniad a gafodd Pedr, daeth cyfle iddo gyflwyno'r Efengyl i wrandawyr newydd sbon, heb ei newid mewn unrhyw ffordd.

Mae'n cyflwyno'r un genadwri ag arfer - Iesu o Nasareth, Arglwydd pawb a Meseia byw a ddaw yn Farnwr y byw a'r meirw maes o law.

Disgyniad yr Ysbryd

Wrth i Pedr bregethu, daeth yr Ysbryd Glân i lawr mewn ffordd oedd yn adnabyddus a chyfarwydd iddo, yr un ffordd yn union ag ar ddydd y Pentecost. Mae'n siŵr fod Pedr wedi ei lenwi eto â'r Ysbryd, ac wedi gweld ei gynulleidfa Genhedlig yn llefaru mewn ieithoedd newydd fel yr oedd yntau a'r lleill wedi gwneud yn Jerwsalem.

Bedydd

O ganlyniad i hyn, mae Pedr yn gorchymyn eu bedyddio fel Cristnogion llawn. Roedd bedyddio yn rhan o'r comisiwn mawr, yn dangos bod person yn uniaethu â Christ fel ei Arglwydd a'i Waredwr, a hefyd yn dangos bod y credinwyr newydd yn gyfartal ac yn cael eu huniaethu â'r credinwyr Iddewig cyntaf.

Neges i ni

Wrth feddwl eto am yr hanes yma, mae sawl neges yn berthnasol i ni heddiw. Gadewch i ni ddiolch i'r Arglwydd ei fod yn amyneddgar â'i bobl sydd yn araf i ddeall ei Air yn aml. Rhaid i ni weddïo ar yr Arglwydd i ddangos i ni sut i ymateb ac ufuddhau yn briodol i'w Air bob amser.

Mae'n dangos inni hefyd y gall ein meddyliau gyfyngu ar waith Duw. Gallwn ni fod yn meddwl na fydd Duw yn gweithio mewn ffordd arbennig na gyda phobl arbennig hyd yn oed.

Wyt ti'n meddwl fod rhywun yn dy fywyd heddiw y tu hwnt i ras Duw? Gwell meddwl eto yn gyson â'r Gair.

Wyt ti'n meddwl mai dim ond fel y bu'n gweithio yn y gorffennol y bydd Duw'n gweithio nawr?

"Y gair hwn a anfonodd i blant Israel, gan gyhoeddi Efengyl tangnefedd drwy Iesu Grist; ef yw Arglwydd pawb." **(Actau 10:36)**

Dyma'r apostol Pedr yn cychwyn ei bregeth yng nghartref y canwriad Cornelius yng Nghesarea. Wrth gyflwyno'r neges, mae'n cyflwyno person; ac wrth gyflwyno'r person, mae'n ei gyflwyno fel Arglwydd pawb. Hoffwn fanylu ychydig ar ystyr y disgrifiad hwnnw o Iesu Grist.

Iddew a Chenedl-ddyn

Mae'r geiriau'n cael eu llefaru wrth Genedl-ddynion am y tro cyntaf erioed. Felly, mae Pedr yn dweud fod Iesu Grist yn Arglwydd i'r Cenhedloedd yn ogystal ag i'r Iddewon. Mae hyn yn gyson â'r proffwydoliaethau am y Meseia o'r Hen Destament. Yn llyfr Daniel cawn ddisgrifiad o Fab y Dyn (un o hoff deitlau Iesu iddo fe'i hunan) **"yn dyfod ar gymylau'r nef; a daeth at yr Hen Ddihenydd a chael ei gyflwyno iddo. Rhoddwyd iddo arglwyddiaeth a gogoniant a brenhiniaeth, i'r holl bobloedd o bob cenedl ac iaith ei wasanaethu. Y mae ei arglwyddiaeth yn dragwyddol a digyfnewid, a'i frenhiniaeth yn un na ddinistrir."** (Dan. 7:13–14)

Felly mae Pedr yn cyhoeddi Iesu Grist fel Arglwydd pawb oherwydd ei fod wedi ei ogoneddu. Y prawf o'i arglwyddiaeth a'i frenhiniaeth oedd nid bod pawb wedi plygu eisoes i Iesu Grist, ond ei fod wedi concro'r bedd ac wedi ei ddyrchafu at Dduw'r Tad.

Diafol

Yna mae Pedr yn disgrifio gweinidogaeth Iesu Grist ar y ddaear. Roedd ef wrth gwrs yn llygad-dyst i holl weithredoedd rhyfeddol Iesu o Nasareth. Mae'n adrodd am ei ddaioni ac am ei allu i ryddhau pobl oedd dan ormes y diafol. Mae'n cyfeirio at iachâd corfforol, bwrw allan ysbrydion aflan, atgyfodi'r meirw a chyhoeddi maddeuant. Hynny yw, mae dyn yn dioddef salwch, marwolaeth a meddiant cythreulig oherwydd gwaith diafol yn twyllo'r ddynoliaeth (trwy Adda ac Efa) i anufuddhau i Dduw ac i wrthryfela yn ei erbyn. Iesu Grist yn unig sydd â'r gallu a'r awdurdod i ryddhau dynion rhag gorthrwm diafol.

Marwolaeth

Er bod Iesu wedi dod o'r nef i wneud daioni ac i roi rhyddid arbennig i ddynion, cafodd wrthwynebiad ac fe'i croeshoeliwyd. Nid dyna'r gair olaf, serch hynny, oherwydd cafodd ei godi o'r bedd gan Dduw.

Ni allodd angau du
Ddal Iesu'n gaeth;
Ddim hwy na'r trydydd dydd,
Yn rhydd y daeth...

Daeth angau i mewn o ganlyniad i bechod; roedd yn gosb ar bechod ac yn gyflog pechod. Rhybuddiwyd Adda ac Efa am hyn ymlaen llaw. Roedd y diafol yn hapus i weld dynoliaeth yn profi marwolaeth – a dinistr tragwyddol hefyd. Dangosodd hynny trwy hudo'n rhieni cyntaf i godi dwrn ar Dduw.

Petai Iesu Grist wedi aros yn y bedd, byddai'r diafol wedi cael ei ddymuniad a'r gair olaf a'r fuddugoliaeth; ond **cododd Iesu!**

Y byw a'r meirw

Mae neges yr apostolion yn glir: oherwydd bod Iesu Grist wedi atgyfodi, mae'n Arglwydd dros bawb, ac yn mynd i ddod yn Farnwr pawb hefyd. Cyfeiriodd Iesu ei hun at hyn yn Ioan 5:22: **"Nid yw'r Tad chwaith yn barnu neb, ond y mae wedi rhoi pob hawl i farnu i'r Mab"** a hefyd mae'r apostol Paul yn mynegi'r un gwirionedd wrth bregethu yn Athen: **"oblegid gosododd ddiwrnod pryd y bydd yn barnu'r byd mewn cyfiawnder, trwy ŵr a benododd, ac fe roes sicrwydd o hyn i bawb trwy ei atgyfodi ef oddi wrth y meirw."** (Act.17:31) Felly, mae neges yr apostolion yn glir: bydd pawb ohonom yn rhoi cyfrif i Dduw am ein bywyd trwy ymddangos gerbron ei Fab.

Pechod

Gan fod Iesu Grist wedi concro diafol a marwolaeth, mae wedi gorchfygu grym pechod. Mae wedi bodloni safon Cyfraith Duw trwy ufudd-dod llawn ei fywyd, a thrwy fod yn aberth dros bechod dynion.

Felly, mae ganddo awdurdod i faddau pechod. Dangosodd Iesu hyn yn ei fywyd trwy gyhoeddi maddeuant yn gyson i'r rhai oedd yn dangos ffydd ynddo: **"Ddyn, y mae dy bechodau wedi eu maddau iti,"** meddai wrth y claf o'r parlys yn Luc. 5:20.

Mae ganddo awdurdod i dderbyn pawb sydd yn dod ato, i'w cadw i fywyd tragwyddol trwy fod yn Frenin arnynt, yn Fugail iddynt ac yn Arglwydd arnynt.

Os mai dyma oedd neges yr apostolion, dyma ein neges ni heddiw hefyd. Boed i ni gael hyder i gyhoeddi i'n cenhedlaeth yng Nghymru fod Iesu Grist yn Arglwydd arnynt. Mae'n rhaid iddynt wneud penderfyniad yn ei gylch. Naill ai plygu iddo nawr mewn edifeirwch a ffydd, neu blygu dan orfodaeth pan fydd yn ymddangos mewn gogoniant yn weladwy ar ddiwedd hanes fel Barnwr pawb ac Arglwydd pawb.

"ac yn Antiochia y cafodd y disgyblion yr enw Cristionogion gyntaf." **(Actau 11:26)**

Dyma gofnod hanesyddol gan Luc yn dweud wrthym mai yn Antiochia y galwyd dilynwyr Iesu Grist yn Gristionogion am y tro cyntaf. Yn wir digwyddodd nifer o bethau hanesyddol yn Antiochia.

Gwrandawyr newydd

Wrth i'r credinwyr cynnar gael eu gwasgaru o Jerwsalem oherwydd yr erlid ar Steffan, roedden nhw'n teithio i sawl man. Aeth rhai i Samaria (pen. 8) tra bod eraill wedi mynd ymlaen llawer pellach i'r gogledd ac i Phenice – y darn cul o dir uwchben Israel oedd yn cynnwys Tyrus a Sidon, ac yn ardal enwog am fasnach forwrol ar y pryd. Cyprus yw'r ynys fawr i'r gorllewin o Israel ac Asia Leiaf, nodedig bryd hynny am gyfoeth a moethusrwydd ei thrigolion. Cafodd Antiochia – prifddinas Syria – ei hadeiladu gan Seleucus Nicator i'r de o afon Orontes a phymtheg milltir o'i haber. Enwyd y ddinas er anrhydedd i dad Seleucus, sef Antiochus.

Roedd rhai o'r credinwyr cynnar hyn yn hanu o Gyprus a Cyrene yng Ngogledd Affrica. Yn Antiochia dyma nhw'n penderfynu rhannu'r Efengyl â Groegiaid yn ogystal ag Iddewon. Mae'n amlwg bod hyn yn newid cyfeiriad gan fod Luc yn tynnu'n sylw ato yn benodol.

Heleniaid ynteu Helenistiaid?

Gwaetha'r modd mae gwahanol lawysgrifau o'r Testament Newydd yn defnyddio geiriau gwahanol yn y fan yma. Mae rhai yn galw'r gynulleidfa newydd yn Heleniaid, sef Groegiaid o ran cred ac iaith; mae eraill, serch hynny, yn cyfeirio at Helenistiaid, sef Iddewon Groeg eu hiaith.

Heb fynd i ddadleuon y llawysgrifau, mae'n ymddangos i mi mai Heleniaid sy'n gwneud y synnwyr gorau fan hyn. Onid oedd Helenistiaid wedi clywed yr Efengyl eisoes yn Jerwsalem ar ddydd y Pentecost ac onid dyna oedd y dynion hyn o Gyprus a Chyrene?

Onid yr hyn oedd yn hynod am y digwyddiad hwn oedd bod yr Efengyl yn cael ei rhannu â Groegiaid am y tro cyntaf gan y Cristnogion hyn? Mae'n anodd credu y bydden nhw'n ymwybodol o'r hyn oedd wedi digwydd yng Nghesarea.

Rwyf newydd ddarllen eto *Through Gates of Splendour*, hanes y pum merthyr o'r Unol Daleithiau oedd yn benderfynol o fynd â'r Efengyl at yr Aucas yn Ne America ond a laddwyd wrth geisio gwneud hynny. Er y drasiedi honno, roedd eu gwragedd yn daer i fynd ymlaen â'r ymdrech ac erbyn hyn mae llawer iawn o'r llwyth yna yn Gristnogion.

Dywedodd yr Arglwydd Iesu fod ganddo ddefaid eraill nad oedd o gorlan yr Iddewon a **"Rhaid imi ddod â'r rheini i mewn."** (Ioan 10:16) Roedd y disgyblion Cypraidd a Chyrenaidd yn gwneud dim ond sylweddoli geiriau eu Gwaredwr.

Tîm gweinidogaethol newydd

Pan ddaeth y newyddion am Antiochia i Jerwsalem, anfonwyd Barnabas atynt. Er nad oedd yn apostol, yr oedd yn fawr ei barch eisoes yn y fam eglwys. Yr oedd wedi ei nabod am ei ddawn arbennig fel anogwr, ac roedd wedi cyfrannu swm sylweddol o arian i'r gwaith trwy werthu tir. Roedd hefyd yn addas i fynd i Antiochia gan ei fod yn hanu o'r ardal, o Gyprus yn wreiddiol, ac yn siŵr o fod yn siarad Groeg.

Dechreuodd Barnabas yn syth i annog y credinwyr newydd i lynu wrth Iesu Grist â'u holl galon. Nid derbyn Iesu fel Gwaredwr am flwyddyn neu ddwy ac ystyried dod yn ddisgyblion wedyn. Yn y Testament Newydd rhaid ildio i'r Crist fel Arglwydd o'r cychwyn cyntaf.

Yn weddol fuan mae Barnabas yn mynd i gyrchu Saul o'i gartref yn Nharsus. Barnabas oedd wedi cyflwyno Saul i'r eglwys yn Jerwsalem; roedd yn gwybod am ei dröedigaeth ryfeddol ar y ffordd i Ddamascus; roedd wedi dangos sêl arbennig wrth ymresymu â'r Iddewon Groeg eu hiaith yn Jerwsalem. Roedd gan Joseff Barnabas wybodaeth ac adnabyddiaeth o Saul.

Serch hynny, mae'n debyg mai eglwys Jerwsalem gydag arweiniad yr apostolion oedd wedi penodi Barnabas i fynd i gyrchu Saul i gydweithio ag ef yn Antiochia. Dyma ddechrau partneriaeth oedd i barhau am gryn amser.

Cristionogion

Bu Paul a Barnabas yn gweinidogaethu am flwyddyn yn Antiochia a hynny gyda chroeso a derbyniad brwd yr eglwys. Yna down at yr enw a roddwyd i'r disgyblion. Nid enw gan yr Iddewon – byddai hynny'n cydnabod mai Iesu yn wir oedd y Meseia. Nid chwaith gan y Groegiaid, gan nad yw'r gair yn Roegaidd ei derfyniad. Y Rhufeiniaid roes yr enw yma arnom gyntaf, ac mae wedi glynu ers hynny.

Digwyddodd llawer o bethau hanesyddol yn Antiochia. Gadewch i ni fod yn barod i rannu'r Efengyl â rhywun newydd, i gydweithio â Christion arall – efallai mwy dawnus na ni - ac i fod yn falch o arddel enw bendigedig ein Ceidwad, ac i fod yn deilwng o'r enw.

“Tra oeddent hwy’n offrymu addoliad i’r Arglwydd ac yn ymprydio, dywedodd yr Ysbryd Glân, ‘Neilltuwch yn awr i mi Barnabas a Saul, i’r gwaith yr wyf wedi eu galw iddo.’” **(Actau 13:2)**

Dyma neges ryfeddol gan yr Ysbryd Glân, trwy un neu fwy o broffwydi eglwys Antiochia, i anfon Paul a Barnabas fel cenhadon Crist i efengylu a phlannu eglwysi newydd. Dyma gychwyn y Mudiad Cenhadol mawr, a dyma ddau o’r cenhadon cyntaf erioed. Wrth edrych arnynt, gallwn weld pa fath o bobl y mae’r Arglwydd yn eu galw. Mae hyn yn wir am weithwyr tramor neu gartref, am weithwyr llawn amser, rhan amser neu wirfoddol.

Yn yr Eglwys

Dyma eiriau allweddol yn adnod gyntaf y bennod hon. Rhaid i gennad fod yn Gristion gyntaf. Dyma’r cymhwyster sylfaenol cyntaf i wasanaeth Cristnogol. Nid dim ond gwneud rhyw swydd yw cynrychioli Crist; rhaid i’r llysgennad fod mewn perthynas bersonol â brenin. Nid yn unig roedd cysylltiad agos rhwng Paul a Barnabas ac eglwys Antiochia, ond roedden nhw’n perthyn i Eglwys Dduw yn yr ystyr ysbrydol, dyfnach. Roedden nhw wedi profi gwaith yr Ysbryd Glân yn eu trosglwyddo o deyrnas y tywyllwch i deyrnas Mab Duw. All neb gymeradwyo na chynrychioli person yn iawn heb ei adnabod.

Dawn i’r gwaith

Roedd yn eglwys Antiochia bum dyn oedd yn broffwydi ac yn athrawon. Roedd y proffwyd yn cyflwyno gair gan Dduw i’w bobl, a’r athro’n eu dysgu trwy Air Duw. Mae hyn yn dangos bod yr Arglwydd yn siŵr o roi dawn i’r person y mae’n mynd i’w alw i’w waith. Er bod pob Cristion yn dyst ac yn gennad yn yr ystyr hynny, mae’r rhai sy’n cael eu galw i waith arbennig yn derbyn dawn at hynny gan y Brenin. Rhan bwysig o waith yr eglwys yw rhoi cyfle i bobl wasanaethu er mwyn darganfod a oes doniau arbennig wedi eu rhoi iddynt ar gyfer gwasanaeth ehangach penodol.

Ymroddiad

Yn adnod 2 cawn wybod tri pheth am y dynion yn Antiochia: yn gyntaf, roedden nhw’n offrymu addoliad i’r Arglwydd; yn ail, roedden nhw’n ymprydio; yn drydydd, roedden nhw’n barod i ymateb i alwad yr Arglwydd, roedden nhw ar gael.

Mae eu hoffrwm o addoliad i’r Arglwydd yn dangos eu defosiwn dwfn iddo. Roedd eu hympryd yn dangos eu bod yn barod i aberthu amser, pleser, a hyd yn oed angenrheidiau bywyd er mwyn ceisio'r Arglwydd a phrofi ei arweiniad diogel. Dyma'r math o bobl sydd yn mynd i glywed galwad yr Ysbryd Glân ym mhob cenhedlaeth.

Galwad

Rhaid cael ein galw cyn mentro i waith penodol. Roedd hon yn alwad benodol, bersonol, gan enwi'r ddau oedd i fynd. Nid galwad i'r tri arall oedd hon, dim ond i Paul a Barnabas. Rhaid cofio rhai egwyddorion pwysig yn y cyswllt hwn:

Nid yr angen yw'r alwad. Mae angen ym mhob man, bron, ond caiff y cenhadwr ei alw i fan arbennig i gwrdd ag un angen arbennig.

Nid y ddawn yw'r alwad. Gall fod gan rywun ddawn a gallu (gan Dduw) i wneud mwy nag un peth. Rhaid profi'r alwad, i wybod beth yn union yw ei maes.

Nid dymuniad yw'r alwad. Gallwn a dylem fod yn dymuno gwasanaethu. Gallai fod gennym ddymuniad i fynd i ryw fan am resymau digon rhesymegol a naturiol, ond dyw hynny ddim yn ddigon heb alwad.

Nid parodrwydd mo'r alwad. Dylem oll fod yn barod ac yn awyddus, ond nid hynny yw galwad yr Ysbryd.

Mae'r Cristion yn gwybod pan mae'r Arglwydd yn cymell yn fewnol. Does dim llonydd nes ildio; caiff ei gadarnhau o fwy nag un cyfeiriad, fel arfer, a bydd pobl ysbrydol yn ei gydnabod.

Cydweithio

Galwyd Paul a Barnabas gyda'i gilydd. Mae'n eithaf posib na fydden nhw wedi gweithio gyda'i gilydd yn naturiol, oherwydd cododd cryn densiwn rhyngddynt nes ymlaen yn Jerwsalem. Os am fod yn weision effeithiol i Grist rhaid gweithio gyda'r disgyblion eraill y mae Ef wedi eu galw. Edrychwch ar y deuddeg disgybl i weld yr amrywiaeth ryfeddol o ddynion a gafodd eu tynnu at ei gilydd o dan arweiniad yr Athro mawr.

Ysbrydol

Mae gwaith yr Ysbryd Glân yn ganolog yn yr hanes yma. Ef sydd yn galw ac yn anfon y dynion trwy gyfrwng yr eglwys. Rhaid cofio eu bod yn llawn o'r Ysbryd. Dyma sut y cawsant eu harwain i'w meysydd arbennig.
Dyma sut y cawsant nerth i gyhoeddi'r Efengyl (ad. 5).
Dyma sut y cawsant fuddugoliaeth dros bwerau'r tywyllwch (yn Bar-Iesu'r dewin).
Dyma sut roedden nhw'n llwyddo i ddod dros ddigalondid a dyfalbarhau.

Wrth i ni ystyried galwad rhai o'r cenhadon cyntaf, gadewch i ni geisio bod yn bobl y gall yr Arglwydd eu galw a'u defnyddio. Gadewch i ni weddïo hefyd y bydd yn galw rhagor at ei waith bendigedig.

"Yna daeth â hwy allan a dweud, 'Foneddigion, beth sy raid imi ei wneud i gael fy achub?'" **(Actau 16:30)**

Dyma gwestiwn ceidwad y carchar i Paul a Silas ar ôl iddyn nhw ei rwystro rhag cymryd ei fywyd ei hun wedi i ddaeargryn daro'r carchar yr oedd ef yn gyfrifol amdano, gan ryddhau cadwynau'r carcharorion. Er mwyn gweld arwyddocâd aruthrol y cwestiwn hwn bydd yn help i ni edrych ar dri chymal ei daith i'r bywyd Cristnogol:

Ei argyhoeddiad

Does neb yn troi at yr Arglwydd am achubiaeth heb weld ei angen am hynny. Aiff neb call at y deintydd am driniaeth heb y ddannoedd; a phwy fyddai'n wynebu llawdriniaeth oni bai eu bod yn siŵr o'u hangen amdani? Digwyddodd rhai pethau arbennig ym mywyd ceidwad y carchar i'w arwain i weld ei angen am waredwr:

Agwedd Paul a Silas

Roedd Paul wedi cael ei guro'n ddrwg yn Philipi y diwrnod hwnnw, a hynny ar gam (gan ei fod yn ddinesydd Rhufeinig). Serch hynny, cafodd ef a Silas amser o addoliad yn y carchar ganol nos. Doedden nhw ddim yn chwerw, nac yn bygwth dial, nac yn llyfu eu clwyfau. Rhaid i ni gofio mai ein hadwaith sy'n dangos ein gwir gymeriad, yn fwy na'n gwaith.

Y ddaeargryn

Yn y ddaeargryn fe ryddhawyd y carcharorion oedd yng ngofal arbennig y swyddog yma. Taflwyd y drysau ar agor a daeth i'r canlyniad fod pawb wedi ei baglu hi. Ei gyfrifoldeb ef oedd y rhain ac roedd yn fethiant llwyr, felly doedd bywyd ddim gwerth ei fyw. Faint o bobl sy'n teimlo felly yn ein cymdeithas ni heddiw?

Geiriau Paul ar ôl y ddaeargryn

Roedd y ffaith fod y carcharorion yma wedi aros er eu bod yn rhydd, ac wedi rhoi gair o gysur i'r sawl a'u rhwymodd, wedi peri iddo alw allan am gael adnabod eu Harglwydd nhw a chael bod yn ddiogel yn ei law.

Ei gyfnewidiad

Beth yw tröedigaeth? Mae hanes ceidwad y carchar yn ateb y cwestiwn yn wych. O fod ar drothwy hunanladdiad, aeth i orfoleddu yng Nghrist a dymuno sefyll yn gyhoeddus gydag Ef yn y bedydd.

Profiad radical
Mae pob gwir Gristion yn berson newydd, yn greadigaeth newydd. Gallwn weld hyn yn agwedd y warden at Paul a Silas. Roedd y dyn a'u bwriodd i garchar mewn cadwynau yn golchi eu briwiau ac yn rhoi lletygarwch iddyn nhw bellach. Allwn ni fyth bod yr un fath ar ôl dod i brofiad personol o Iesu Grist.

Profiad sydyn
Er nad dyma brofiad pawb, gall unrhyw un gael ei weddnewid gan Grist mewn moment. Gall rhywun sy'n darllen hyn nawr ymddiried yn yr Arglwydd Iesu Grist a chael ei achub. Dyma'r unig amod a roddwyd gan Paul a Silas, nid dysgu gwybodaeth gyntaf, nid ennill haeddiant, dim ond credu.

Profiad cywir
Nid profiad gwag gafodd ceidwad y carchar. Nid ei dwyllo wnaeth Paul, ond ei arwain ar hyd yr unig ffordd bosib at Dduw – trwy Iesu Grist. Nid ein ffydd sy'n ein hachub, ond yr Arglwydd Iesu. Dim ond y cyfrwng mwyaf syml ac uniongyrchol i ddod â ni at Iesu yw ffydd. Mae ffydd yn dod â ni'n agos ato, tra bod ein cyfiawnder ein hunain yn ein pellhau.

Ar ôl cael ei argyhoeddi'n ddwfn o'i angen, ac wedi ymddiried yn llwyr yng Nghrist yn ei galon, yr oedd y swyddog o garchar Philipi yn gadwedig. Ai dyna'r cyfan, felly? Na, roedd un cam pwysig arall i'w gymryd yn ei fynediad i deyrnas Dduw.

Ei gyffes

Er mai efengylu roedd Paul a Silas gyda'r dyn yma, roedden nhw'n rhoi dysgeidiaeth glir ac ymarferol iddo hefyd. Mae Paul yn dweud yn Rhufeiniaid 10:10 mai **"credu â'r galon sy'n ein dwyn i gyfiawnder, a chyffesu â'r genau sy'n ein dwyn i iachawdwriaeth."** Rhaid credu â'r galon gerbron Duw, gan mai edrych ar y galon mae Ef o hyd. Rhaid hefyd cyffesu gerbron dynion i gydnabod a chryfhau a dilysu ffydd y galon. Mae'n amlwg bod ceidwad y carchar wedi cyffesu'n gyhoeddus cyn cael ei fedyddio gan Paul a Silas.

Cyffesodd yn ei fedydd. Roedd Iesu Grist wedi rhoi comisiwn clir i'w apostolion i gyhoeddi'r Efengyl i bawb ac i wneud disgyblion, gan eu bedyddio. Roedd Crist wedi sefyll gyda ni yn ei fedydd, ac yn fwy fyth ar y groes, a braint pob crediniwr yw sefyll gydag Ef.

Cyffesodd hefyd trwy gael cymdeithas gyda'r Cristnogion hyn. Roedd yn sefyll gyda phobl Dduw hefyd trwy ofalu amdanynt yn ymarferol.

Wyt ti'n gadwedig? Mae'r ffordd yn glir ym mhrofiad ceidwad carchar Philipi.

"Edrychodd Duw heibio, yn wir, i amserau anwybodaeth; ond yn awr y mae'n gorchymyn i bawb ym mhob man edifarhau, oblegid gosododd ddiwrnod pryd y bydd yn barnu'r byd mewn cyfiawnder, trwy ŵr a benododd, ac fe roes sicrwydd o hyn i bawb trwy ei atgyfodi ef oddi wrth y meirw." **(Actau 17:28)**

Dyma ran o neges Paul wrth iddo'i amddiffyn ei hun gerbron athronwyr a chriw o bobl Athen, oherwydd ei fod wedi pregethu'r Efengyl o gonsýrn mawr tuag atynt pan oedd yno yn disgwyl Silas a Timotheus.

Cythruddo Paul

Roedd yr apostol wedi cael ei hebrwng o Berea i Athen oherwydd terfysg yno gan Iddewon Thesalonica.

Wrth gyrraedd Athen gallai Paul fod wedi ymlacio i ddod dros helynt y ddwy ddinas arall. Gallai fod wedi edmygu'r ganolfan o ddiwylliant, gwyddoniaeth, celfyddyd a doethineb Groegaidd.

Ond ar genhadaeth roedd Apostol y Cenhedloedd, nid ar ei wyliau. Wrth fynd i mewn i'r ddinas fe'i trawyd gan yr eilunod a'r allorau ym mhob man. Yn wir fe ddywedir gan hanesydd o'r enw Pausanius fod allorau nid yn unig i amrywiol dduwiau, ond hefyd i bob math o bethau megis Haelioni, Chwedl a Gwarth.

Beth oedd yn cythruddo Paul cymaint? Roedd yn gweld pobl mewn dallineb ysbrydol enbyd. Doedd ganddyn nhw ddim syniad o'r gwir a'r bywiol Dduw. Doedd dim lle i ogoniant y Duw Mawr, dim ond i ryw lobscows o dduwiau a syniadau annelwig.

Ymresymu Paul

Felly, yn ôl ei arfer, aeth at yr Iddewon yn y synagog, ond aeth hefyd at ddynion y philosophi yn y sgwâr. Mae Luc yn enwi'n benodol yr Epicuriaid a'r Stoiciaid. Roedd Epicurus yn byw yn 341–270 cc. Dysgai fod hapusrwydd i'w gael trwy gyfyngu ar drachwant a chael cysur mewn ffrindiau da. Roedd y duwiau yn byw bywyd cwbl dangnefeddus a hollol ar wahân i fodolaeth dyn. Oherwydd hynny, doedd dim cred mewn Duw yn ymyrryd ym mywyd dyn; doedd dim rhaid i ddyn ymateb i Dduw a doedd dim byd ar ôl marw.

Roedd Stoiciaeth hefyd o'r bedwaredd ganrif cyn Crist. Daw'r gair 'Stoic' o 'Stoa' – sef 'portico', ac roedd Zeno, athro cyntaf yr athroniaeth, wedi dysgu mewn portico arbennig yn Athen. Eu cred oedd bod dyn yn hapus wrth ildio i

Reswm byd-eang a threfn natur. Roedd i wasanaethu cyd-ddyn heb chwant na chariad – rhag iddo gael ei siomi a'i frifo.

Roedd yr Efengyl a bregethai Paul yn sôn am Dduw yn ymyrryd yn hanes y byd trwy anfon ei Fab i fod yn Waredwr byd. Byddai wedi sôn am Iesu Grist, am y groes ac am yr atgyfodiad – newyddion da oedd yn tanlinellu cariad Duw tuag atom. Roedd llawenydd a thangnefedd i'w cael trwy dderbyn Mab Duw a dod i berthynas iawn â Duw drwyddo.

Amddiffyniad Paul

Cafodd Paul ei gymryd at yr Areopagus. Gallai'r Areopagus olygu'r bryncyn i'r gogledd-orllewin o'r ddinas, neu'r cyngor oedd yn cyfarfod yn wreiddiol ar ben Bryn Mawrth. Mae'n amhosib gwybod ai mynd â Paul i ben y bryn wnaeth yr Atheniaid, neu fynd ag ef at y Cyngor yn y ddinas.

Mae Paul yn dechrau ei neges trwy gyfeirio at eu crefydd. Mae hyn yn dir cyffredin; maen nhw o leiaf yn ymwneud ag addoliad. Cyfeiria at eu hallor "I Dduw nid adwaenir". Roedd hyn yn mynd 'nôl i'r arfer o godi allor i gymodi â duwiau oedd wedi anfon pla, dyweder, a chan nad oedden nhw'n gwybod pa dduw oedd hwnnw fe'i gelwid yn dduw nas adwaenir.

Mae Paul yn defnyddio hyn i gyflwyno'r Creawdwr, sydd yn llywodraethu popeth yn y byd, sydd yn dragwyddol ac yn rhy fawr i unrhyw deml o waith llaw – hyd yn oed y Theseum a'r Parthenon, temlau crand Athen.

Duw sydd wedi creu dyn, ac mae Paul yn dyfynnu Aratus o Cilicia a Cleanthes y Stoiciad. Os yw dyn yn fyw ac yn symudol, sut gall delw gyfleu'r Duwdod? Felly wrth geisio deall Duw gallwn ddechrau trwy edrych arnom ein hunain a'r greadigaeth o'n cwmpas.

Yna mae'n dweud fod Duw wedi llefaru'n eglur mewn ffordd arall, sef trwy ei Fab Iesu Grist. Ei neges fawr yw i edifarhau, i newid ein meddwl amdano ac i nesáu ato mewn ffydd. Bydd Duw yn ymyrryd eto ar ddiwedd hanes y byd trwy anfon ei Fab eto i fod yn farnwr y byw a'r meirw. Yr arwydd mai Ef yw'r Barnwr yw ei atgyfodiad o'r bedd.

Cafodd y neges ymateb cymysg, ond daeth rhai i gredu. Mae gwaith Paul yn Athen yn esiampl wych i ni o ddyn duwiol, ysbrydol, yn cyflwyno'r Efengyl mewn awyrgylch paganaidd.

"Ond yr wyf yn cyfrif nad yw fy mywyd o unrhyw werth imi, dim ond imi allu cwblhau fy ngyrfa, a'r weinidogaeth a gefais gan yr Arglwydd Iesu, i dystiolaethu i Efengyl gras Duw." **(Actau 20:24)**

Roedd Paul yn dweud y geiriau hyn ym Miletus, wrth ffarwelio â henuriaid Effesus a oedd wedi dod i lawr ato. Roedd ar ei ffordd i Rufain ac yn tybio na fyddai'n eu gweld eto.

Rhedeg yr yrfa

Dywed yr apostol mai'r peth hanfodol iddo yw cwpla'i yrfa. Mae'n defnyddio'r gair am gwrs rasio, ac felly, mae'n benderfynol o orffen y ras a chadw at y cwrs hefyd. Mae'r cwrs wedi ei osod allan ar gyfer y ras, wrth gwrs, boed yn ras redeg yng nghanol dinas neu'n ras ar drac mewn stadiwm fawr yn y Gêmau Olympaidd. Chaiff person ddim dilyn ei gwrs ei hunan mewn ras fel hyn; os gwnaiff hynny, mae'n siŵr o gael ei dorri allan o'r gystadleuaeth.

Y gost

Os yw Paul am gadw at y llwybr sydd o'i flaen, mae 'na gost sylweddol i'w thalu. Mae wedi eistedd i lawr gan bwyso a mesur yr hyn y mae'n fodlon ei golli er mwyn dyfalbarhau yn ei weinidogaeth. Yng ngeiriau Iesu, mae wedi rhestru'r costau cyn adeiladu'r tŵr, ac mae wedi cyfrif ei fyddin cyn mynd i ryfel. Gawn ni edrych gyntaf ar yr hyn mae'n fodlon ei golli:

Sicrwydd amgylchiadau saff

Dyw e ddim yn gwybod beth yn y byd sydd o'i flaen yn Jerwsalem (ac yna Rhufain). Eto i gyd fe ddywed Campbell Morgan hyn: "Roedd Paul, fel un oedd wedi'i feistroli gan Grist, yn feistr ar ei amgylchiadau. Ar hyd y ffordd fe wasgodd pob amgylchiad, o adfyd neu lwyddiant, i mewn i'r gwasanaeth oedd ar ei galon."

Osgoi carchar a phoenau

Roedd Paul yn gwybod llawer am gael ei garcharu, ei fflangellu, ei gernodio a'i gam-drin, ac roedd yr Ysbryd Glân wedi rhoi tystiolaeth fewnol iddo fod rhagor o hynny yn ei wynebu eto. Roedd wedi dweud ers iddo fod yn Effesus fod rhaid mynd i Jerwsalem a Rhufain wedyn (19:21). Roedd tystiolaeth Agabus yn 21:11 yn air allanol gan yr Ysbryd i Paul gerbron ei gyd-Gristnogion hefyd. Ond roedd Paul wedi cyfrif y gost.

Arbed ei fywyd
Roedd yn well ganddo farw na pheidio â chyflawni ewyllys Crist ar ei gyfer. Roedd gorffen gweinidogaeth Crist yn fwy gwerthfawr na gwarchod ei fywyd ei hun. Meddai John Calvin: "Mae [Paul] yn awgrymu nad oes arno awydd byw, os na chaiff gyflawni galwad Duw iddo."

Yr elw

Os oedd rhai pethau yr oedd Paul yn fodlon eu colli a'u fforffedu, roedd pethau eraill na feiddiai eu colli, na gollwng gafael arnynt.

Ei weinidogaeth. Derbyniodd wŷs gan y Brenin Iesu y tu allan i Ddamascus. Cawsai gyfle euraid i fod yn un o lysgenhadon yr Arglwydd Mawr. Roedd rheidrwydd arno nes iddo ddweud: **"Gwae fi os na phregethaf yr Efengyl"** (1 Cor. 9:16). Nid oedd yn chwilio am wobr nac am gyflog, dim ond plesio ei Feistr.

Dywedodd Iesu wrth Ananias fod Paul yn llestr dewis iddo, yn llefarydd ar ei ran gerbron y Cenhedloedd a'u brenhinoedd a phlant Israel. Ei waith fel gwas Crist oedd cyhoeddi ei Efengyl er mwyn agor llygaid ysbrydol pobl a'u troi o dywyllwch i oleuni ac o feddiant Satan at Dduw.

Fel tyst yr oedd i sôn am Iesu Grist, yr hyn yr oedd wedi ei weld, a'r hyn byddai yn ei weld ohono eto mewn datguddiad. Mae'n dweud bod ei Efengyl yn blaen, heb ddawn ymadrodd na philosophi arbennig. Roedd ei neges yn blaen hefyd, sef Iesu Grist wedi ei groeshoelio.

Dywed ei bod yn Efengyl gras. Nid efengyl cyfiawnder dyn, nid neges i ddyn weithio nes ennill ei haeddiant ei hunan; yn hytrach, Efengyl cyfiawnder Duw, a'r ffordd mae'n cyfiawnhau'r sawl sydd â ffydd yn Iesu Grist a'i brynedigaeth ohonom.

Esiampl a her i ni

Er nad yw pob Cristion yn apostol, mae pob un ohonom yn llestr dewis, yn was ac yn dyst hefyd. A ydym wedi eistedd i lawr a chyfrif y gost o fod yn ddisgybl ymroddedig i Grist?

Oes rhai pethau sy'n rhy werthfawr gennym i'w hoffrymu ar allor ei wasanaeth? Ydy E'n gofyn gormod wrth ddweud wrthym am godi'n croes a'i chario er mwyn croeshoelio'r hunan arni?

Rhaid cofio pwy sydd yn ein galw ac yn ein comisiynu. Rhaid cofio ei fodlonrwydd i'w ddibrisio'i hun, i ddod ar agwedd gwas, ac i'w offrymu ei hunan drosom ni.

Beth am gyfrif y gost, ac ildio'n ddiamod i'r Arglwydd Grist? Dyma fydd cyflawnder mwyaf ein bywyd.

“A dywedais, ‘Beth a wnaf, Arglwydd?’” (Actau 22:10)

Dyma ran o’r deialog cyntaf rhwng Crist a Paul. Digwyddodd hyn y tu allan i Ddamascus pan ddangosodd yr Arglwydd ei hun i Paul mewn goleuni llachar a llais grasol hyfryd.

Nid cyd-ddigwyddiad oedd y cyfarfyddiad rhyfeddol yma ar y ffordd ganol dydd. Mae’r Arglwydd yn dweud wrth Ananias fod Saul o Darsus yn llestr dewis iddo i gyhoeddi’r Efengyl (Act. 9:15). Y gwir yw fod gan Dduw gynllun ar gyfer bywyd pob un o’i blant. Ddaw neb at Grist nac i’r gogoniant heb ei fod yn gyflawniad o gynlluniau’r Pensaer mawr ei hun.

Cynllun Duw

Er bod y gwirionedd hwn yn ymddangos yn afreal i ni ar y cychwyn, o bosib, does dim llawer o le i’w amau, o feddwl yn fanylach amdano.

Mae’n rhesymol. Mae Duw yn Dduw trefn a method. Wrth osod model o awyren neu gar at ei gilydd, rhaid dilyn y patrwm. Wrth osod dodrefn sy’n dod mewn pecyn at ei gilydd, rhaid dilyn y cyfarwyddiadau. Mae’n hyfryd meddwl bod gan ein Tad nefol, Creawdwr y bydysawd, gynllun a phatrwm ar gyfer ein bywydau unigol ni.

Roedd gan Dduw gynllun ar gyfer Abraham wrth ei alw i adael ei wlad. Roedd ganddo gynllun ar gyfer Joseff, cynllun i’w ddefnyddio i arbed ei deulu (a’r Eifftiaid yn eu sgil), er nad oedd posib gweld y cynllun yn glir nes iddo edrych ’nôl ar ei fywyd (Gen. 45:5). Pan oedd yn y pydew ac yn y carchar yr oedd yn dal i wireddu cynllun ei Dduw.

Dyma ddysgeidiaeth glir y Gair hefyd. Gwaith a chreadigaeth newydd Duw yw pob Cristion, medd Paul yn Effesiaid 2:10. Mae wedi paratoi gweithredoedd da ar gyfer ein bywyd newydd mewn perthynas ag Ef.

Nodweddion y cynllun

Mae’n bersonol

Mae’r deialog rhwng Crist a Paul yn bersonol er bod eraill yn bresennol. Nid cynllun Duw ar gyfer y lleill mae Paul eisiau gwybod amdano, ond map ei ddyfodol ei hunan. Does dim angen i ni fod yn rhywun arall i sylweddoli cynllun Duw i ni. Yn wir, rhaid i ni geisio Duw yn bersonol i weld y cynllun yn cael ei wireddu.

Mae’n berffaith

Dywed Rhufeiniaid 12:1 fod ewyllys Duw ar ein cyfer yn dda, yn dderbyniol ac yn berffaith. Gallwn wyro oddi wrth ei gynllun, ond nid bai'r cynllun fydd hynny.

Mae'n ymarferol

Dwi wedi cael y profiad o geisio helpu'r plant i osod rhyw degan wrth ei gilydd, dim ond i sylweddoli fod y cyfarwyddiadau i'w cael ym mhob iaith dan haul ond Saesneg (neu Gymraeg!). Er bod y cynllun yn iawn, dyw e ddim yn ymarferol i'r rhan fwyaf o bobl ein gwlad ni. Mae cynllun Duw yn gweithio yn ein sefyllfa, ein diwylliant a'n hamgylchiadau ni.

Dod o hyd i'r cynllun

Ydych chi wedi cael y profiad o gael teclyn newydd a ffeindio fod rhywun wedi taflu'r bocs a'r cyfarwyddiadau gan feddwl nad oedden nhw'n bwysig? Mor hawdd yw gwastraffu bywyd heb deimlo'n bod yn cyflawni dim. Mor bwysig yw rhoi digon o amser i geisio arweiniad ac ewyllys Duw yn gyson ar gyfer ein bywydau. Does dim rhaid i ni wneud penderfyniadau ar ein liwt ein hunain; mae gennym Gynghorwr Rhyfeddol i'n harwain yn ddiogel.

Crist y Gwaredwr

Y cam cyntaf yw ildio'n bywyd i Iesu Grist fel Arglwydd a Gwaredwr. Dyna oedd yn digwydd i Saul ar y ffordd i Ddamascus. Er ei fod yn tybio'i fod yn cyflawni ewyllys Duw, nid oedd hynny'n bosib heb blygu'r glin i Iesu Grist.

Crist y Meistr

Er bod yr Arglwydd yn gwybod y diwedd o'r dechrau, dyw e ddim yn dangos y cyfan i ni ar unwaith. Y ffordd o gael gwybod y cam nesaf yn y cynllun yw trwy ufuddhau yn y cam presennol. Bu Daniel a'i gyfeillion yn ffyddlon ynglŷn â mater eithaf bach bwyd ym Mabilon cyn iddyn nhw gael eu defnyddio yn y ffwrnais dân a ffau'r llewod.

Rhaid cael amser tawel gyda'n Harglwydd yn gyson i ddangos ein bod yn awyddus i wybod ei ewyllys. Rhaid myfyrio yn y Gair. Os byddwn yn ufudd i'w ewyllys amlwg yn y Beibl, bydd yn barod i ddangos ei ewyllys yn ein bywydau personol hefyd. Rhaid ufuddhau yn syth a digwestiwn iddo. Rhaid ymddiried ynddo, yn hytrach na rhesymu a dadlau a llusgo'n traed.

Cynllun tragwyddol

Dim ond rhan gyntaf cynllun Duw a welwn yn ein bywyd ar y ddaear. Wrth feddwl am gynlluniau adeilad, ein bywyd yn y byd yw'r sylfaen a'n bywyd yn nhragwyddoldeb yw'r adeilad gorffenedig. Mae'r sylfaen yn hollbwysig ond mor braf fydd gweld y gwaith gorffenedig.

"Ond mi gefais gymorth gan Dduw hyd heddiw, ac yr wyf yn sefyll gan dystiolaethu i fawr a mân, heb ddweud dim ond y pethau y dywedodd y proffwydi, a Moses hefyd, eu bod i ddigwydd." **(Actau 26:22)**

Dyma ran o dystiolaeth Paul gerbron y Brenin Agripa, ei wraig Brenice a'r rhaglaw Rhufeinig Ffestus yng Nghesarea. Roedd Paul yn byw i dystio i'r Arglwydd Iesu Grist ac i arwain eraill i ffydd ynddo. Yma mae'n adrodd ei brofiad personol o Grist ar y ffordd i Ddamascus ac yn dangos ei fod yn dymuno'r un profiad o gariad a gras y Gwaredwr i'w wrandawyr (29). Mae pob Cristion yn dyst i waith gras, ac yn yr apostol Paul gallwn weld nodweddion y tyst effeithiol a gwir.

Dweud

Mae Paul yn ein hadnod yn sôn am 'ddweud' fel Moses a'r proffwydi. Rhaid i'n bywyd fod yn gyson â'n proffes o ffydd, ac yn Grist-debyg, ond hefyd mae angen cyffesu â'r genau. Dywedodd Iesu wrth Leng o Gerasa: **"Dos adref at dy bobl dy hun a mynega iddynt gymaint y mae'r Arglwydd wedi ei wneud drosot."** (Marc 5:19). Gan ein bod beunydd yn siarad am y tywydd, ac am ein hynt a'n helynt mewn bywyd, onid yw'n naturiol i sôn am 'y Cyfaill gorau, a'i enw'n Fab y Dyn'? Roedd gan archoffeiriad Israel bomgranadau a chlychau bob yn ail ar waelod ei wisg – rhywbeth i'w weld a rhywbeth i'w glywed – ac felly dylem ni fod hefyd.

Dweud wrth bawb

Mae Paul yn gallu dweud ei fod yn barod i dystio i wrêng neu fonedd, mawr neu fân. Yn Llyfr yr Actau fe'i gwelwn yn tystio i unigolyn a thyrfa, cyfoethog a thlawd, hen ac ifanc, dysgedig ac annysgedig, Iddew a Chenedlddyn, brenin a gwerin, milwyr a morwyr, lle bynnag y mae'n dod i gysylltiad â nhw. Fe'i gwelwn yn y synagog, ar lan yr afon, yn y carchar, yn y farchnad, mewn cartref neu mewn palas. Gwelai bawb fel enaid gwerthfawr â'r potensial i ddod yn gredadun. Roedd ganddo faich dros eneidiau ac roedd yn fodlon addasu i geisio pontio â phawb.

Dyfalbarhau

Dywed Paul wrth Agripa a'r gweddill ei fod wedi cael gras i ddal ati 'hyd heddiw'. Roedd gan Paul ras i lynu wrth yr alwad a'r gwaith roedd yr Arglwydd wedi ei roi iddo. Roedd y rhuddin yma ganddo er gwaethaf treialon enfawr, sawl prawf llym, erledigaethau, gwrthwynebiad a bygythion parhaus. Roedd ganddo bwrpas a nod clir o'i flaen bob amser.

Mae pob tyst a gwas amlwg mewn perygl rhag dau beth – balchder a digalondid. Rhaid dweud nad oes dim tystiolaeth o'r rhain yn baglu'r apostol. Os cafodd ei lethu gan ddigalondid, mae'n amlwg nad oedd hynny'n ei ddal yn ôl am amser hir.

Defosiwn i'r Gair

Nid dyfeisio neges newydd wnaeth Paul. Nid torri ei gŵys ei hun ond dilyn trywydd Moses a'r proffwydi. Roedd mewn cytgord â'r apostolion eraill ac wedi derbyn gweledigaeth gan yr Arglwydd ei hun. Doedd dim angen iddo danseilio'r Ysgrythurau. Gwyddai eu bod wedi eu hysbrydoli gan Dduw, mai'r Ysbryd Glân oedd yr Awdur; ei waith ef oedd derbyn y Gair a'i gyhoeddi.

Mae hyn yn bwysig i ni heddiw pan fo cymaint o arweinwyr eglwysig yn bychanu'r Beibl, yn dilorni ei hanes fel myth, ac yn dymuno llunio Duw arall sy'n siwtio'u meddwl nhw.

Cyhoeddodd Paul Iesu Grist fel mae'n cael ei gyflwyno i ni yn yr Efengylau.

Dirnadaeth o'r Gair

Yr oedd yn defnyddio'r Gair yn bwrpasol yn ei weinidogaeth. Yr oedd yn defnyddio hanes Israel i ddangos haelioni, daioni, amynedd a gras Duw i'w bobl. Mae'n dangos geirwiredd Duw i gyflawni ei addewidion am Feseia. Mae'n dangos fod bywyd Iesu, ei angau a'i atgyfodiad **"yn ôl yr Ysgrythurau".**

Os ydym ni am fod yn dystion effeithiol rhaid i ni ddysgu defnyddio'r Beibl i dystio ac i arwain eraill at yr Arglwydd Iesu Grist.

Dyrchafu Crist

Mae'r adnod ddilynol yn dweud: **"sef bod yn rhaid i'r Meseia ddioddef, a'i fod ef, y cyntaf i atgyfodi oddi wrth y meirw, i gyhoeddi goleuni i bobl Israel ac i'r Cenhedloedd."** Cynnwys cenadwri Paul oedd Crist. Nid gwaith tyst yw ei gymeradwyo ei hunan, ei eglwys, ei enwad na'i fudiad, ond ei Arglwydd. Bydd yr Ysbryd Glân bob amser yn gogoneddu'r Arglwydd Iesu, a rhaid i dyst sydd am brofi help yr Ysbryd wneud yr un fath.

Dibyniaeth lwyr

Mae Paul yn cyfaddef ei fod wedi cael help gan Dduw ar hyd ei daith apostolaidd. Er ei wendidau, ei ofnau a'i dreialon, mae wedi profi cynhaliaeth a nerth Duw trwy'r Ysbryd Glân. Ni allwn feddwl fod yn dystion cywir ac effeithiol heb gymorth y nef trwy eneiniad yr Ysbryd.

"Nid oes arnaf gywilydd o'r Efengyl, oherwydd gallu Duw yw hi ar waith er iachawdwriaeth i bob un sy'n credu, yr Iddewon yn gyntaf a hefyd y Groegiaid." **(Rhuf. 1:16)**

Mae hwn yn osodiad arbennig gan yr apostol Paul, ac yn grynodeb da o'r llythyr at y Rhufeiniaid.

Dim cywilydd

Nid rhyw gyfrinach i'w chuddio fel sgerbwd mewn cwpwrdd mo Efengyl Iesu Grist. Nid rhywbeth i ymddiheuro amdano, nid golau i'w gadw o dan y gwely. Dywed Llyfr y Diarhebion fod doethineb yn llefaru'n glir yn y strydoedd cyhoeddus, ac mae'r Efengyl i'w chyhoeddi ar bennau'r tai hefyd. Mae hyn yn taro nodyn pwysig i ni Gristnogion heddiw sydd yn tueddu i fod yn swil, fel petai cywilydd mawr arnom o'n Hefengyl.

Efengyl Duw

Nid rhyw system o gredoau o eiddo Paul mo'r Efengyl chwaith. Mae'n dweud yn adnod gyntaf ei lythyr ei fod wedi cael ei alw, ei restio ar y ffordd i Ddamascus, i fod yn was, yn llysgennad i Efengyl Duw. Neges Duw, cynllun Duw ac addewid Duw a gyhoeddwyd ymlaen llaw trwy broffwydi sanctaidd yr Hen Destament yw'r Efengyl, felly.

Mae hefyd yn ei disgrifio fel Efengyl Mab Duw, yn y drydedd a'r nawfed adnod. Mae canolbwynt yr Efengyl mewn person. Mae'n ddyn, o linach Dafydd, brenin mwyaf Israel. Cerddodd ar y ddaear yn anadnabyddus braidd. Ychydig, ar y cyfan, a welodd pwy oedd Iesu o Nasareth mewn gwirionedd, a hynny trwy oleuni Ysbryd Duw. Daeth ei dduwdod yn fwy amlwg pan gafodd ei godi o'r marw. Ers i'r Ysbryd Glân gael ei dywallt i lawr ar y Pentecost, mae mwy a mwy wedi dod i weld ac adnabod y Duw-ddyn.

Cyfiawnder Duw

Mae'r Efengyl yn ymwneud â safle dyn gerbron Duw. Mae llawer yn poeni am eu safle gerbron eraill: pobl ifanc yn poeni am eu cyfoedion, sêr y byd adloniant yn meddwl am eu cynulleidfa, pobl amlwg yn y gymdeithas yn ymwybodol o'u cyhoedd. Yn y pen draw, safle dyn gerbron ei Greawdwr sydd yn cyfrif.

Y newyddion da yw bod ffordd, trwy Iesu Grist, i ddod yn iawn gerbron Duw, i ddod i safle lle mae Duw yn ein gweld ac yn ein hystyried yn gyfiawn, er gwaethaf ein pechod a'n gwrthryfel naturiol yn ei erbyn.

Iachawdwriaeth

Dyma'r broses o ddod â dyn o fod yn bechadur sydd yn bell oddi wrth Dduw ac wedi mynd yn hollol wahanol i blentyn Duw, i fod yn agos ato, i berthynas plentyn â'i Dad, ac yna, yn y pen draw, i fod yr un ffunud â Iesu Grist.

Mae fel y saer coed a welais yn cymryd darn garw o goeden y buaswn i wedi ei daflu ar y tân, ac yn ei gerfio a'i foldio i fod yn addurn prydferth.

Deinameit Duw

Y gair Groeg a gyfieithir 'gallu' yw'r gair 'dunamis' sydd wedi rhoi'r gair 'deinameit' a 'deinamig' i ni. Mae hyn yn rhoi darlun arbennig i ni o'r Efengyl fel gallu ffrwydrol Duw. Wrth i ni feddwl am ffrwydron daw chwalfa i'n meddwl am fod popeth yn cael ei chwythu ar led. Mae deinameit yr Efengyl fel ffilm o ffrwydrad yn cael ei rhedeg tuag yn ôl gyda phob dim yn dod at ei gilydd eto. Grym i adfer dyn i berthynas iawn â Duw yw'r Efengyl, tra bod pechod wedi eu chwythu oddi wrth ei gilydd. Grym i adfer trefn bywyd person yw'r Efengyl, tra bod pechod yn ei racso.

Efengyl i bawb

Mae'r Efengyl i'r Iddew a'r Groegwr, hynny yw Iddew a Chenedl-ddyn (sef pawb sydd y tu allan i'r genedl Iddewig). Iddew oedd y Gwaredwr, a'r Iddewon gafodd y fraint o'i weld yn y cnawd gyntaf. Ond bwriad Duw erioed oedd i'r Efengyl fynd i'r holl fyd. Mae Paul yn sôn am Genedl-ddynion fel Groegiaid am mai Groeg oedd y genedl fwyaf adnabyddus ar y pryd.

I ni mae hyn yn golygu bod yr Efengyl i'r sawl sydd â chefndir Cristnogol ac i bawb arall hefyd.

Trwy ffydd

Caiff yr Efengyl effaith ar fywyd dyn trwy ffydd. Mae Paul yn dyfynnu o broffwydoliaeth Habacuc. Nid trwy glywed yn unig, nid trwy ymwneud â symbolau allanol yn unig, ond trwy gredu, trwy dderbyn ac ymddiried yn Iesu Grist fel mae'n cael ei ddisgrifio a'i gynnig i ni yn yr Efengyl.

Ffydd yng ngallu Crist sydd yn dod â ni at Dduw, ond ffydd ynddo Ef sydd yn ein cadw i ddyfalbarhau tan y diwedd hefyd.

Gadewch i ni fod yr un mor falch o'r Efengyl heddiw, beth bynnag yw ymateb eraill iddi ar hyn o bryd!

"O ystyried hyn oll, beth a ddywedwn? Os yw Duw trosom, pwy sydd yn ein herbyn?" **(Rhuf. 8:31)**

Mae'r bennod hon yn un o'r cyfoethocaf yn y Beibl. Mae Paul wedi sôn am yr hyn yw Duw ar gyfer ei bobl a'r hyn y mae wedi'i wneud iddynt, ac yna mae'n gofyn y cwestiwn rhethregol buddugoliaethus yma. Er bod llawer o bethau yn erbyn y Cristion, ni fydd un ohonyn nhw'n llwyddiannus yn y pen draw.

Yn ein herbyn

Mae Paul wedi cyfeirio at nifer o bethau sydd yn gwrthwynebu'r crediniwr yn y bennod yma eisoes: mae wedi sôn am gondemniad – sef haeddiant ein pechod; mae wedi sôn am afael marwol pechod; mae wedi sôn am y cnawd, sef ein hen natur lygredig, am ddioddefiadau, am lygredigaeth y greadigaeth gyntaf, am wewyr ac am wendid. Yn ogystal â'r rhain gallwn restru'r diafol hefyd, y llew sy'n rhuo ac yn ceisio'n difa. Sut gallwn wybod bod Duw trosom felly?

Ei Fab yn rhodd

Mae Paul yn cyfeirio at hyn ddwywaith yn y bennod. Yn y drydedd adnod mae'n cyfeirio at y ffaith fod Mab Duw wedi ei anfon i'r byd fel dyn i ddelio â phechod. Yn adnod 32 mae'n dweud fod y Mab wedi ei gyflwyno i farwolaeth dros ddynoliaeth bechadurus. Dyna pam y cafodd ei aberthu ar y groes. Mae hyn yn brawf sicr o gariad Duw tuag atom, heb sôn am ei gefnogaeth aruthrol inni. Yna mae Paul yn dadlau o'r mwyaf i'r lleiaf. Os yw Duw wedi rhoi i ni ei Fab, y trysor mwyaf oedd ganddo, fydd dim byd y gofynnwn iddo yn ormod. Felly, mae gwarant o bopeth angenrheidiol ar ein cyfer ym myd amser ac i dragwyddoldeb. Ni all neb na dim ein gwahanu o afael ei gariad yng Nghrist.

Ei faddeuant

Trwy ei fywyd pur, ei angau drud ar y groes, ei atgyfodiad, ei esgyniad a'i eiriolaeth barhaus, mae Iesu Grist wedi setlo cwestiwn pechod am byth. Hebddo Ef mae condemniad Duw yn aros arnom, ond ynddo Ef mae gennym Un a gariodd ein bai, a gymerodd ein cosb ac a'n hachubodd rhag ein pechod. Pwy, felly, all ein cyhuddo neu ein condemnio? Mae'r diafol yn ceisio gwneud hyn byth a beunydd, ond ein hateb ni yw pledio cyfiawnder perffaith Iesu Grist. Mae hynny'n sicrhau derbyniad llwyr gan Dduw; mae'n llenwi pob diffyg ac yn ateb pob gofyn.

Ei Ysbryd yn rhodd

Mae Paul yn crybwyll yr Ysbryd Glân ugain o weithiau yn y bennod hon. Ni allwn fyw'r bywyd Cristnogol heb yr Ysbryd Sanctaidd:

Mae wedi dod i gartrefu ynom (9)
Mae'n ein bywhau i Dduw (10)
Dyma sut y cawn ni gorff newydd yn yr atgyfodiad (11)
Mae'n ein galluogi i ladd arferion yr hen natur (13)
Mae'n ein harwain i wneud ewyllys Duw (14)
Mae'n rhoi sicrwydd i ni ein bod yn eiddo'r Tad am byth (16)
Mae'n ein cynorthwyo bob amser,
ac yn sôn am weddi'n arbennig (26)

Ei fabwysiad

Mae'r sawl sydd yn ymddiried yng Nghrist yn cael ei gyfrif yn fab, ac yn etifedd y bywyd tragwyddol, yn etifedd awdurdod a theyrnas Duw, yn gyd-etifedd â Iesu Grist. Yr ydym yn aelodau llawn o deulu Duw. Mae Duw yn 'Abba' – gair plentyn bach, fel 'Dad'. Mae Iesu Grist yn Frawd mawr inni hefyd.

Ei ddaioni

Un o hoff adnodau saint Duw ar hyd y blynyddoedd yw adnod 28 sy'n dweud fod popeth yn cydweithio er ein daioni os ydym yn caru Duw ac wedi cael ein galw ganddo at Grist. Weithiau gall cant a mil o bethau ymddangos yn ein herbyn, ond os ydym yn llaw Duw fe fydd yn troi hyn er ein lles yn y pen draw.

Ei fwriad

Mae Paul yn nodi cadwyn o ddigwyddiadau yn adnod 30 sydd yn siŵr o ddod â phlentyn Duw o'i gyflwr pechadurus i gyflwr o ogoniant yn y diwedd:

Adnabod Y mae'r Arglwydd Dduw wedi'n hadnabod ni cyn i ni ei adnabod Ef, ac mae wedi bwriadu'r gorau inni.

Rhagordeinio Mae wedi gosod nod i ni ers tragwyddoldeb, sef dod yn glôn o Iesu Grist.

Galw Mae'r Efengyl yn galw pawb at Grist. Mae pob Cristion wedi clywed y gwahoddiad yn ei glust a chymhelliad yr Ysbryd yn ei galon yn ei ddenu at Grist.

Cyfiawnhau Y mae Duw yn cyhoeddi bod pob un sy'n cofleidio'i Fab yn cael ei wisgo â'i gyfiawnder perffaith.

Gogoneddu Dyma ben draw'r broses pan fyddwn yn rhydd o bechod ac mewn corff newydd gyda Duw mewn gogoniant yn y nef a'r ddaear newydd.

Dyma pam y gallwn ddweud yn hy fod Duw trosom!

"Gwisgwch yr Arglwydd Iesu Grist amdanoch; a pheidiwch â rhoi eich bryd ar foddhau chwantau'r cnawd." **(Rhuf. 13:14)**

Dyma Paul yn defnyddio darlun o wisgo dilledyn i gyfleu'r syniad o guddio'n hunain yn llwyr â'r Arglwydd Iesu, neu roi ein holl fywyd yn ei law Ef.

Gwisgo Blanche de Castille

Ddechrau'r tymor rygbi 08/09 penderfynodd clwb rygbi Stade Francais ym Mharis gynhyrchu crys rygbi newydd ar gyfer cystadleuaeth Cwpan Heineken 08/09 gyda nifer o luniau o Blanche de Castille arno. Roedd hyn yn dilyn syniad blaenorol y clwb o wisgo crysau pinc blodeuog.

Mae'n debyg bod perchennog lliwgar y clwb, Max Guazzini, yn ceisio pob ffordd i wneud rygbi mor boblogaidd â phosib i bobl y brifddinas Ffrengig. Bu Blanche de Castille yn frenhines ar Ffrainc rhwng 1200 a 1252, fel gwraig Louis VIII ac yna ar ei farwolaeth fel cyd-deyrn â'i mab Louis IX.

Katherine Jenkins a'r Gweilch?

Roedd syniad y Parisiaid wedi tanio dychymyg rhai yma yng Nghymru ac fe argraffodd Wales Online lun o grys rygbi ar gyfer tîm y Gweilch a lluniau o'r gantores enwog o Gastellnedd arno.

Gimig marchnata oedd hynny mewn gwirionedd, ond roedd y Ffrancwyr wedi meddwl am frenhines enwog hanesyddol tra bod rhai Cymry wedi meddwl am icon ffasiwn Cymreig o'r byd cerddorol.

Os yw chwaraewyr rygbi Paris yn fodlon gwisgo cyn-frenhines eu gwlad ar eu crysau, gymaint mwy o fraint yw cael gwisgo amdanom yn ysbrydol Frenin Brenhinoedd.

"Gwisgoedd Iachawdwriaeth"

Yn gyntaf caiff pob un ohonom, fel pechaduriaid, ein galw i wisgo cyfiawnder Iesu Grist er mwyn cuddio'n pechod a dod i berthynas iawn â Duw. Mae'r Arglwydd yn mynegi'r gwirionedd hwn yn nameg y wisg briodas ym Mathew 22. Mae'n darlunio priodas frenhinol, priodas y tywysog. Llanwyd y lle â gwahoddedigion annhebygol iawn yn y diwedd oherwydd i lawer o'r rhai cyntaf a gafodd wahoddiad ei wrthod. Yna daeth y brenin i gael golwg ar y gwesteion, a phan welodd rywun heb wisg addas fe'i taflwyd allan i'r tywyllwch eithaf.

Efallai'ch bod yn gweld hyn yn hynod annheg. Roedd y gwahoddiad wedi cael ei daflu'n agored i bobl ar bennau'r strydoedd, ac felly sut roedd disgwyl iddyn nhw gael gwisg addas a drudfawr!

Mae'n debyg bod y brenin yn darparu gwisg i bawb oedd yn dod i'r briodas. Byddai'r wisg yn cael ei chynnig i bob un wrth iddo gyrraedd. Roedd y person gafodd ei fwrw allan wedi gwrthod y wisg a gynigiwyd iddo gan dybio bod ei wisg ei hun yn ddigon da.

Dyma ddarlun ardderchog o deyrnas nefoedd a sut i ddod i mewn iddi. Yr unig ffordd y gall pechadur ddod i deyrnas Dduw yw trwy gyfiawnder Iesu Grist. Dyma'r wisg sy'n cael ei chynnig i ni er mwyn dod i adnabod Duw. Dyma'r ffordd i gael ein hystyried yn dderbyniol gan Dduw a chuddio llygredd a hagrwch ein pechod: **"Felly, cynghoraf di i brynu gennyf fi ...ddillad gwyn i'w gwisgo, i guddio gwarth dy noethni."** (Dat. 3:19)

Y darlun yw bod Iesu Grist, yn ei fywyd perffaith a phur ar y ddaear, wedi nyddu gwisg brydferth o gyfiawnder, ac wrth farw ar y groes wedi ei pharatoi ar gyfer pechaduriaid. Wrth ymddiried yn llwyr yn Iesu Grist am lanhad o bechod, cawn ein 'gwisgo â'i gyfiawnder yn hardd gerbron y Tad.' Mae'r proffwyd Eseia'n gorfoleddu am yr un rheswm yn 61:10: **"Llawenychaf yn fawr yn yr Arglwydd, gorfoleddaf yn fy Nuw; canys gwisgodd amdanaf wisgoedd iachawdwriaeth, taenodd fantell cyfiawnder drosof."**

Gwisg feunyddiol

Yn yr epistol at y Rhufeiniaid mae gan Paul ddarlun gwahanol. Mae'n sôn am y Cristion fel person sy'n perthyn i'r dydd, sef yr amser pan fydd Iesu Grist wedi dod 'nôl a bydd pawb yn ei weld fel Brenin gogoneddus a Barnwr y byw a'r marw.

Mae'n cyfeirio at ein dyddiau ni fel y nos, sef yr amser o dywyllwch cyn i'r wawr dorri.

Er ein bod yn byw yn y nos, plant y wawr ydym, felly rhaid i ni fyw fel pobl y dydd. Rhaid i ni fyw yn sanctaidd yng nghanol oes o **'loddest a meddwdod... anniweirdeb ac anlladrwydd ... cynnen ac eiddigedd.'** (Rhuf. 13:13).

Sut mae gwneud hyn? Rhaid gwisgo arfau'r goleuni, medd Paul. Felly daw'r darlun o filwr yn mynd i gwrdd â'i elyn. Allwn ni fyth orchfygu'r tywyllwch yn ein nerth ein hunain; rhaid gwisgo amdanom yr Arglwydd Iesu Grist. Rhaid ymarfogi â gair Crist, addewidion Crist, a nerth yr Arglwydd trwy ei Ysbryd Glân.

Dwi ddim yn meddwl y byddwn i'n hoffi gwisgo Blanche na Katherine, gyda phob parch iddynt, ond mae'n fraint ac yn anrhydedd cael gwisgo amdanom yr Arglwydd Iesu Grist.

"Felly, fel y mae'n ysgrifenedig, 'Y sawl sy'n ymffrostio, ymffrostied yn yr Arglwydd.'" **(1 Cor. 1:31)**

Dyma adnod werthfawr iawn sydd yn crynhoi'r hyn y mae Paul wedi bod yn ei ddweud yn y bennod gyntaf o'i epistol cyntaf at y Corinthiaid. Mae'n dyfynnu Jeremeia i atgoffa saint Corinth, a ninnau, nad oes lle gan Gristion i ymffrostio mewn dim: boed yn arweinwyr, yn allu meddyliol, neu'n ddawn ymadrodd.

Mae Tony Campolo'n adrodd stori am ei brofiad fel swyddog mewn gwersyll Cristnogol i bobl ifanc: "Mae gan bobl ifanc y tueddiad i bigo ar blentyn anffodus. Yr haf hwnnw, Billy oedd y cocyn hitio, bachgen na allai gerdded na siarad yn iawn. Pan ddaeth tro 'dorm' Billy i arwain defosiwn, dyma bawb yn pleidleisio dros Billy fel siaradwr. Doedd e ddim i'w weld yn poeni fawr chwaith. Llusgodd ei hun i'r pulpud ymysg y glaswenu sbeitlyd a chymrodd oes i geisio dweud gydag atal ofnadwy: 'Mae...Ies...su'n...fy...ngharu...a d...d...d...wi'n ....c...c...caru...Ies...su.' Bu tawelwch llethol, ac wrth imi edrych o gwmpas gwelais fechgyn ifanc â dagrau'n rhedeg lawr eu gruddiau. Roedden ni wedi trio sawl peth i geisio cyrraedd y llanciau yna ond doedd dim wedi tycio. Roedden ni wedi dod â chwaraewyr pêl-fas enwog i mewn... ond heb effaith. Dim ond pan ddatganodd plentyn anghenion arbennig ei gariad at Grist y newidiodd popeth. Dwi'n teithio llawer a dwi'n synnu pa mor aml dwi'n cyfarfod â rhywun sy'n dweud, 'Mwy na thebyg 'dach chi ddim yn fy nghofio. Fe ddes i'n Gristion mewn gwersyll lle'r oeddech chi'n swyddog a 'dach chi'n gwybod beth oedd y trobwynt imi?' Fydda i byth yn gorfod gofyn. Dwi'n gwybod mai'r ateb fydd, 'Billy".

Arweinwyr

Roedd Cristnogion Corinth wedi eu rhannu'n bedwar grŵp oherwydd eu harweinwyr. Roedd tair plaid yn defnyddio enw Paul, Apolos a Pedr, tra bod y llall yn dweud mai grŵp Crist oeddent.

Eu trafferth fawr nhw oedd eu bod yn ymffrostio yn eu harweinwyr. Roedd eu harweinydd nhw yn well na'r lleill: yn well pregethwr, yn well am gwnsela, yn well gweddïwr, neu efallai yn well athro a diwinydd. Mae rhywbeth yn dweud wrthyf fi y byddai Paul yn hapus i'w gymharu ei hun â Billy fel siaradwr. Doedd e ddim yn honni ei fod yn **"rhagori mewn huodledd neu ddoethineb, wrth gyhoeddi i chwi ddirgelwch Duw."** (2:1)

Roedd creu rhwygiadau ar gyfrif yr arweinwyr yn dangos eu bod yn eu hystyried eu hunain yn well na dilynwyr blaenor arall.

Ffolineb

Doedd dim lle i ymffrostio mewn poblogrwydd a derbyniad llwyr gan ddynion chwaith. I'r sawl sydd yn anghredadun ar y llwybr i golledigaeth mae'r Efengyl yn ffolineb.

Mae'r ymadrodd am y groes yn ffolineb. Dywed Paul yn yr ail bennod mai dyma galon ei neges, a chalon yr Efengyl, felly. Roedd yn cyflwyno Gwaredwr a fu ar groes, Gwaredwr a fu farw mewn poen, cywilydd a gwarth y tu allan i Jerwsalem. Roedd hyn yn ymddangos yn arbennig o ffôl i'r Cenhedloedd oedd yn disgwyl Meseia nerthol, galluog a fyddai'n cipio'i frenhiniaeth a'i deyrnas trwy fuddugoliaeth fawr ysgubol dros ei elynion, nid trwy roi ei gefn i'w ormeswyr ac agor ei freichiau'n oddefol i gael ei hoelio ar bren garw Rhufeinig.

Nid poblogrwydd ac apêl naturiol yr Efengyl i bawb yw testun ymffrost Paul, ond ei gallu a'i grym i fod yn achubiaeth i bob un sydd yn ei chredu.

Y distadl

Doedd dim lle chwaith i'r Corinthiaid ymffrostio yn eu statws bydol. Mae tueddiad gan rai Cristnogion i feddwl fod tystiolaeth person sydd yn enwog, yn llwyddiannus, neu'n ddylanwadol yn y byd, yn fwy effeithiol i ennill y di-gred. Yn ôl Paul, byddai'n hynod o anodd cael hyd i rywun felly yng Nghorinth. Wrth gwrs, mae hynny'n dal yn wir am yr Eglwys yn gyffredinol.

Nid ein statws a'n parch yn y byd yw sail ein hymffrost fel Cristnogion. Mae Duw fel petai'n fwriadol yn dewis pobl ddi-nod i fod yn blant ac yn dystion iddo, pobl na fyddai neb yn gweld eu heisiau.

Doedd dim llawer o'r Corinthiaid yn mynd i gyrraedd y *Bywgraffiadur* na *Who's Who*. Doedd yr eglwys ddim yn frith o benaethiaid prifysgol na llawer oedd yn cael eu hystyried am Wobr Nobel. Doedd dim gwerth o bwysigion cymdeithasol nac o'r 'byddigion.'

Yr Arglwydd

Felly gadewch i ni beidio â gwastraffu'n hamser yn poeni'n ormodol am gael yr arweinwyr mwyaf disglair yn ein heglwys, heb sôn am yr aelodau mwyaf pwysig, uchel-ael a chefnog. Gadewch i ni beidio â cholli cwsg am ein delwedd a derbyniad ein neges gan y byd. Gadewch i ni barhau i ofyn am ras i fyw yn sanctaidd, ac i gyflwyno neges y groes, neges Gwaredwr distadl a gaiff ei weld cyn hir yn Frenin Brenhinoedd ac yn Arglwydd Arglwyddi.

"Beth ynteu yw Apolos? Neu beth yw Paul? Dim ond gweision y daethoch chi i gredu drwyddynt, a phob un yn cyflawni'r gorchwyl a gafodd gan yr Arglwydd." (1 Cor. 3:5)

Mae Paul yn delio â phroblem ddwys iawn yn eglwys Corinth, sef bod rhwyg rhwng pedwar grŵp oddi mewn iddi. Wrth gyfeirio at yr ymbleidio hyn, mae'r apostol yn dangos rôl a chyfrifoldeb gweinidogion Duw.

Cristnogion anaeddfed

Wrth i Paul ddelio â rhai o broblemau eglwys Corinth, mae'n gofidio bod yr aelodau mor anaeddfed. Mae'n gorfod eu trin fel babanod Cristnogol cnawdol yn hytrach nag oedolion ysbrydol aeddfed yng Nghrist. Y rheswm am hyn yw'r rhwygiadau oddi mewn i'r eglwys. Roedd Paul wedi clywed bod pedair plaid yng Nghorinth; tair yn dilyn arweinwyr gwahanol, sef Paul, Apolos a Pedr, tra bod y bedwaredd yn dweud eu bod nhw'n ffyddlon i Grist – ac eto'n ffurfio plaid arall!

Mae hyn yn gofidio Paul. Doedd hi ddim yn fater bod un arweinydd yn uniongred tra bod y lleill yn arddel rhyw heresi, dim ond bod gwahanol ddoniau a phersonoliaethau ganddynt. Mae hyn yn rhybudd parhaus i ni fel Cristnogion. Mae'n bosib i ni ailadrodd y camgymeriad hwn eto os nad ydym yn ofalus. Mae'n gyfrifoldeb ar gynulleidfa i beidio â chreu pleidiau o gwmpas arweinwyr na gweinidogion. Rhaid cofio mai meidrol yw pob un ohonynt, rhoddion gan yr Arglwydd i'w Eglwys. Dylai'r Corinthiaid fod yn falch o gael y fath amrywiaeth o weinidogion yn eu plith ar wahanol gyfnodau, a phob un yn dod â'i ffordd a'i ddull a'i ddawn arbennig gydag ef.

Agwedd y gweinidog

Mae'n bwysig hefyd nad yw'r gweinidog yn bwydo'r ysbryd pleidiol yma. Mae'n hanfodol i arweinydd neu weithiwr gofio nad yw Paul nac Apolos yn **"ddim ond gweision y daethoch chwi i gredu drwyddynt."** Sianelau a chyfryngau i'w defnyddio yn llaw Duw er mwyn ei deyrnas yw pob gwir was iddo. Ein braint ni fel gweinidogion yw bod yn sianel glir y gall Duw weithio drwyddi.

Y safle adeiladu

Mae'r apostol yn defnyddio darlun o fyd adeiladu i ddangos cyfrifoldeb arswydus y gweinidog i'w Arglwydd. Mae'n dweud mai adeiladwaith Duw yw ei Eglwys ac mai cyd-adeiladwyr yw'r arweinwyr.

Mae hyn yn gyson â geiriau Paul yn 2 Corinthiaid 6:16: **"Oherwydd nyni yw teml y Duw byw. Fel y dywedodd Duw: 'Trigaf ynddynt hwy, a rhodiaf yn eu plith, a byddaf yn Dduw iddynt hwy, a hwythau'n bobl i minnau."**

Felly, mae Duw yn adeiladu ei deml â meini bywiol. Mae'n defnyddio dynion i gydweithio ag ef yn ei brosiect mawr.

Bydd rhai, fel yr apostolion, yn gosod sylfeini. Bydd eraill yn gweithio ar y waliau, fel petai. Bydd pob adeiladwr yn atebol i'r Arglwydd Iesu Grist am ei ddull o weithio, ac yn arbennig am y defnyddiau y bydd wedi eu defnyddio yn y gwaith.

Yr ydym yn gyfarwydd â rheolau adeiladu heddiw, ac mae gan yr Arglwydd ei reolau yntau. Fe fydd yn cynnal archwiliad adeiladu ar Ddydd y Farn i asesu gwaith ei weithwyr. Nid barn ar eu safle fel Cristnogion mo hon, ond ar eu gwaith fel gweinidogion yr Arglwydd.

Dywed Paul y bydd rhai wedi defnyddio coed, gwair a sofl, sef defnyddiau rhad i adeiladu'n gyflym. Gall adeilad felly godi dros nos ac edrych yn dda nes bod y tân yn dod.

Bydd eraill wedi defnyddio aur, arian a cherrig gwerthfawr. Mae hynny'n costio llawer mwy, ond yn para'n llawer gwell, ac yn gwrthsefyll y tân hefyd.

Yr unig weinidogaeth sydd yn para yw honno sydd yn seiliedig ar Air Duw – y Beibl. Os nad yw'r weinidogaeth yn Feiblaidd ni all blesio Duw byth. Mae'r weinidogaeth sydd yn gwrthsefyll prawf y Farn yn weinidogaeth sydd wedi gweithredu trwy nerth Ysbryd Glân Duw, nid clyfrwch dyn. Ffrwyth y weinidogaeth honno fydd pobl wedi eu haileni mewn gwirionedd, ac wedi dyfalbarhau tan y diwedd.

Felly gadewch i ni beidio â chymharu na mynd i ymrwygo ar sail arweinwyr. Gadewch i ni gofio mai rhoddion Duw i ni ydynt. Gadewch i ni weddïo'n daer drostynt – y byddant yn wynebu'r cyfrifoldeb o adeiladu Eglwys a theml Duw mewn ffordd fydd yn gwrthsefyll prawf y tân ac yn para i dragwyddoldeb.

"Am bris y'ch prynwyd chwi." **(1 Cor. 7:23)**

Yn yr adran hon o'r epistol at y Corinthiaid mae Paul yn cynghori Cristnogion Corinth i fod yn fodlon ar eu cyflwr a'u statws bydol, gan fod hynny'n eilbwys i'r ffaith eu bod yn etifeddion bywyd tragwyddol yn Iesu Grist.

Os oedd person yn Iddew cyn dod at Grist doedd dim angen iddo wadu neu guddio ei gefndir, yn hytrach roedd wedi dod yn Iddew cyflawn trwy dderbyn y Meseia Iesu. Ar y llaw arall doedd dim angen i Genedl-ddyn feddwl bod yn rhaid dod yn Iddew ar ôl dod yn Gristion.

Yna mae'n dweud yr un peth am gaethwas a dyn rhydd. Does dim eisiau i'r caethwas o Gristion feddwl ei fod yn israddol i'r dyn rhydd o grediniwr. Mae'r ddau yn gyflawn, yn rhydd o'u pechod, ac yn gaeth i Iesu Grist bellach. Y gwir yw eu bod wedi cael eu prynu gan Grist trwy ei aberth fawr ar y groes.

Sbectol doredig yn costio ffortiwn

Yn Awst 2007 cynhaliwyd ocsiwn arbennig ar y we gydag eitem arbennig yn denu llawer o sylw – sbectol heb wydrau. Cafodd yr arwerthiant ei gynnal ar wefan o'r enw '991.com', gwefan Siapaneaidd.

Sbectol John Lennon oedd hon yn wreiddiol. Er 1966 roedd yn eiddo i Junishi Yore, a fu'n gyfieithydd i'r Beatles ar eu taith yn Siapan yn '66. Daeth Yore'n dipyn o ffrind i Lennon gan fod y grŵp yn gaeth i'w gwesty gydol y daith, a hynny am fod grwpiau crefyddol wedi bygwth lladd aelodau'r grŵp am iddynt ganu yn Budokan, safle cysegredig.

Ar ddiwedd y daith rhoddodd John Lennon y sbectol yn rhodd i Yore i ddiolch iddo am ei waith ac fel arwydd o'u cyfeillgarwch. Pan fu'r canwr farw yn 1980 gwthiodd Junishi Yore'r gwydrau allan o fframiau'r sbectol yn unol â chredoau traddodiadol Siapaneaidd.

Penderfynodd roi'r sbectol ar ocsiwn ac roedd y bidio'n agos at dri chwarter miliwn o bunnoedd, er na chyhoeddwyd y pris terfynol.

Faint byddech chi'n ei dalu?

I lawer byddai talu swm o'r fath yn amhosib, wrth gwrs. Hyd yn oed petai gennym y math yna o arian, mae'n amheus a fyddai'r mwyafrif yn ystyried talu ffortiwn am ffrâm fach gron heb wydr.

Yr hyn sy'n gwneud y sbectol yn werthfawr i rai yw'r perchennog gwreiddiol, John Lennon, oedd yn gymaint o arwr ac o eilun i lawer yn ei ddydd ac ers hynny hefyd.

Y taliad 'anfeidrol ei werth'

Gwnaeth hyn imi feddwl am yr Efengyl, ac am aberth iawnol Iesu Grist ar y groes, aberth oedd yn brynedigaeth pechaduriaid. **"Yn yr hwn y mae i ni brynedigaeth trwy ei waed ef, sef maddeuant pechodau."** (Eff.1.7) Tâl oedd y brynedigaeth i ryddhau person o gaethiwed. Gallai fod yn dâl i ryddhau caethwas neu wystl. Dywed y Testament Newydd fod yr Arglwydd Iesu wedi talu â'i waed i brynu ei bobl yn rhydd o gaethiwed pechod.

Os oedd y tâl am sbectol John Lennon yn fawr, roedd tâl Calfaria, sef gwaed Mab Duw, o werth difesur. **"Gwyddoch nad â phethau llygradwy, arian neu aur, y prynwyd ichwi ryddid oddi wrth yr ymarweddiad ofer a etifeddwyd gennych, ond â gwaed gwerthfawr Un oedd fel oen di-fai a di-nam, sef Crist."** (1 Pedr 1.18–19)

A dweud y gwir, Mab Duw ei hun oedd y tâl: **"Ac efe yw'r iawn dros ein pechodau ni: ac nid ein pechodau ni yn unig, eithr dros bechodau'r holl fyd."** Beth yw tri chwarter miliwn o'i gymharu â bywyd y Meseia?

Pechaduriaid toredig

Ac fel y cynigiwyd arian mawr am sbectol doredig, mae Crist wedi prynu pechaduriaid toredig, pechaduriaid anghyflawn, pobl wedi eu torri gan lygredd pechod; pobl dlawd, dall a noeth a hyd yn oed yn farw mewn camweddau a phechodau.

Bwriad Duw yn hyn oll yw dwyn meibion lawer i ogoniant, sef ein hadfer a'n harwain i fod yn debyg i Dduw, yn debyg mewn gogoniant i'n Gwaredwr a'n Prynwr yn y diwedd.

Sbectol gyfan

Trwy ras Duw ac yng Nghrist, gallwn fod nawr, i raddau, yn sbectol eto i eraill gael gweld gras Duw, a gweld rhywbeth o'r Arglwydd Iesu Grist. Trwy ddwyn ffrwythau'r Ysbryd gallwn adlewyrchu cymeriad Crist; trwy garu ein gilydd fel y carodd Crist ni, gall eraill weld ein bod yn ddisgyblion iddo Ef. Trwy gyhoeddi Efengyl Iesu Grist gallwn fod yn gyfrwng i ddod ag eraill at Oleuni'r byd yn Iesu Grist.

Diolch am y pryniad rhyfeddol ar Galfaria; boed i Dduw ein gwneud yn sbectol weithredol yn ein gwlad a'n cymuned, i arwain eraill i weld y Goleuni.

“Mewn gair, y mae ffydd, gobaith, cariad, y tri hyn, yn aros. A’r mwyaf o’r rhain yw cariad.” **(1 Cor. 13:13)**

Beth yw cariad?

Anrheg ddrud? Teimlad cynnes sydd yn dod ac yn mynd hefyd? Cyfathrach rywiol?

Mae pedwar gair Groeg am gariad: ‘eros’, cariad rhywiol; ‘storge’, cariad teuluol; ‘philia’, hoffter at eraill; ‘agape’, cariad sy’n tarddu yn Nuw, cariad aberthol. Y gair yn y bennod arbennig hon yw ‘agape’.

Wrth ddisgrifio cariad yn adnodau 4–7, mae Paul yn nodi saith nodwedd gadarnhaol ac wyth nodwedd negyddol. Dyma’r cadarnhaol:

Hirymharous Y gair Groeg yw ‘macrothumai’: macro (hir, mawr) + thumai (tymer). Felly nid yw cariad yn fyr o dymer ond yn hir-dymer. Golyga dderbyn drwg, dirmyg a gwawd heb gasineb, digofaint nac awydd cryf i ddial. Mae’n golygu cryfder meddwl sy’n disgwyl i rywun newid er gwell cyn ei gondemnio.

Cymwynasgar Mae cariad yn cymryd pob cyfle i fod yn hael, a hefyd mae’n chwilio’n fanwl am y cyfleoedd hyn. Mae arno awydd dwfn i fod yn ddefnyddiol ac yn fendithiol i eraill.

Cydlawenhau â’r gwirionedd Mae’n hapus i weld yr Efengyl yn llwyddo, ble bynnag mae hynny’n digwydd. Mae’n hoff o weld effaith gadarnhaol yr Efengyl ar fywydau eraill. Mae hefyd yn dwlu ar wirionedd yn hytrach na thwyll a chelwydd.

Goddef i’r eithaf Mae’r gair am ‘oddef’ yn wreiddiol yn golygu cuddio: (1Pedr 4:8). Nid yw’n darlledu beiau eraill ar dudalennau’r papurau newydd. Hyd y mae dyletswydd yn caniatáu, mae’n tynnu llen dros bechodau ei gymydog. Mae’n barotach i siarad yn breifat â’i gymydog am ei fai.

Credu i’r eithaf Nid bod person llawn cariad yn llyncu popeth. Nid ei fod yn wirion heb ddirnadaeth. Mae’n credu’r gorau am berson nes cael tystiolaeth gadarn i’r gwrthwyneb. Mae’n ymestyn ei gred yn rhywun y tu hwnt i’r hyn sydd yn y golwg ac mae’n araf iawn i gredu’r gwaethaf.

Gobeithio i’r eithaf Hyd yn oed pan mae’n amhosib credu’r gorau, mae cariad yn gobeithio’r gorau amdano tra bod y llygedyn lleiaf o obaith yn bodoli. Mae’n gyndyn iawn i gondemnio’n derfynol.

Dal ati i'r eithaf Dyw cariad ddim yn chwythu ei blwc yn hawdd, oherwydd 'nid yw'n darfod byth'. Er iddo gael ei guro a'i gnocio'n aml, mae'n codi eto. Er iddo gael ei siomi a'i frifo gan ei wrthrych, mae'n dal yna, mae'n fythol wyrdd.

Yna daw'r rhestr negyddol:

Nid cenfigen Nid yw cariad yn drist o weld doniau disglair, daioni sylweddol, anrhydedd nac amgylchiadau ffafriol ym mywyd ei gymydog. I'r gwrthwyneb, mae'n llawenhau o weld hyn. Mae llawenydd ei gymydog yn ei lawenhau ac nid yw ei lwyddiant yn ei dristáu.

Nid ymffrost Mae cariad yn awyddus i ddyrchafu cymydog yn hytrach na'r hunan. Mae'n awyddus 'i gyfrif y llall yn deilyngach' nag ef ei hun. Mae consyrn ganddo i weld budd tuag at eraill yn hytrach nag iddo fe'i hunan. Dyma agwedd meddwl Crist.

Nid ymchwydd Mae castell bownsio yn wych tra bod aer yn cael ei chwythu i mewn iddo. Heb y gwynt mae'n hollol ddisylwedd. Mae'n well ymffrostio yn yr Arglwydd, medd y Gair, gan fod sylwedd go iawn ynddo Ef. Cafodd Paul swmbwl yn y cnawd i'w rwystro rhag ymffrostio yn y profiadau a gawsai o Dduw.

Nid yn anweddus Nid yw cariad yn peri i gymydog ymddangos yn wirion, yn annymunol, heb urddas a heb haeddu parch. Mae ymddygiad anweddus yn dinoethi person, boed yn gorfforol neu'n emosiynol. Dyma nodwedd yr arteithiwr a'r gormeswr.

Nid ceisio'i ddibenion ei hun Dydy cariad ddim yn troi'r dŵr i'w felin ei hun ar draul eraill. Wrth garu ein cymydog 'fel ni ein hunain' rydym yn dymuno yn union yr un bendithion a manteision i eraill ag a gawn ni.

Nid gwylltio Pan mae fflam cariad yn y galon, nid yw'r genau'n fflamio'n hawdd. Os yw cariad yn frenin ynom, ni fydd llid yn aros yn hir. Mae cariad yn teimlo dicter dros anghyfiawnder, ond yn ei fynegi'n addas.

Nid cofio cam Mae cariad yn anghofio cam yn gyflym iawn. Y rheswm dros gadw cofnod o gam yn ein herbyn yw er mwyn magu hunandosturi a hunanoldeb a chael cyfle i ddial rywsut maes o law.

Nid llawenhau mewn anghyfiawnder Dyw cariad ddim yn hapus o weld person yn cael cam, hyd yn oed os yw hwnnw'n elyn. Nid yw chwaith yn llawen o weld person yn gwneud cam ag arall, hyd yn oed os yw hwnnw'n gyfaill. Mae drygioni yn fater gofid iddo, nid yn destun dirmyg neu hwyl.

O am gael ein llenwi â gwir gariad!

"O angau, ble mae dy fuddugoliaeth? O angau, ble mae dy golyn?' Colyn angau yw pechod, a grym pechod yw'r Gyfraith. Ond i Dduw y bo'r diolch, yr hwn sy'n rhoi'r fuddugoliaeth i ni trwy ein Harglwydd Iesu Grist." **(1 Cor. 15:55–57)**

Dyma uchafbwynt ardderchog i'r bennod fawr hon ynglŷn ag atgyfodiad Iesu Grist ac atgyfodiad y Cristion hefyd. Mae'n bennod fuddugoliaethus am fod atgyfodiad yn seinio buddugoliaeth dros angau, sydd yn ganlyniad i bechod sydd wedi cael ei ddangos a'i egluro trwy Gyfraith Duw.

Am yr ail waith o fewn tair blynedd enillodd tîm rygbi Cymru y Goron Driphlyg yn 2008. Roedd hynny'n dipyn o gamp gan na fu sôn am Goron Driphlyg cyn 2005 er 1988. Mor braf oedd gweld ein tîm yn gwneud yn dda. Mae'r chwaraewyr yn cynrychioli'r wlad ar y maes rygbi a bydd eu methiant, fel yng Nghwpan Byd, 2007, yn peri rhyw ddigalondid ac embaras hyd yn oed, tra bod eu llwyddiant yn codi'r galon, a'r genedl yn dechrau ymffrostio yn arwyr y bêl hirgron unwaith eto.

Mae hynny yn f'atgoffa o'n Cynrychiolydd ni Gristnogion, sef yr Arglwydd Iesu Grist. Daeth Duw'r Mab yn ddyn, i fod, fel Adda, yn gynrychiolydd i'w bobl, sef pawb fydd yn credu ac yn ymddiried ynddo. Wrth feddwl am ei angau drud a'i atgyfodiad cawn ein hatgoffa o'i fuddugoliaeth fawreddog dros dri o'n gelynion, nes ein bod ni yn gallu llawenhau ac ymffrostio ynddo.

Pechod

Dyma elyn mawr i'r ddynoliaeth am sawl rheswm:

Mae'n ein gwahanu oddi wrth ein Creawdwr. Mae Eseia'n defnyddio'r darlun o ysgariad i gyfleu poen y rhwyg mae pechod yn ei greu rhyngom ni a'n Creawdwr (59:2).

Mae'n denu digofaint Duw arnom (Rhuf.1:18).

Mae'n arwain at farwolaeth – y ffaith o farwolaeth gorfforol, a'r ail farwolaeth, sef uffern dragwyddol. Mae'r farwolaeth gyntaf yn gwahanu corff ac ysbryd (Rhuf. 6:23) tra bod yr ail yn gwahanu Duw a'r sawl sydd wedi mynnu aros mewn pechod yn llwyr ac yn derfynol am byth (Dat. 21:8).

Ond ar y groes, aberthwyd Oen Duw **"sy'n cymryd ymaith bechod y byd."** Cymerodd Crist bechod ei bobl arno fe'i hunan. Cafodd ei gyfrif yn bechadur yn ein lle, er mwyn i ni gael ein cyfrif yn gyfiawn trwy ffydd ynddo.

Bellach ni all pechod ein condemnio, ein pellhau oddi wrth ein Tad nefol, ein concro na'n damnio.

Angau

Fel y gwelsom eisoes, dyma ganlyniad pechod. Mae marwolaeth y corff yn elyn parhaus i ni o genhedlaeth i genhedlaeth. Nid yw'n parchu oed, statws, cefndir na chred. Mae atgyfodiad Iesu Grist yn cyhoeddi buddugoliaeth dros y bedd. Nid y bedd sydd â'r gair olaf.

Mae cymaint o bobl heddiw yn dal gafael mewn cymaint o gredoau di-sail a disylwedd wrth wynebu angau: bod yr ymadawedig yn yr ystafell nesaf, neu wedi troi'n seren; ei fod yn edrych i lawr arnom, ei fod wedi mynd i baratoi lle yn y nef hyd yn oed.

Mae gwir obaith yn atgyfodiad corfforol, hanesyddol Crist. Roedd ganddo gorff atgyfodedig oedd yn bwyta pysgod gyda'r disgyblion yn eu hystafell. Ymddangosodd i fwy na phum cant o gredinwyr.

Does dim angen ofni angau bellach; mae fel cacynen heb golyn, fel sarff heb wenwyn. I'r Cristion, hyd yn oed yn nhristwch tywyll glyn cysgod angau mae gobaith cadarn fel goleuni sy'n mynnu pelydru drwyddo.

Uffern

Dyma'r ail farwolaeth, y tywyllwch eithaf (Math. 8:12; 22:13; 25:30), lle o wylo a rhincian dannedd (yr adnodau uchod a rhagor). Dyma'r lle a baratowyd i'r diafol a'i angylion (Math. 25:41) ond bod Satan yn benderfynol o fynd ag eraill i lawr gydag ef. Dyma yw'r distryw sydd ar ben draw'r llwybr llydan, y llyn tân a'r tân tragwyddol. Caiff ei alw'n gosbedigaeth dragwyddol hefyd yn Math. 25:46.

Does dim amheuaeth ei fod yn gyflwr ac yn lle erchyll i fod ynddo am byth.

Dyma a ddioddefodd ein Gwaredwr gwych ar Galfaria, yn ogystal â'r artaith gorfforol oedd yn rhan o bob croeshoelio. Dyma arwyddocâd y tywyllwch am dair awr a'r gri o ymadawiad pan ofynnodd y Mab pam roedd y Tad wedi ei adael.

Mae Iesu'n disgrifio'r diafol fel gŵr arfog cryf, sy'n ceisio gwarchod ei blasty a'i eiddo. Mae meddwl am bechod, angau ac uffern fel arfogaeth diafol yn ddigon i'n dychryn. Ond yna mae'n sôn am **"un cryfach nag ef"** yn dod i gymryd ei arfwisg a rhannu'r ysbail gyda'i bobl.

Dyna ddarlun gwych o fuddugoliaeth y Pasg. Mae ein Pencampwr ni wedi trechu Diafol, ac wedi trechu pechod, angau ac uffern, er mwyn i ni gael rhan yn ei fuddugoliaeth.

"Oherwydd y baich ysgafn o orthrymder sydd arnom yn awr, darparu y mae, y tu hwnt i bob mesur, bwysau tragwyddol o ogoniant i ni, dim ond inni gadw'n golwg, nid ar y pethau a welir, ond ar y pethau na welir. Dros amser y mae'r pethau a welir, ond y mae'r pethau na welir yn dragwyddol." (2 Cor. 4:17–18)

Dyma'r apostol Paul yn ein hatgoffa nad yw bywyd y Cristion sydd o ddifrif yn bicnic yn y byd, ond yn hytrach yn llawn anawsterau a phroblemau yn aml. Ond bod hyn yn ysgafn o'i gymharu â'r gogoniant sydd yn ein disgwyl.

Mae'r cyfan yn fater o bersbectif cywir. Rwy'n cofio ffrind yn dod i'n cartref i weld y tŷ lle cafodd ei fagu. Roedd yn synnu bod yr ystafelloedd oedd wedi edrych mor fawr i lygad plentyn gymaint yn llai nawr i lygad oedolyn. O gael persbectif tragwyddol, mae'n bywyd yn y byd yn fach ac yn fyr iawn, ac mae hynny'n cynnwys y gorthrymderau yn ogystal â'r pleserau tymhorol.

Y Gorthrymder

Dywedodd ein Harglwydd wrth ei ddisgyblion y byddent yn profi gorthrymder yn y byd. Addawodd hefyd y byddent yn profi nerth buddugol oherwydd ei fod Ef wedi gorchfygu'r byd.

Roedd y gorthrymder yn dod o achos y gwirionedd, oherwydd bod Paul yn pregethu Crist yn hytrach nag efengyl dyn-ganolog. Roedd yn cyflwyno trysor disglair oedd wedi disgleirio a llewyrchu yn ei galon – sef Iesu Grist.

Un o arferion y Dwyrain Canol oedd claddu trysorau gwerthfawr o'r golwg yn y ddaear mewn llestr pridd. Mae'n debyg y byddent yn cael eu cario o fan i fan yn yr un math o lestri hefyd. Yr apostolion, cenhadon a thystion Crist ymhob oes yw'r llestri pridd. Person dynol arferol oedd Paul fel pawb arall.

Natur y gorthrymder, felly, oedd bod gelynion yn awyddus i ddinistrio'r trysor, ac er mwyn gwneud hynny roeddent yn ceisio malu'r llestr pridd, fel petai.

Mae Paul yn nodi pedair elfen i'r gorthrymder yn adnodau 8–9:

Gorthrymu Mae'r gair yn dwyn y syniad o gael eich gwasgu i lawr nes eich bod chi bron â boddi o dan y don. Mae cyfeiriad tebyg gan yr apostol yn 1:8: **"Yr ydym am i chwi wybod, gyfeillion, am y gorthrymder a ddaeth i'n rhan yn Asia, iddo ein trechu a'n llethu mor llwyr nes inni anobeithio am gael byw hyd yn oed."**

Ansicrwydd Mae'r gair hwn yn llythrennol yn golygu methu â gweld ffordd. Fel petai rhywun mewn tywyllwch ac anobaith bron oherwydd anhawster arbennig. Rŷn ni'n gwybod bod Paul mewn ansicrwydd am ei fywyd weithiau oherwydd peryglon amrywiol.

Erledigaeth Mae'r gair yma'n cario'r syniad o hela rhywun, o gwrso ar ei ôl. Bu'n rhaid i Paul ffoi am ei fywyd sawl gwaith.

Taro i lawr Mae'r gwreiddiol yn golygu hyrddio i lawr, fel darn o sbwriel yn cael ei daflu i ffwrdd.

Dim digalonni

Er nad yw Paul yn gwadu realiti ei orthrymder a'i dreialon poenus yng ngwaith yr Efengyl, nid ydynt wedi ei drechu chwaith. Er ei fod wedi nodi pedair elfen i'w orthrymder, mae'n nodi pedair gwaith nad yw wedi colli'r dydd.

Er y gorthrymder sydd yn pwyso'n drwm arno nid yw'n llethol, nid yw yn ei chwalu'n llwyr.

Er yr ansicrwydd a'r anawsterau dybryd, nid yw wedi syrthio i lwyr anobaith.

Er bod gelynion yn ei hela, nid yw wedi ei adael yn gwbl amddifad.

Er ei daflu i lawr, nid yw wedi ei ddinistrio.

Er ei fod yn gwanio ac yn heneiddio yn gorfforol gyda'r stormydd sy'n curo arno, mae ei ysbryd yn gryf, ac yn cael ei adnewyddu'n gyson, a chyn hir caiff gorff newydd hefyd.

Paradocsau bendigedig

Yna mae Paul yn gwrthgyferbynnu treialon y byd hwn â'r gogoniant a ddaw i'r Cristion yn y nef. O gael golwg clir ar amser a thragwyddoldeb, mae'r cystuddiau presennol yn fyr ac yn ysgafn o'u cymharu â'r gogoniant sylweddol a hir a ddaw. Dyna ffordd hyfryd i droi'r gorthrymderau wyneb i waered.

Gwreiddyn y gair a'r syniad o ogoniant yw pwysau a sylwedd. Wrth ddweud bod Duw yn ogoneddus fe ddywedir ei fod yn sylweddol, yn hytrach na'i fod yn ysgafn a disylwedd.

Erbyn hyn gallwch gael hufen i'w chwistrellu ar eich bwyd yn ogystal â hufen sengl neu ddwbl. Ond os wnewch chi adael yr hufen sy'n llawn aer ar eich plât am ddwy funud bydd wedi troi'n ddwrllyd a bydd bron â diflannu. Pam? Does dim sylwedd iddo. Gallwch gadw hufen arferol mewn jwg dros nos a bydd yn dal yno yn y bore.

Mae cystuddiau'r Cristion fel hufen yr aerosol (ond yn chwerw); mae'n edrych yn sylweddol am gyfnod, ond cyn hir mae'n mynd yn ddim, tra bod gogoniant y nef yn aros am byth.

"Oherwydd y mae cariad Crist yn ein gorfodi ni, a ninnau wedi ein hargyhoeddi o hyn: i un farw dros bawb, ac felly i bawb farw." **(2 Cor. 5:10)**

Mae'r apostol Paul yma yn rhannu gyda ni yr hyn oedd yn ei gadw ar ei bererindod ysbrydol ac yn y weinidogaeth Gristnogol er gwaethaf yr holl anawsterau yr oedd wedi eu hwynebu.

Dal ynghyd

Mae'r cyfieithiad 'gorfodi' ychydig yn anffodus gan nad yw'n cyfleu yn union ystyr cyflawn y gair Groeg gwreiddiol. Y gair gwreiddiol yw 'sunecho' (mae 'sŵn' yn golygu 'ynghyd' ac ystyr 'echo' yw 'cael' neu 'dal'). Felly gallwn ei gyfieithu fel 'Dal i mewn, dal ynghyd, dal gyda'i gilydd.'

Felly, mae cariad Iesu Grist yn ein dal ni ac yn ein rhwymo ni wrtho gydol ein pererindod, a'i gariad Ef hefyd sydd yn ein rhwymo ni wrth ein gilydd fel Cristnogion, ac wrth ei waith.

Mae'r un gair yn ymddangos mewn mannau eraill yn y Testament Newydd:

"Meistr, y tyrfaoedd sydd yn pwyso ac yn gwasgu arnat." (Luc 8:45)
"Y mae bedydd y mae'n rhaid fy medyddio ag ef, a chymaint yw fy nghyfyngder hyd nes y cyflawner ef!" (Luc 12:50) **"Y mae'n gyfyng arnaf o'r ddeutu."** (Phil.1:23)

Gallem feddwl am harnais yn cau ar geffyl, neu iau ar yddfau bustych er mwyn iddynt weithio. Cariad Crist yw'r iau sydd yn ein cadw ni'n frwd ac yn llawen ac yn awyddus yn y gwaith. Oni ddywedodd ein Harglwydd wrthym:**"Cymerwch fy iau arnoch a dysgwch gennyf, oherwydd addfwyn ydwyf a gostyngedig o galon, ac fe gewch orffwystra i'ch eneidiau. Y mae fy iau yn hawdd ei dwyn a'm baich yn ysgafn."** (Math.11:29–30)

Rhwymo'r aberth

Yn yr Hen Destament roedd angen clymu bustach wrth gyrn yr allor weithiau cyn ei ladd. Cafodd Isaac ei glymu ym Moreia gan Abraham a oedd yn barod i aberthu ei fab petai Duw wir yn dymuno hynny. Yn Salm 118:27 (BWM) fe ddywedir: **"Rhwymwch yr aberth â rhaffau, hyd at gyrn yr allor".** Mae'n salm Feseianaidd sydd yn proffwydo Crist. Cariad a'i rhwymodd ef wrth allor y groes a'i gariad ef sy'n ein rhwymo ni wrtho Ef – ein hallor ni. Dyma ddywed C. H. Spurgeon:

"Mae'r gair a gyfieithir 'rhaffau' yn dwyn y syniad o frigau a changhennau, ac felly nid rhaff gras, galed, ond rhwymyn addurniadol. Felly y mae gyda ni.

Er i ni gael ein rhwymo wrth allor Duw, gwneir hyny â rhaffau cariad a rhwymau'r dyn Iesu, ac nid trwy orfodaeth sy'n difetha rhyddid ein hewyllys. Yr aberth a roddwn ni yw aberth byw ein hysbryd, ein henaid a'n corff. Down â'n hunain at yr allor a dymunwn offrymu iddo Ef y cyfan sydd gennym a phopeth ydym.

Ond mae tueddiad yn aros yn ein natur i osgoi hyn, gan ein bod yn ofni'r gyllell aberthol. Diolch byth, mae yna raff sydd wedi ei phlethu o gwmpas yr Iawn, neu'n well fyth, o gwmpas person ein Harglwydd Iesu Grist, sydd yn allor inni, a gall y rhaff yma ein dal, ac mae yn ein dal.

"Rŷn ni wedi'n rhwymo wrth athrawiaeth yr Iawn; rŷn ni wedi'n rhwymo wrth Grist ei hun, sydd yn allor ac yn aberth; rŷn ni'n dymuno cael ein rhwymo fwyfwy wrtho nag erioed, oherwydd mae'n henaid yn profi rhyddid wrth gael ei glymu'n dynn wrth allor yr Arglwydd."

Dyma'r unig ffordd i beidio â byw i'r hunan mwyach. (2 Cor. 5:15) a dyma oedd yn cadw Paul i fod yn llysgennad ffyddlon i Grist. Dyma sut y gallai ddyfalbarhau yn wyneb yr anawsterau y mae'n eu rhestru yn 2 Corinthiaid 11.

Po fwyaf o gariad Crist sydd ynom, mwyaf o hyn fydd yn nodweddu ein bywyd.

O gofio a meddwl a gweld ei ymostyngiad a'i aberth Ef, cawn ein rhwymo'n llwyrach wrtho. Dyma sut y down yn ddisgyblion llawn iddo. Dyma sut y gallwn ymwadu â ni ein hunain, a chodi ein croes a'i ganlyn Ef. Dyma sut y gallwn golli (gollwng gafael ar) ein bywyd, er mwyn cael llawnder Crist.

Mae'n allweddol i'r Cristion aros yng Nghrist ac aros yn ei gariad (Ioan 15:9) Mae rhwymau ei gariad o'n cwmpas i'n tynnu'n nes ato o hyd.

1. Mae ei gariad ef yn dod gyntaf. **"Yr ydym ni'n caru am iddo ef yn gyntaf ein caru ni."** (1 Ioan 4:19)

2. Yr ydym ni'n ei garu ef trwy gadw ei orchmynion. **"Os ydych yn fy ngharu i, fe gadwch fy ngorchmynion i."** (Ioan 14:15)

3. Dyma sut yr arhoswn yn ei gariad. **"Os cadwch fy ngorchmynion fe arhoswch yn fy nghariad, yn union fel yr wyf fi wedi cadw gorchmynion fy Nhad, ac yr wyf yn aros yn ei gariad."** (Ioan 15:10).

"Felly hefyd byddwch yn helaeth yn y gorchwyl grasusol hwn." **(2 Cor. 8:7)**

Dyma anogaeth ymarferol iawn gan yr apostol Paul i'r Corinthiaid ynglŷn â rhoi yn ariannol. Mae'n cwblhau addewid ganddo y byddai ef a Barnabas yn efengylu'r Cenhedloedd tra bod Iago, Pedr ac Ioan yn cyrraedd at yr Iddewon. Hefyd cytunodd Paul i wneud yn siŵr o gasglu arian ymhlith Cristnogion y Cenhedloedd er mwyn helpu'r Cristnogion oedd yn dlawd yn Jerwsalem.

Yn adnod y testun mae Paul wedi rhestru pump o rasusau oedd yn amlwg yn y Corinthiaid, ond mae'n eu hannog i fod yr un mor helaeth yn y gras o roi. Mae hwn yn bwnc pwysig i Gristnogion ym mhob oes ac yn un hawdd ei osgoi. Serch hynny, mae Duw yn disgwyl i'w bobl gynnal ei waith yn ariannol trwy stiwardiaeth gyfrifol a grasol o'r hyn y mae Ef wedi ei roi iddyn nhw yn y lle cyntaf.

Mae nifer o egwyddorion gwerthfawr ynghylch rhoi ariannol ym mhymtheg adnod gyntaf y bennod:

Rhoi'r hunan gyntaf

Dyw Duw ddim ar ôl ein harian. Does ganddo ddim diddordeb mewn rhoddion nac offrymau sydd yn cael eu rhoi heb addoliad y galon. Mae Paul yn defnyddio'r Macedoniaid fel esiampl o hyn i'r Corinthiaid, ac mae Paul yn rhoi anogaeth debyg i'r Rhufeiniaid i'w hoffrymu eu hunain yn aberth byw i Dduw (12:1).

Rhoi i Dduw trwy ddyn

Er bod ein rhoddion yn offrwm ac yn wasanaeth ac yn ddiolch i Dduw, does dim posib rhoi i Dduw yn uniongyrchol. Dyw Ef ddim yn delio mewn arian parod! Roedd y Corinthiaid yn rhoi i'r Cristnogion tlawd yn Jerwsalem trwy Titus ac yn Paul a Barnabas. Rŷn ni'n rhoi trwy eglwys leol neu trwy fudiad Cristnogol arbennig. Ein cyfrifoldeb ni yw rhoi, a'u cyfrifoldeb nhw yw sianelu'r rhoddion yn gyfrifol a gonest.

Rhoi yn ôl ei ewyllys Ef (ad.5)

Rhaid gweddïo a cheisio arweiniad yr Arglwydd yn y mater yma. Rhaid bod yn ofalus hefyd. Ein braint a'n cyfrifoldeb arbennig ni yw cynnal gwaith Cristnogol. Fe fydd eraill yn cefnogi gwaith dyngarol cyffredinol, ond wnaiff y di-gred ddim cefnogi gwaith y deyrnas, a does dim disgwyl iddynt.

Daw rhoi â llawenydd (ad.2)

Dywedodd yr Arglwydd fod rhoi yn dod â mwy o lawenydd nag y mae derbyn yn ei wneud. Dyma lawenydd Duw. Dywed 2 Cronicl 29:27 fod Iddewon yn amser Heseceia wedi torri allan i ganu wrth gyflwyno'u hoffrwm i'r Arglwydd.

Dylem roi'n wirfoddol ac ewyllysgar (ad.3)
Chafodd y Macedoniaid mo'u gwasgu na'u gorfodi i roi cyfraniad i'w brodyr tlawd. Mae Duw yn caru rhoddwr llawen (9:7). Y gair Groeg am 'llawen' yw 'hilaros' sydd wedi rhoi 'hilarious' yn Saesneg. Felly, dylai ein cyfrannu fod yn bleser mawr inni.

Yn ôl ein modd (ad.3)
Ni allwn roi arian sydd heb fod gennym. Mae Duw yn derbyn rhoddion **"ar sail yr hyn sydd gan ddyn, nid yr hyn nad yw ganddo."** (8:12) Mae Duw yn rhoi i ni **'o olud ei ogoniant'** ac rydym ni i roi o'n golud ni; nid y tu allan neu y tu hwnt iddo, neu fe fyddem ni'n ddibynnol ar eraill wedyn.

Mae rhoi yn fraint
Er bod rhoi yn ddyletswydd, nid rhoi deddfol yw rhoi'r Cristion ond cyfraniad grasol. Doedd Paul ddim yn pwyso nac yn awdurdodi gan boeri gorchmynion at ei ddarllenwyr, yn hytrach roedd yn apelio arnynt i ymateb i ras Duw mewn gwirionedd. Sut gallwn roi llai na phobl yr Hen Destament ar ôl gweld a phrofi Efengyl Crist?

Mae'n brawf o'n cariad
Dyma fyddai'n dangos didwylledd cariad y Corinthiaid, yn fwy na'u haddewidion llafar. Prawf Duw o'i gariad tuag atom oedd rhoi ei unig Fab i farw drosom yn ein gelyniaeth. Mae rhoi gwirfoddol yn dangos cariad yn y Cristion hefyd.

Mae'n ein harwain i wir gymdeithas Gristnogol
Mae'n ein huno â theulu Duw ac â Duw ei hun yn ei waith. Does dim ots os mai ychydig sydd gennym i'w gyfrannu, rŷn ni'n rhan o dystiolaeth yr Efengyl ac o gymuned Duw.

Esiampl Crist
Dyma'r cymhelliad mwyaf i'n gwasanaeth i Grist. Fe fyddem yn ein carpiau ysbrydol oni bai amdano Ef; byddem heb Dduw ac yn ddieithriaid i deulu Duw; byddem yn amddifad o gyfoeth bendithion ei ras a gobaith y gogoniant; byddem mewn tywyllwch, yn rhedeg ymlaen i ddinistr tragwyddol. Mae'r ffaith ei fod yn rhoi cyfle i ni gyfrannu yn ei waith mewn unrhyw ffordd yn fraint aruchel ac yn anrhydedd nad ydym yn ei haeddu.

Boed i'r Arglwydd ein cadw rhag bod yn Gardis ysbrydol. Mae cybydd o Gristion yn baradocs annerbyniol.

"Ond petai rhywun, ni ein hunain hyd yn oed, neu angel o'r nef, yn pregethu i chwi efengyl sy'n groes i'r Efengyl a bregethasom ichwi, melltith arno!" (Gal. 1:8)

Dyma eiriau cryf iawn o rybudd gan yr apostol yn gynnar yn ei lythyr at y Galatiaid. Mae'n amlwg ei fod yn teimlo'n gryf iawn ac wedi ei gorddi gan athrawon ffals oedd yn cyhoeddi fersiwn anghywir a chamarweiniol o'r Efengyl.

Newyddion Da

Ystyr y gair 'efengyl' yw newyddion da wrth gwrs. Roedd Paul yn sylweddoli pa mor allweddol oedd cadw'r Efengyl yn bur rhag colli'r gwirionedd a'r newyddion da sydd yn dod â phobl i berthynas iawn â Duw.

Y newyddion da ydy fod Duw yn ein caru ac wedi rhoi ei Fab i'r byd nid i'n condemnio ond i'n hachub oddi wrth ein pechodau. Mae'n neges – o bardwn, o burdeb, o bŵer ac o Baradwys – i bwy bynnag sydd yn ei chredu. Mae'n gynnig rhad i bawb er nad yw neb yn ei haeddu. Fe ddaw'r Efengyl yn brofiad real trwy ffydd, trwy ymateb yn grediniol iddi.

Un wir Efengyl

Er bod Paul yn sôn am 'efengyl wahanol' ac 'efengyl arall' (ad. 6,7) mae'n dweud ar yr un pryd nad oes efengyl wirioneddol arall, dim ond llygriad o'r peth go iawn. Roedd athrawon gau wedi dod i'r ardal a chyflwyno neges wahanol i'r efengyl roedd Paul wedi ei chyhoeddi.

Mae'r gair 'gwahanol' yn adnod 6 yn golygu nid amrywiaeth o'r un peth, ond rhywbeth o natur wahanol, er ei fod yn edrych yn debyg ar yr wyneb – hynny yw, efengyl ffug.

Mae'r un problemau yn codi heddiw wrth i bobl gyfnewid y gwirionedd o fywyd tragwyddol trwy ffydd yn Iesu Grist fel mae'n cael ei gyflwyno i ni yn y Beibl, am rywbeth arall.

Dywed rhai mai'r Eglwys sy'n rhoi iachawdwriaeth; bod y Forwyn Fair yn gyfrwng at Grist; bod haeddiant a gweithredoedd da yn cyfrannu at ein hiachawdwriaeth.

Dywed eraill fod rhaid cael defodau i'n hachub, megis conffyrmasiwn, bedydd neu enwaediad.

Mae rhai yn cyfnewid Gair Duw am farn a rheswm dyn, neu'n ceisio cael rhyw lobscows o'r ddau. Yn yr 'efengyl' yma rhaid i'r Beibl a chredo blygu ac ildio i reswm a dealltwriaeth dyn, sydd, wrth gwrs, yn newid o hyd.

Datguddiad Duw

Dywed Paul yn glir nad dyfais dyn mo'r Efengyl. Nid ffrwyth meddwl dyn oedd newyddion da'r Testament Newydd; ni chafodd Paul neges gan ddynion, ond **"trwy ddatguddiad Iesu Grist y cefais hi."**

Duw yw awdur a ffynhonnell yr Efengyl. Nid yw'n cychwyn gyda dyn ac yn ceisio cyrraedd Duw, ond i'r gwrthwyneb mae'n dechrau gyda Duw, ac mae'n datguddio digon ohono i ni ddod i'w adnabod.

Petai'r Efengyl yn ddynol, fe fyddai'n fregus, yn frau ac yn feius. Gan ei bod o Dduw, mae fel Duw, yn ddibynadwy ac yn ddilys.

Anathema

Mae geiriau eithriadol o gryf yn cael eu defnyddio yn erbyn y sawl sy'n llygru efengyl Iesu Grist. Mae'n cyhoeddi melltith ar rywun sy'n gwyrdroi gwirionedd Duw yng Nghrist. Ydy'r geiriau hyn yn rhy gryf, yn rhy eithafol?

Na! Mae'n beth ofnadwy i gamarwain person ynglŷn â'i iachawdwriaeth dragwyddol. Gall gredu efengyl aloi olygu damnedigaeth yn hytrach na chadwedigaeth. Does dim hawl gennym i chwarae â thynged dragwyddol dynion.

Mae temtasiwn weithiau, wrth sôn am bobl sy'n gwyrdroi'r Efengyl, i feddwl eu bod o ddifrif, ac felly bod angen goddefgarwch.

Pa mor oddefgar fydden ni gyda meddyg oedd wedi rhoi tabledi llygredig i glaf oedd wedi ei ladd yn hytrach na'i wella? Fydden ni'n parchu rhywun oedd yn newid cymysgedd meddyginiaeth y claf, a hynny'n groes i gyfarwyddiadau'r arbenigwr?

Os caiff efengyl 'arall' ei chyhoeddi, rhaid ei gwrthwynebu trwy lefaru'r gwir mewn cariad.

Pregethu'r gwirionedd

Mae hyn yn cadarnhau'r angen mawr a'r ddyletswydd sydd arnom i gyhoeddi Efengyl y Testament Newydd.

Dyma orchymyn Crist i ni; dyma gyfrwng Duw i achub pechaduriaid; dyma sut caiff pobl y cyfle i weld a chlywed am ffordd iachawdwriaeth, beth bynnag eu hymateb iddi.

Dyma'r Efengyl i'r holl fyd. Does dim angen neges wahanol i bobl wahanol. Yr un Efengyl sydd i gyfoethog a thlawd, claf ac iach, academaidd neu beidio, du neu wyn, beth bynnag ein hiaith neu'n cenedl. Oherwydd un Duw sydd ac un ffordd i ddynion ddod ato, sef Iesu Grist.

Mae Duw yn defnyddio llestri pridd a chyfryngau digon gwantan. Mae gennym Elyn nerthol sydd yn ceisio dallu dynion a chau eu clustiau a'u calonnau i'r gwirionedd. Serch hynny, Efengyl Duw yw'r dynameit sy'n creu dynoliaeth newydd.

"Ond dyma Dduw, a'm neilltuodd o groth fy mam ac a'm galwodd trwy ei ras, yn dewis datguddio ei Fab ynof fi, er mwyn i mi ei bregethu ymhlith y Cenhedloedd;" **(Gal. 1:15–16)**

Dyma eiriau hyfryd o dystiolaeth bersonol gan yr apostol Paul wrth iddo ddangos sut y newidiodd Duw gwrs ei fywyd yn llwyr pan ymddangosodd Iesu yn ei ogoniant llachar iddo ar y ffordd i Ddamascus. Wrth sylwi ar dystiolaeth Paul gallwn nodi nifer o bwyntiau all fod yn werthfawr i ni wrth i ni geisio tystio i'r hyn mae Duw wedi ei wneud yn ein bywyd.

Tystiolaeth effeithiol

Mae'n fyr ac i bwrpas. Bob tro y darllenwn am yr apostol Paul yn cyfeirio at waith Duw yn ei fywyd, mae'n fyr ac yn gryno. Y mae hefyd i bwrpas y rhai sydd yn gwrando arno neu'n darllen ei eiriau.

Mae'n sicr Nid rhoi awgrymiadau yw gwaith tyst, ond dweud yn glir beth mae wedi ei weld neu wedi ei glywed yn digwydd. Wrth i ni dystio i waith Duw yn ein bywyd, rhaid bod yn bendant.

Mae'n gyfoes Mae Paul yn cychwyn gyda'i gefndir a'r profiad ar y ffordd i Ddamascus, ond mae'n mynd ymlaen at ei weinidogaeth ddilynol ac at y pwnc mae'n ysgrifennu amdano yn yr epistol yma.

Mae'n Grist-ganolog Nid sôn am ein llwyddiannau ni yw rhannu tystiolaeth, ond croniclo'n fyr yr hyn y mae Ef wedi ei wneud ynom ni.

Mae'n wir Rhaid i bob manylyn fod yn wir. Does dim trwydded i ymestyn ffeithiau er mwyn gwneud ein tystiolaeth yn fwy 'dramatig' neu'n fwy 'ysgytwol'.

Cadarnhau dilysrwydd

Wrth adrodd ei hanes yn syml ac yn ffeithiol mae Paul yn cadarnhau ei fod yn apostol go iawn, gan fod rhai pobl yn cwestiynu ei awdurdod a'i hawl i'w alw'i hun yn apostol. Gall tystio twymgalon cywir fod yn arf effeithiol i berswadio pobl o wirionedd a nerth Efengyl Iesu Grist heddiw hefyd.

Taith ysbrydol Paul

Wrth rannu ei dystiolaeth, gallwn weld saith cam ym mhererindod ysbrydol Paul:

Crefyddol ond colledig Roedd yn Iddew brwd, roedd yn fwy taer na'r mwyafrif, yn llawn sêl dros draddodiadau crefyddol ei genedl, ac eto yn ddall yn ei berthynas â Duw. Er ei fod yn tybio ei fod yn was da i Dduw, roedd yn elyn i Grist ei Fab.

Cablu, erlid a sarhau Yr oedd yn gydwybodol yn ceisio difrodi a dileu Eglwys Iesu Grist. Ble bynnag y clywai am Gristnogion byddai'n troi arnynt ac yn ceisio'u chwalu gyda ffyrnigrwydd y selot mwyaf penboeth. Dywed Luc yn Actau 9 fod Saul yn **"chwythu bygythion angheuol"** yn erbyn disgyblion Iesu. Ond troes Crist yr erlidiwr yn genhadwr.

Ond Duw Mae nifer o adnodau yn y Testament Newydd yn dechrau fel hyn, ac yn cofnodi sut y torrodd Duw i mewn i ryw sefyllfa neu'i gilydd a'i weddnewid yn llwyr. Mae Paul yn nodi'r camau a gymerodd Duw i feddiannu ei fywyd: **Neilltuodd** Er nad oedd Paul yn ymwybodol o hyn, mae'n sylweddoli fod Duw wedi ei neilltuo o dragwyddoldeb mewn gwirionedd. **Galwodd** Dyma ddigwyddodd ar y ffordd i Ddamascus. Yn llythrennol, clywodd Saul lais yn ei alw o'r nef. Yna, 'rhaid, rhaid oedd ei ddilyn ef.' Datguddiodd ei Fab ynddo. Efallai y byddem yn disgwyl iddo ddweud 'i mi' yn hytrach nag 'ynof fi.' Do, fe ddatguddiwyd Crist i Paul ar ei daith fythgofiadwy, ond er mwyn ei ddatguddio i eraill hefyd trwy ei weinidogaeth. Er mwyn pregethu. Cafodd ei gomisiynu gan Grist i waith mawr ei fywyd.

Arabia Yna bu cyfnod o ymneilltuo. Fel y bu Moses yn bugeilio am flynyddoedd cyn arwain y genedl, ac fel yr aeth Iesu i'r anialwch, bu Paul yn Arabia gyda Duw yn yr unigeddau. Efallai fod hyn yn rhybudd i ni beidio â gwthio Cristnogion newydd yn syth i'r blaen, fel petai, cyn iddynt gael cyfle i gael eu trwytho ym mhethau'r Arglwydd.

Damascus Dydy Luc ddim yn cyfeirio at Arabia yn Actau am ryw reswm. Serch hynny, 'nôl i Ddamascus aeth Paul i ddechrau tystio a phregethu gyda'r rhai y bu'n eu herlid. Y lle mwyaf anodd i dystio yw ymhlith y rhai oedd yn ein hadnabod cyn i ni ddod at yr Arglwydd.

Jerwsalem Yna aeth at yr apostolion eraill. Mae'n pwysleisio'i ddatguddiad uniongyrchol o'r Efengyl, nid er mwyn tanseilio'r apostolion eraill, ond er mwyn dangos dilysrwydd ei apostolaeth ei hun. Cafodd gymdeithas gynnes gyda dau brif apostol yn Jerwsalem am mai'r un Arglwydd oedd wedi eu galw oll.

I'r byd Yna aeth Paul ymlaen â'r gwaith eang a roes ei Feistr newydd iddo.

Diolch am esiampl tystiolaeth Paul.

"Ond pan ddaeth cyflawniad yr amser, anfonodd Duw ei Fab, wedi ei eni o wraig, wedi ei eni dan y Gyfraith." **(Gal. 4:4)**

Calon yr Efengyl yw'r ffaith fod Duw wedi ymddangos mewn cnawd fel ein cnawd ni, fod Duw'r Mab wedi dod yn ddyn er mwyn i ddynion ddod yn feibion i Dduw. Mae pedair adnod gyntaf y bennod yma'n dweud wrthym pryd, sut a pham daeth Crist i'n byd.

Cyflawnder yr amser

Bob Nadolig rŷn ni'n cofio fod Iesu wedi ei eni yn nyddiau'r Brenin Herod. Yn ôl ein calendrau roedd hynny dros ddwy fil o flynyddoedd yn ôl. Dywed Paul yn y bedwaredd adnod fod hyn wedi digwydd pan oedd yr amser yn aeddfed yng ngolwg Duw. Mae hyn yn dweud wrthym fod gan Dduw amserlen benodol. Fel yr oedd trefn arbennig i'r creu a gofnodir yn nwy bennod gyntaf Genesis, mae trefn arbennig i ddigwyddiadau iachawdwriaeth. Dywed Rhufeiniaid 5:6 fod Iesu Grist wedi marw yn yr amser priodol, yr amser mwyaf addas. Mae pob manylyn o waith achubol Mab Duw wedi ei benodi ers tragwyddoldeb. Roedd lladd yr Oen wedi ei drefnu ers seiliad y byd, a soniwyd am had y wraig yn sigo pen y sarff yn fuan yn hanes y greadigaeth (Gen.3:15).

Er nad oedd Iesu'n gwybod amser ei ailddyfodiad pan oedd ar y ddaear, roedd yn dweud yn glir fod y Tad yn gwybod hynny.

Sut daeth Duw mewn cnawd

Cafodd ei anfon

Duw oedd yn gwneud y gwaith, yn penderfynu anfon ei Fab i'r byd. Nid cael ei greu wnaeth Iesu ond cael ei anfon am ei fod yn bodoli eisoes, wrth gwrs. Daeth o'r nefoedd, yr un lle ag y dychwelodd iddo yn ei esgyniad.

Cafodd ei eni o wraig

Pan ddaeth Crist i'r byd fe'i gwisgwyd mewn cnawd. Ef oedd y Duw-ddyn, nid y dyn a ddaeth yn Dduw. Mae'n amlwg fod y geni yn unigryw yn hanes Iesu Grist gan fod Paul yn cyfeirio ato. Mae pawb ohonom wedi'n geni i'r byd. Ond caiff ei nodi'n benodol y tro yma am fod y geni'n wyrthiol, wrth gwrs.

O dan y Gyfraith

Daeth yr un a roes y Gyfraith i Moses i fyw oddi tani. Roedd hyn yn golygu'r gyfraith seremonïol. Cafodd ei enwaedu, a'i gyflwyno yn y deml; addolodd yno ac aeth i'r gwyliau arbennig hefyd. Roedd yn golygu hefyd y gyfraith gymdeithasol gan ei fod yn atebol, ac yn ufudd, i'w rieni. Roedd yn ufudd i'r awdurdodau sifil, ac yn fodlon talu treth i'r deml rhag creu tramgwydd, er nad oedd angen. Ufuddhaodd yn llwyr hefyd i'r gyfraith foesol. Cyflawnodd hi yn ei fywyd glân a chymerodd felltith y Ddeddf ar y groes oherwydd ein pechodau ni. Fe ddysgodd ufudd-dod ar ein rhan ni.

Pwrpas ei ddyfodiad

Daeth i brynu rhyddid i'r caethion
Dyma ddarlun o'r tâl fyddai'n cael ei roi i ryddhau caethwas. Mae Paul yn cyfeirio at gaethiwed a melltith y Ddeddf. Roedd y Gyfraith yn ein caethiwo am ei bod yn ein cyhoeddi yn euog heb gynnig unrhyw ffordd o ryddhad. Gall ddweud os ydym yn gyfiawn neu'n anghyfiawn, ond ni all ein helpu fel pechaduriaid i ddod yn gyfiawn. Y felltith oedd marwolaeth gorfforol ac ysbrydol. Prynodd Crist ryddid i ni trwy gael ei gyfrif yn euog, trwy wynebu marwolaeth corfforol ac ysbrydol ar y groes. Dyma'r Un a'n carodd gymaint ac a'n rhyddhaodd â'i waed ei hun; dyma'r Un sy'n haeddu'r gogoniant a'r gallu, byth bythoedd.

Daeth i ennill hawl mabwysiad
Yn ein cymdeithas ni ar hyn o bryd mae trafodaeth fawr ynglŷn â pha oedolion ddylai gael yr hawl i fabwysiadu plant. Mae'n drueni ac yn bechod bod dau neu ddwy o'r un rhyw yn cael yr hawl bellach. Mae pwyslais y Testament Newydd ar ein hawl ni i ddod yn blant Duw. Mae'r ffordd wedi ei pharatoi gan fod Iesu Grist wedi talu i'n rhyddhau o'n pechod â'i fywyd sanctaidd. Nodwedd plant Duw yn ôl adnod chwech yw bod yr Ysbryd Glân yn trigo yn ein calonnau ac yn rhoi sicrwydd a thangnefedd mewnol i ni ein bod mewn perthynas plentyn/Tad ddiogel ac agos iawn gyda Duw.

Daeth i'n gwneud yn etifeddion
Os ydym yn blant i Dduw rŷn ni'n etifeddion hefyd. Dywed Paul yn Rhufeiniaid ein bod yn gyd-etifeddion â Christ. Cawn ni eistedd gyda Christ a theyrnasu gydag Ef ryw ddydd. Cawn ni fwynhau presenoldeb gogoneddus Duw i dragwyddoldeb gyda Christ. Cawn ni brofi buddugoliaeth lwyr ar bechod a diafol a gweld ein gelynion oddi tan ein traed.

Diolch am ddyfodiad ein Gwaredwr!

"Peidied neb bellach â pheri blinder imi, oherwydd yr wyf yn dwyn nodau Iesu yn fy nghorff." **(Gal. 6:17)**

Dyma Paul yn gorffen ei lythyr at Gristnogion Galatia trwy ddweud ei fod yn dymuno llonydd, gan fod ei gorff yn flinedig ar ôl dioddef cymaint yng ngwaith Efengyl Crist.

Roedd yr apostol yn gallu dweud yn llythrennol bod marciau Crist arno gan ei fod wedi cael ei chwipio, ei gernodio, ei labyddio a'i adael yn y môr yn ystod ei weinidogaeth. Er nad yw hynny'n wir yn llythrennol am y mwyafrif ohonom ni, fe ddylai eraill allu dweud bod nodau ysbrydol Crist ar ein bywyd ni.

Nodau ar y corff

Mae'n debyg bod Paul yn meddwl am yr arfer o roi marc ar bobl, oedd yn gyffredin yn ei amser ef:

Byddai caethweision yn cael eu marcio gan eu perchennog i ddangos mai ei eiddo ef oedden nhw. Heddiw mae ffermwyr a bugeiliaid yn rhoi marc perchnogaeth ar eu defaid rhag iddynt gael eu cymysgu wrth grwydro i dir rhywun arall, neu gael eu dwyn gan ladron.

Bryd arall byddai caethweision yn cael eu marcio fel arwydd o gywilydd ar ôl iddyn nhw geisio rhedeg i ffwrdd. Mae'n debyg y byddai hwn yn farc amlwg a hyll er mwyn eu diraddio.

Byddai milwyr yn cael eu marcio gan eu cadfridog fel arwydd o ymrwymiad iddo. Yn fwy diweddar byddai milwyr yn cael tatŵ o nod neu fathodyn eu hoff gadfridog ar eu braich.

Roedd offeiriaid paganaidd yn marcio dilynwyr eu crefydd mewn teml. Byddai hwn yn farc o ddefosiwn a ffyddlondeb.

Yn ystod yr ail ryfel byd roedd carcharorion yn cael rhif arbennig wedi ei losgi ar eu croen.

Mae'n debyg mai'r agosaf at gario nod arbennig y daw llawer ohonom ni yw gwisgo dillad neu esgidiau â logo penodol sy'n dangos eu bod o wneuthuriad arbennig. Fyddai llawer o bobl ifanc ffasiynol ddim yn ystyried cael eu gweld heb ddillad gan y gwneuthurwyr mawr, dillad sy'n costio llawer mwy, wrth gwrs.

Mae Paul yn sôn am fod yn gaethwas gwirfoddol i Grist, am fod yn y frwydr ysbrydol ac am ymffrostio yn Iesu Grist a'i groes.

Ein marciau ni

Mae'r epistol at y Galatiaid yn nodi nifer o nodweddion a ddylai fod yn wir amdanom fel pobl Dduw a disgyblion Crist. Os nad oes gennym nodau llythrennol, yn sicr dylai'r marciau ysbrydol fod yn ymddangos:

1. Clwstwr o ffrwythau (5:22–23). Mae'r rhain yn farciau Crist gan ei fod Ef yn ymgorffori pob un ohonynt yn ei fywyd ar y ddaear. Os yw person wedi ei glymu wrth Grist trwy ffydd, fe ddaw'r un ffrwythau yn union i'r golwg.

2. Ysbryd addfwyn (6:1). Dyma un o ffrwythau'r Ysbryd sydd yn dod i'r golwg eto yn y bennod olaf, ac mae'n nodwedd mor bwysig ym mywyd y gwir Gristion fel ei fod yn haeddu sylw pellach. Dywedodd yr Arglwydd amdano'i hun ei fod yn addfwyn ac yn ostyngedig o galon, ac mae Paul yn dweud y dylai'r addfwynder yma dreiddio drwy Eglwys Crist bob amser.

3. Cario beichiau'n gilydd (6:2). Mae hwn yn nod Cristnogol sicr. Beth arall wnaeth ein Gwaredwr ond cario baich ein pechod yn ei gorff ei hun ar y pren? Yr hyn mae'n ei wneud nawr yw bod yn gynrychiolydd i ni ac yn eiriolwr sydd yn cymryd ein hachos beunydd at orsedd y nef.

4. Parodrwydd i gynnal hyfforddwyr y Gair (6:6). Yr oedd yr Arglwydd wedi dysgu ei ddisgyblion i ddisgwyl cynhaliaeth wrth gyflwyno'r Efengyl. Mae Paul yn tanlinellu hyn wrth ysgrifennu at y Corinthiaid a dweud bod y sawl sy'n cyhoeddi'r Efengyl yn ffyddlon i fyw ar draul yr Efengyl hefyd (9:14). Gan fod hyfforddwyr a doniau yn yr eglwys yn rhodd gan Dduw, mae gwrthod eu cynnal yn dangos anniolchgarwch i'r Arglwydd.

5. Bywyd o wneud daioni (6:9–10). Wrth bregethu yng Nghesarea roedd Pedr wedi crynhoi gweinidogaeth Iesu Grist gan ddweud ei fod yn mynd o amgylch gan wneud daioni. Roedd yna fendith yn dilyn Iesu Grist ble bynnag yr oedd yn mynd. Daw pob dydd â chyfle newydd i ni fod yn fendith i eraill hefyd, boed nhw'n gyd-Gristnogion neu'n gymdogion cyffredinol.

6. Yn wahanol i'r byd (6:14b). Yn yr un modd ag yr oedd y byd yn casáu Crist, fe fydd yn casáu ei ddilynwyr. Er ein bod *yn* y byd, ni allwn fyth fod *o'r* byd.

7. Ymffrostio yn y groes (6:14). Mae hyn yn golygu peidio ag ymffrostio yn yr hunan nac mewn dynion eraill, ond ym mhregethu'r groes, hanes y groes a buddugoliaeth y groes hefyd.

Boed i ni ddwyn nodau'r Arglwydd yn ein bywydau heddiw!

"Paul, apostol Crist Iesu trwy ewyllys Duw, at y saint sydd yn Effesus." **(Eff. 1:1)**

Dyma'r agoriad i lythyr Paul at eglwys Effesus. Gadewch i ni atgoffa'n hunain o'r hyn oedd wedi digwydd wrth i Dduw godi corff o saint yn y ddinas hynafol hon.

Y Ddinas

Effesus oedd y ddinas bwysicaf yn Asia (sef gorllewin Twrci) yn amser y Testament Newydd. Roedd hi'n ddinas fawr gyda phoblogaeth o tua 330 mil. O ran crefydd, yr oedd yno deml fawr i Artemis neu Diana y dduwies Roegaidd. Roedd y deml wedi ei hadeiladu ar y man lle syrthiodd carreg fawr awyrfaen o'r nef, ac roedd yn un o saith ryfeddod yr hen fyd. Roedd gan y Rhufeinwyr eu temlau llai i'w hymerawdwyr hefyd.

Y Ffydd Gristnogol

Daeth nifer o dystion allweddol i Effesus, a thrwy ras Duw fe ddaeth canlyniadau arhosol i'w gwaith. Ffynhonnell ein gwybodaeth yw Actau 18–20.

Priscila ac Acwila

Pan ddaeth Paul i Effesus am y tro cyntaf nid arhosodd yn hir, ond gadawodd y cwpl yma yno. Roedd Acwila yn wneuthurwr pebyll fel Paul, yn Iddew o Gristion oedd wedi ffoi o Rufain oherwydd erledigaeth yr ymerawdwr Clawdius. Roedd yn wreiddiol o Pontus (yn ne Twrci heddiw). Tybed a oedd Acwila a'i briod yn Jerwsalem ar y Pentecost, ac yna wedi mynd i Rufain cyn ffoi i Gorinth lle daeth i gysylltiad â Paul?

Gallem ddweud mai'r pâr yma oedd colofnau'r achos yn Effesus. Buon nhw'n help mawr yn y Ffydd i Apolos; buont yn cynnull yr eglwys, neu grŵp oddi mewn i'r eglwys, yn eu cartref, ac roedden nhw'n dal yno pan oedd Timotheus yn weinidog yn Effesus (2 Tim. 4:19).

Apolos

Roedd hwn eto yn Gristion Iddewig, o Alexandria, dyn oedd yn gwybod yr Hen Destament yn dda, ac yn pregethu'n effeithiol yn y synagog. Cafodd help i wybod yr Efengyl yn fanylach gan Priscila ac Acwila.

Paul

Daeth Paul yn ôl i Effesus ar ei drydedd daith genhadol. Helpodd y credinwyr cyntaf i dderbyn yr Ysbryd Glân. Bu'n dysgu yn y synagog am dri mis, gyda rhai yn credu, ac eraill yn caledu ac yn gwawdio'r Efengyl. Felly fe logodd neuadd a chyhoeddi'r Efengyl yno am ddwy flynedd. Daeth Neuadd Tyranus yn Effesus yn ganolfan i'r Efengyl yn Asia gyfan. Ei neges oedd **"am edifeirwch tuag at Dduw a ffydd yn ein Harglwydd Iesu."** (Act. 20:21) Dyma'r ffordd i ddod i adnabod y gwir Dduw.

Canlyniadau

Bu canlyniadau rhyfeddol i bregethu'r Efengyl yn Effesus:

Grym mawr.

Roedd nerth arbennig yn cyd-fynd â chyhoeddi'r Efengyl. Roedd pobl yn cael eu hiacháu, roedd ysbrydion aflan yn cael eu bwrw allan, ac roedd llawer yn dod i gredu yn yr Arglwydd Iesu Grist.

Coelcerth

Roedd llawer o'r credinwyr newydd wedi bod yn ymwneud â dewiniaeth. Dyma nhw'n cyffesu hyn yn gyhoeddus ac yn dod â'u llyfrau i'w llosgi. Llosgwyd gwerth 50,000 darn arian o lyfrau, a fyddai'n werth ffortiwn yn ein harian ni heddiw.

Reiat

Achosodd yr Efengyl reiat anferth yn Effesus. Roedd y gofaint arian yn colli busnes yn ddychrynllyd, gan nad oedd y credinwyr newydd eisiau delwau o Diana rhagor am eu bod yn adnabod y gwir a'r bywiol Dduw trwy Iesu Grist. Felly dyma Demetrius, gof blaenllaw, yn trefnu protest fawr dan yr esgus bod Paul yn bychanu, yn diraddio ac yn bygwth crefydd draddodiadol Effesus.

Pa bryd welsom ni ganlyniadau fel hyn i gyhoeddi'r Efengyl? Yn ystod gweinidogaeth o ugain mlynedd a mwy, dim ond un person dwi'n gwybod amdano sydd wedi llosgi llyfrau, a'r rheini'n ymwneud â'r Oes Newydd.

Yr epistol

Felly dyma gefndir y llythyr arbennig hwn at Gristnogion Effesus o garchar restiad tŷ yn Rhufain. Roedd Paul yn awyddus i ddangos i eglwys Effesus, yn Iddewon a Chenedl-ddynion, eu bod yn gyflawn ac yn gyfartal yng Nghrist. Felly doedd dim angen i'r Cenedl-ddynion droi'n Iddewon.

Hefyd roedd am ddangos iddynt fod nerth yr atgyfodiad ar waith ynddynt i'w galluogi i weithredu'r undod yma ac i sylweddoli'r llawnder oedd ganddynt yn Iesu Grist. Am fod Duw ar waith ynddynt, gallent frwydro ymlaen yn y frwydr fawr yn erbyn drygioni ac yn erbyn diafol.

Onid yw darllen am waith Duw yn Effesus yn codi hiraeth arnoch am weld gwaith tebyg yng Nghymru? O na fyddem yn gweld canlyniadau rhyfeddol fel hyn eto yn ein gwlad ac yn ein cymdeithas. Mor ddiflas yw gweld yr Efengyl yn cael ei thrin fel mater amherthnasol ac ymylol yn ein tir heddiw.

Gadewch i ni weddïo am ras i fod yn dystion effeithiol, ac i'r Arglwydd dywallt yr Ysbryd Glân â nerth ar ein tystiolaeth.

"Bendigedig fyddo Duw a Thad ein Harglwydd Iesu Grist! Y mae wedi'n bendithio ni yng Nghrist â phob bendith ysbrydol yn y nefoedd." **(Eff. 1:3)**

Wrth i Paul gychwyn ei epistol, mae'n cyfarch eglwys Effesus yn gynnes iawn ac yn ceisio'u perswadio o'u safle a'u statws yn Iesu Grist.

Saint ffyddlon

Mae gennym syniad heddiw bod saint yn bobl brin ac arbennig iawn. Daeth y syniad gan yr Eglwys Babyddol fod y bobl yma wedi cyflawni gwyrth, wedi cyflawni gwasanaeth arbennig, eu bod yn gwylio ac yn gwarchod credinwyr cyffredin, a'u bod wedi marw!

Mae'n amlwg fod y Testament Newydd yn dysgu'n wahanol. Doedd Cristnogion Effesus ddim wedi marw, does dim tystiolaeth fod pob un wedi cyflawni gwyrth, ac roedd y mwyafrif yn bobl gyffredin. Ystyr 'saint' oedd eu bod wedi eu sancteiddio, wedi eu gosod ar wahân gan Dduw yng Nghrist.

Pan oedd ein plant yn fach roedd ganddynt eu dysgl bwyd eu hunain ar gyfer brecwast. Gwae chi petaech yn defnyddio dysgl rhywun arall! Dyna'n syml yw ystyr y gair sanctaidd. Rhywbeth/rhywun sydd yn cael ei gadw'n neilltuol i Dduw.

Yn Effesus, yng Nghrist

Cartref corfforol y credinwyr hyn oedd Effesus, ond eu cartref ysbrydol oedd Crist. Mae enaid person yn ddigartref, yn crwydro'n ddibwrpas nes iddo ymgartrefu yn Iesu Grist.

Gras a thangnefedd

Mae Paul yn dymuno gras a thangnefedd ar ei frodyr a'i chwiorydd. Mae'n eu hatgoffa mai Duw'r Tad a Duw'r Mab yw ffynhonnell pob gras. Ystyr 'gras' yw rhodd, ac mae Duw yn rhoi rhoddion i bawb o'i greaduriaid – dyna yw gras cyffredinol. Mae hefyd yn rhoi rhoddion arbennig i'w bobl, sef bywyd tragwyddol, a daw'r rhodd yma i ni trwy adnabod Iesu Grist.

Cyfoethogion Crist

Mae Paul yn mynd ymlaen i atgoffa'r Effesiaid o'u cyfoeth ysbrydol aruthrol fel Cristnogion, plant Duw trwy Grist. Os ydym mewn perthynas iawn â'r hollgyfoethog Dduw, sut gallwn ein hystyried ein hunain yn dlawd? Mae'r Tad nefol wedi cyfoethogi pob credadun trwy ei Fab a'i Etifedd, Iesu Grist. Cawsom bob bendith ysbrydol yn Iesu Grist.

Ein dewis a'n rhagordeinio

Y fendith fawr gyntaf mae Paul yn ei rhestru yw ein hetholedigaeth. Mae'n dweud wrthym fod Duw wedi cynllunio'n ofalus 'cyn seilio'r byd' i'w Fab fod yn Waredwr ac yn Frenin ar deyrnas o bobl.

Cyn llunio'r byd, cyn lledu'r nefoedd wen,
Cyn gosod haul, na lloer, na sêr uwchben
Fe drefnwyd ffordd yng nghyngor Tri yn Un,
I achub gwael golledig euog ddyn. *Pedr Fardd*

Yr un pryd fe drefnodd a dewisodd Duw bobl i gredu yn Iesu Grist. Does dim ystyr i Frenin a theyrnas heb ddeiliaid. Does dim ystyr i Fugail heb braidd. Felly fe ddewiswyd pobl i dderbyn ffydd i gredu yn Iesu Grist.

Dewis i beth?

Pwrpas ein dewis oedd i ni fod yn sanctaidd a di-fai. Gwelsom eisoes fod 'sanctaidd' yn golygu bod ar wahân, bod yn eiddo arbennig i Dduw.

Hefyd fe ddywed Paul ein bod wedi'n dewis i fod yn ddi-fai. Felly, mae'r syniad y gallwn fyw fel rŷn ni'n dewis am ein bod yn etholedig yn ddieithr i'r Testament Newydd. Un nodwedd o'r person y mae Duw wedi ei alw a'i neilltuo yw ei fod yn anelu at fod yn ddi-fai ac yn dymuno hynny.

Yn feibion

Fe'n dewiswyd yng Nghrist i fod yn blant i Dduw. Gellir dweud bod pawb yn blant i Dduw yn yr ystyr mai Ef a'n creodd. Serch hynny, mae pechod wedi'n pellhau oddi wrth ein Tad nefol, fel y mab afradlon, ac mae angen derbyn Crist i ddod 'nôl i berthynas agos tad a phlentyn. **"Ond cynifer ag a'i derbyniodd, rhoes iddynt hwy, y rhai sy'n credu yn ei enw, hawl i ddod yn blant Duw."** (Ioan 1.12)

Yn rhydd

Dywed Paul ein bod yn derbyn 'prynedigaeth' yn Iesu Grist. Tâl ar gyfer rhyddhau caethwas oedd hyn. Felly, cawn y darlun ein bod yn gaethweision pechod ac yn gaethweision ofn wrth natur, ond bod Duw yn cynllunio i'w bobl fod yn rhydd oddi wrth bechod ac ofn. Wrth farw ar y groes roedd y Gwaredwr yn talu pris ein rhyddid.

Yn etifeddion

Rhan arall o gynllun Duw oedd ein gwneud yn etifeddion teyrnas Iesu Grist (ad. 11).

Pam ni?

Does *dim* ynom ni a achosodd i Dduw ein dewis. Fe'n dewiswyd mewn cariad. Pam rhai? Dydyn ni ddim yn gwybod. Ond mae un peth yn sicr, mae pawb yn cael ei ddymuniad. Mae pawb sydd am gredu yng Nghrist yn cael ei dderbyn ganddo; mae'r rhai sydd am ei wrthod yn cael hynny hefyd.

"O wirfodd ei ewyllys, fe'n rhagordeiniwyd i gael ein derbyn yn feibion iddo'i hun trwy Iesu Grist, er clod i'w ras gogoneddus, ei rad rodd i ni yn yr Anwylyd." (Eff. 1:5)

Wrth atgoffa'r Effesiaid o fendithion y Cristion, mae Paul yn symud ymlaen yn yr adnod yma i sôn am ein mabwysiadu i deulu Duw. Mae mabwysiadu yn ddarlun hawdd i ni ei ddeall o'n perthynas â'n Tad nefol trwy Iesu Grist.

Y broses

Yn ein gwlad ni mae proses arbennig i fynd trwyddi wrth fabwysiadu plentyn. Bu'r gantores enwog Madonna yn y newyddion yn 2007 am fabwysiadu plentyn o'r tu allan i Unol Daleithiau America heb ddefnyddio'r un asiantaeth fabwysiadu. Roedd ganddi arian mawr i'w dalu am y plentyn ac mae'n debyg ei bod yn meddwl bod hynny'n ddigon i osgoi'r broses arferol.

Yn yr Anwylyd

Rhaid dod trwy Iesu Grist i ddod yn blentyn i Dduw. **"Myfi yw'r ffordd a'r gwirionedd a'r bywyd. Nid yw neb yn dod at y Tad ond trwof fi."** (Ioan 14:6) Nid trwy fod yn ddinesydd mewn gwlad arbennig, neu'n blentyn i Gristnogion, neu'n aelod o gapel neu eglwys, neu'n berson parchus, y down yn blant Duw, ond trwy ffydd yng Nghrist.

I beth?

Enw newydd Un o'r digwyddiadau pwysig yn y broses o fabwysiadu plentyn yw newid y cyfenw. Mae enw Duw ac enw Crist arnom bellach. Pan gafodd Jacob brofiad personol arbennig o Dduw ym Mhenuel yn Genesis 32, cafodd enw newydd, sef Israel. Roedd yr enw newydd yn arwydd o'r ffaith ei fod yn berson newydd wedi'r cyfarfyddiad bythgofiadwy yn y nos.

Statws newydd Dywed Paul yn ei epistol at y Galatiaid fod statws y Cristion yn newid: **"Felly, nid caethwas wyt ti bellach, ond plentyn; ac os plentyn, yna etifedd, trwy weithred Duw."** (Gal.4:7)

Roedd Abraham yn poeni mai ei was Eleasar fyddai'n etifedd iddo, ac nid mab biolegol iawn iddo ef a Sara. Pan ddaw person yn Gristion, mae bywyd Duw yn dod i'w enaid, mae Ysbryd Duw yn ei aileni, ac nid yw'n was rhagor.

Perthynas newydd Nid perthynas gwas/meistr sydd gennym â Duw yng Nghrist, ond perthynas plentyn bach â'i dad, lle does dim ofn, ond agosrwydd mynwesol. **"Oherwydd nid ysbryd caethiwed sydd unwaith eto'n peri ofn yr ydych wedi ei dderbyn, ond Ysbryd mabwysiad, yr ydym trwyddo yn**

llefain, 'Abba! Dad!'" (Rhuf. 8:15) Tybed ydym ni'n sylweddoli ac yn mwynhau'r math yma o berthynas â'n Tad nefol fel Cristnogion yng Nghymru heddiw?

Perthynas mewn gweddi

Yn dilyn hyn cawn ddod â'n gweddïau gerbron y Tad unrhyw bryd. Os oes perthynas iach rhwng plentyn a thad ni fydd angen apwyntiad i siarad â'i gilydd. Ni fydd ar y plentyn ofn neidio ar lin ei dad i ofyn cwestiwn, neu fynegi pryder, neu arllwys ei galon iddo.

Addewidion a rhoddion

Ar ben hyn mae Duw yn rhoi addewidion arbennig yn y Beibl i'w blant. Pwrpas adnodau fel hyn yw i ni eu dweud wrth y Tad gan ddisgwyl eu cyflawniad. "**Am hynny, os ydych chwi, sy'n ddrwg, yn medru rhoi rhoddion da i'ch plant, gymaint mwy y rhydd eich Tad sydd yn y nefoedd bethau da i'r rhai sy'n gofyn ganddo!"** (Math.7:11)

Disgyblaeth

Mae tad sy'n caru ei blentyn yn fodlon ei ddisgyblu hefyd. Mae'n awyddus i ddysgu iddo yr hyn s'n ddrwg a'r hyn sy'n dda. Mae'n ei gywiro ac yn ei geryddu pan mae angen hynny rhag ofn i'r plentyn fod yn amhosib ei drin ac yn boendod i bawb. Mae digwyddiadau croes y Cristion yn troi i bwrpas cadarnhaol iawn gan fod Duw trwyddynt yn dysgu rhywbeth gwerthfawr i ni. **"oherwydd y mae'r Arglwydd yn disgyblu'r sawl y mae'n ei garu, ac yn fflangellu pob un y mae'n ei arddel."** (Heb.12:6)

Yr un ffunud

Does dim disgwyl i blentyn sydd wedi ei fabwysiadu edrych fel ei rieni newydd, ond mae'n bosib iddo ddod i ymddwyn yr un fath. Gyda'r Cristion, fodd bynnag, mae Duw am ein gwneud yn debyg i Iesu Grist yn y pen draw: **'i fod yn unffurf ac unwedd â'i Fab.'** (Rhuf. 8:29)

Fe ddywed rhai bod plentyn 'yr un sbit' â'i dad neu ei fam. Meddyliwch mai bwriad Duw yw gwneud y Cristion yr un poerad â Iesu Grist!

Pam?

Pam mae Duw yn gwneud hyn? Nid er clod i ni, oherwydd gwaith Duw yw'r cyfan. Dywed Paul fod yr holl broses fabwysiadu **"er clod i'w ras gogoneddus."** Wrth weld dyn yn ymladd ac yn anafu ei gyd-ddyn neu'n gwadu Duw a'r gwirionedd mewn dallineb ffôl, gwelwn ganlyniad twyll y diafol a grym pechod. Pan mae person yn cael ei drawsffurfio gan yr Efengyl, a phan fydd yn cyrraedd y stad o ogoniant, bydd hynny'n dangos gallu gras Duw.

"Ynddo ef y mae i ni brynedigaeth trwy ei waed, sef maddeuant ein camweddau;" **(Eff. 1:7)**

Rhyddid Maddeuant
Dyma'r drydedd o fendithion mawr y Cristion y mae Paul yn eu rhestru i'r Effesiaid. Mae'n darlunio pechod fel caethiwed ac aberth Crist ar y groes fel y tâl i ollwng ei bobl yn rhydd.

Caethiwed pechod
Dywed yr Arglwydd Iesu: **"Yn wir, yn wir, rwy'n dweud wrthych fod pob un sy'n cyflawni pechod yn gaethwas i bechod."** (Ioan 8:34). Yn yr un modd nad oedd rhyddid na hawliau gan gaethwas naturiol, mae pechod yn feistr creulon arnom, yn bwriadu ein dal i lawr fel na allwn fynd yn rhydd – i beidio â chyflawni pechod.

Euogrwydd
Mae pechod yn ein gwneud yn euog gerbron Duw. Rŷn ni'n euog yn ôl ei Gyfraith (y Deg Gorchymyn) ac yn ôl cyfraith natur. Dywed y deg gorchymyn y dylem ei garu'n llwyr, a dywed y greadigaeth y dylem ei addoli a'i garu fel ein Crëwr a'n Cynhaliwr.

Colli cymdeithas
Roedd caethwasiaeth yn aml iawn yn gwahanu dyn oddi wrth ei deulu. Felly hefyd mae pechod yn gwahanu dyn a Duw: **"eich camweddau chwi a ysgarodd rhyngoch a'ch Duw, a'ch pechodau chwi a barodd iddo guddio'i wyneb fel nad yw'n eich clywed."** (Eseia 59:2).

Drygioni
Roedd caethwasanaeth yn cael effaith ryfedd ar rai. Roedd plant a anwyd yn gaethweision yn mynd i feddwl fel caethion, ac yn cael trafferth mwynhau rhyddid. Yn yr un modd, cawsom ni ein geni'n bechaduriaid ac mae'n greddf yn ein tynnu at ddrygioni.

Caethiwed tragwyddol
Roedd llawer o bobl yn marw fel caethweision, yn aml mewn amgylchiadau erchyll, a hynny heb iddynt brofi blas rhyddid o gwbl. Ac os yw dyn yn aros yn ei bechod heb Iesu Grist yn Waredwr iddo, bydd yn wynebu dinistr tragwyddol.

Crist ein prynedigaeth
Roedd prynedigaeth yn fodd i ryddhau caethwas trwy dalu pridwerth. Weithiau byddai perthynas agos yn fodlon gweithredu fel prynwr, rhywbeth tebyg i'r hyn

wnaeth Boas gyda Naomi.

Yma mae Paul yn dweud bod ein prynedigaeth 'ynddo ef.' Dywed yr Arglwydd ei hun: **"Oherwydd Mab y Dyn, yntau, ni ddaeth i gael ei wasanaethu ond i wasanaethu, ac i roi ei einioes yn bridwerth dros lawer."** (Marc 10:45)

Y tâl i ryddhau dyn o gaethiwed a melltith pechod, felly, oedd bywyd Mab Duw. Yn yr adnod hon mae Paul yn dweud fod hyn yn digwydd 'trwy ei waed.' I'r Iddew roedd bywyd person yn ei waed, ac felly mae'n golygu ei einioes, ei fywyd cyfan, fel y dywed Crist.

Rhyddid maddeuant

Canlyniad aberth y groes yw rhyddhau'r Cristion o'i bechod. Caiff ei ryddhau o gosb a melltith ei bechod: **"Yn awr, felly, nid yw'r rhai sydd yng Nghrist Iesu dan gollfarn o unrhyw fath."** (Rhuf. 8:1)

Mae hyn yn ein harwain i dangnefedd a thawelwch cydwybod: **"Gyfeillion annwyl, os nad yw'n calon yn ein condemnio, y mae gennym hyder gerbron Duw."** (1Ioan 3:21) Mae hyn yn dod â ni 'nôl i gymdeithas agos â Duw: **"Am hynny, oherwydd ein bod wedi ein cyfiawnhau trwy ffydd, y mae gennym heddwch â Duw trwy ein Harglwydd Iesu Grist."** (Rhuf. 5:1)

Pen draw ein rhyddid fydd gogoniant y nefoedd pan na fydd pechod yn bresennol ynom ni nac o'n cwmpas chwaith: **"bydd ef yn preswylio gyda hwy, byddant hwy yn bobloedd iddo ef, a bydd Duw ei hun gyda hwy, yn Dduw iddynt. Fe sych bob deigryn o'u llygaid hwy, ac ni bydd marwolaeth mwyach, na galar na llefain na phoen."** (Dat. 21.3–4)

Trwy Ffydd

Sut y daw caethwas pechod i gael y rhyddid y mae Crist wedi ei brynu ar ei gyfer? Trwy ffydd. Nid ein ffydd sy'n prynu maddeuant, wrth gwrs, ond trwy ffydd yn nhaliad Iesu Grist ar y groes. Beth mae hyn yn ei olygu'n ymarferol?

Mae'n golygu credu ein bod ni'n bechaduriaid. Mae'n golygu gweld a theimlo caethiwed pechod i ryw raddau beth bynnag. Gall person fod yn gaeth i gyffur heb sylweddoli na chyfaddef ei gaethiwed lwyr iddo.

Mae'n golygu credu ein bod yn haeddu condemniad Duw ar ein pechod. Rhaid i alcoholig sylweddoli y bydd ei gaethiwed yn ei ddinistrio. Rhaid i ni weld y bydd ein pechod yn ein dinistrio hefyd ac yn ein bwrw i uffern.

Mae'n golygu gweld ein pechod ni ar Iesu Grist wrth iddo farw ar y groes, a gweld gobaith ein gollwng yn rhydd ynddo Ef. Dywed Paul ei fod yn byw trwy ffydd: **"ffydd ym Mab Duw, yr hwn a'm carodd i ac a'i rhoes ei hun i farw trosof fi."** (Gal. 2:20)

"Hysbysodd i ni ddirgelwch ei ewyllys, yn unol â'r bwriad a arfaethodd yng Nghrist yng nghynllun cyflawniad yr amseroedd, sef dwyn yr holl greadigaeth i undod yng Nghrist, gan gynnwys pob peth yn y nefoedd ac ar y ddaear. Ynddo ef hefyd rhoddwyd i ni ran yn yr etifeddiaeth." (Eff. 1:9–10)

Dyma'r bedwaredd fendith ysbrydol sydd i'r crediniwr trwy Iesu Grist.

Hysbýs!

Dwi ddim yn gwybod amdanoch chi, ond i mi mae ambell i hysbyseb ar y teledu yn fwy diddorol na'r rhaglenni. Mae Paul yn sôn yma am hysbyseb gan Dduw sydd yn werthfawr iawn i ni.

Dirgelwch ei ewyllys

Dyw'r 'dirgelwch' yma ddim yr un peth â rhyw god cymhleth fel sydd yn nofel Dan Brown *The Da Vinci Code*. Mae cynlluniau Duw yn ddirgelwch i ni oherwydd ei fod Ef a'i feddyliau gymaint uwch na'n rhai ni. Felly, oni bai iddo'n hysbysu a datguddio'i feddwl i ni fyddem ni fyth yn gallu ei weithio allan.

Mae'n debyg i'r amseroedd hynny pan fo eira ar lawr yn ystod tymor yr ysgol. Mae'r plant eisiau gwybod os oes ysgol neu beidio. Mae llinell ffôn yr ysgol yn brysur, felly byddwn yn gwrando ar y radio er mwyn cael hysbysiad gan yr ysgolion os ydynt ar agor neu ar gau.

Ewyllys Duw

Dywed Paul mai ewyllys Duw, yn y pen draw, yw dwyn yr holl greadigaeth yn un dan Grist. Y gair Groeg yw 'anacephalaiosis.' Bôn y gair yw 'cephale,' sef, 'pen'.

Felly cynllun Duw yw dwyn y greadigaeth gyfan o dan un pen – sef Crist. Mae hyn yn adleisio geiriau yn Hebreaid 2:8, sydd yn ddyfyniad o Salm 8; **"Darostyngaist bob peth dan ei draed ef."**

Mae Paul yn dyfynnu'r un geiriau mewn perthynas â Iesu Grist yn 1 Corinthiaid 15:27. Yno hefyd mae'n dweud y bydd Crist yn Frenin ar y bydysawd cyfan yn niwedd y byd.

Rhan un

Fel gyda llawer o brosiectau mawr, fel prosiectau adeiladu, fe gewch gymalau gwahanol, efallai tri neu bedwar cymal i'r gwaith.

Mae cymal un o ewyllys Duw wedi ei gwblhau eisoes; mae Mab Duw wedi dod yn ddyn, wedi dioddef trosom ar y groes, wedi atgyfodi ac esgyn at ddeheulaw'r Tad, ac wedi ei goroni â gogoniant ac anrhydedd. Ar sail ei ufudd-dod fel Gwaredwr a Chyfryngwr, fe gaiff etifeddu teyrnas.

Rhan dau

Ar ddiwedd y byd fe fydd yr Arglwydd Iesu'n dod 'nôl; bydd yn ymddangos fel Brenin Brenhinoedd ac Arglwydd Arglwyddi; bydd yn gweithredu fel Barnwr y byw a'r meirw, ac fe fydd yn gosod ei holl elynion o dan ei draed. Bydd yn dileu pob awdurdod a thywysogaeth ddaearol, ac yn sefydlu ei deyrnas fendigedig yn weladwy. Bydd yn cyflwyno'r deyrnas yn ôl i'w Dad. (1 Cor. 15:24–25)

Rhan i ni

Mae Paul yn dweud wrth yr Effesiaid, ac wrth bob Cristion arall, fod rhan iddyn nhw yn etifeddiaeth Crist. Felly yr ydym yn gyd-etifeddion ag Ef. Beth sydd yn yr etifeddiaeth felly?

Dod yn debyg iddo

Mae'r addewid i ni yn y Testament Newydd o fod yn debyg i Iesu Grist: **"Bydd ef yn gweddnewid ein corff darostyngedig ni ac yn ei wneud yn unffurf â'i gorff gogoneddus ef."** (Phil. 3:21)

Ei weled ef

Ar hyn o bryd mae'r Cristion mewn cariad ag un na welodd erioed. Ond mae'r addewid yn glir i ni y cawn ei weld: **"Yr ydym yn gwybod, pan fydd ef yn ymddangos, y byddwn yn debyg iddo, oherwydd cawn ei weld ef fel y mae."** (1 Ioan 3:2)

Ei briodi

Darlun arall yn y Testament Newydd yw bod y Cristion wedi dyweddïo â Christ ar hyn o bryd, ond cyn hir daw dydd y briodas. Yna cawn ein huno'n llawn ac am byth. **"Haleliwia! Oherwydd y mae'r Arglwydd ein Duw, yr Hollalluog, wedi dechrau teyrnasu. Llawenhawn a gorfoleddwn, a rhown iddo'r gogoniant, oherwydd daeth dydd priodas yr Oen, ac ymbaratôdd ei briodferch ef."** (Dat. 19:6–7)

Etifeddiaeth sicr

Bu llawer o drafod yn ddiweddar ar dreth etifeddiaeth. Mae llawer o bobl yn cwyno nad yw plant yn cael llawer o etifeddiaeth eu rhieni oherwydd bod y dreth yn mynd â chanran sylweddol o stad sydd dros dri chan mil o bunnau (yn 2007). Mae ffactorau eraill yn golygu nad yw etifeddiaeth ariannol neb yn sicr yn y byd hwn. Gall y farchnad stoc fethu, gall fod angen gofal arbennig ar riant sydd yn costio'n ddrud, heb nodi ond dwy enghraifft.

Mae etifeddiaeth nefol y Cristion yn ddiogel, 100%!**"etifeddiaeth na ellir na'i difrodi, na'i difwyno, na'i difa. Saif hon ynghadw yn y nefoedd i chwi."** (1 Pedr 1:4)

"A chwithau, wedi ichwi glywed gair y gwirionedd, Efengyl eich iachawdwriaeth, ac wedi ichwi gredu ynddo, gosodwyd arnoch yng Nghrist sêl yr Ysbryd Glân, yr hwn oedd wedi ei addo." **(Eff. 1:13)**

Sêl yr Ysbryd Glân

Dyma bumed fendith fawr y Cristion yn y paragraff hwn o Effesiaid. Hoffwn feddwl am dri math o sêl a chymhwyso hynny i ran o waith yr Ysbryd Glân yn y Cristion.

Sêl frenhinol

Erstalwm byddai llythyr brenhinol neu lythyr gan uchelwr pwysig yn cael ei selio â sêl unigryw'r person hwnnw. Fel arfer byddai cwyr yn cael ei doddi ar y papur i'w gau, ac yna byddai'r brenin neu rywun tebyg yn stampio'r cwyr meddal â'i fodrwy fyddai'n cario llythrennau ei enw neu emblem ei deulu efallai.

Awdurdod

Roedd awdurdod arbennig i lythyrau o'r math yma gan fod sêl arbennig arnynt. Byddai derbyniwr y llythyr yn gwybod ei fod yn bwysig cyn ei ddarllen, oherwydd y stamp arno. Felly, pan gaiff y Cristion ei lenwi â'r Ysbryd Glân, mae stamp y nef arno.

Dilysrwydd

Yn ail, roedd sêl frenhinol yn sicrhau dilysrwydd y llythyr a'r neges. Os nad oedd sêl arno, neu os oedd y sêl wedi ei thorri, doedd y llythyr ddim yn ddilys o gwbl, a gallai pawb ei anwybyddu.

Felly, mae llawnder yr Ysbryd Glân, sydd yn dod ar ôl i ni edifarhau, yn brawf i ni ac i bobl o'n cwmpas ein bod yn wir bobl Dduw. Felly, mae'r Ysbryd Glân yn cadarnhau ein perthynas â Duw a'i gyfamod Ef â ni: **"A byddwch chwi'n bobl i mi, a minnau'n Dduw i chwi."** (Jer. 30:22)

Sêl perchnogaeth

Pwrpas arall i sêl yw dangos perchnogaeth. Rŷn ni'n gyfarwydd â gweld marc ar ddefaid neu wartheg; marc defaid yn baent glas neu goch mewn siâp arbennig, a marc gwartheg weithiau wedi ei losgi ar groen y fuwch. Pwrpas hyn yw dangos pwy biau'r anifail. Rhai blynyddoedd yn ôl bu ymgyrch gan yr heddlu yn ein hannog i farcio'n heiddo gwerthfawr yn y cartref â phensel arbennig oedd yn ymddangos o dan olau uwchfioled.

Os oedd dadl neu amheuaeth ynglŷn â phwy oedd berchen rhywbeth, byddai'r marc, neu'r sêl, yn torri'r ddadl.

Dyma ran werthfawr iawn o weinidogaeth yr Ysbryd Glân. Dydy Duw ddim am i ni fod mewn amheuaeth a ydym yn perthyn iddo ai peidio. Mae'r Diddanydd arall yn rhoi cadarnhad mewnol sydd yn cyd-fynd ag addewidion y Beibl megis: **"Cred yn yr Arglwydd Iesu, ac fe gei dy achub, ti a'th deulu."** (Act.16:31)

Dyma mae Pantycelyn yn gofyn amdano yn ei emyn enwog:

Dwed dy fod yn eiddo imi/mewn llythrennau eglur clir.
Tor amheuaeth sych digysur/tywyll, dyrys, cyn bo hir.
Rwy'n hiraethu am gael clywed/un o eiriau pur y nef,
Nes bod ofon du a thristwch/yn tragwyddol golli eu lle.

Dyma'r sicrwydd sydd yn cael ei fynegi yng Nghaniad Solomon 6:3: **"Yr wyf fi'n eiddo fy nghariad, ac yntau'n eiddof finnau."**

Sêl diogelwch

Math arall o sêl a welwn yn y siop yw'r sêl sydd ar bot jam neu ryw fwyd arall. Mae'r sêl yma'n dangos bod y bwyd yn ffres a heb gael ei wenwyno. Bydd rhybudd ar ambell jar o fwyd yn dweud wrthym am ei wrthod os yw'r sêl ar y caead wedi ei thorri.

Pan fydd y sêl wedi ei thorri mae'n debyg bod y bwyd wedi ei ddifetha wrth i aer fynd ato. Y posibilrwydd arall yw bod 'saboteurs' wedi niweidio'r bwyd mewn rhyw brotest neu'i gilydd.

Dyma'r math o sêl oedd y garreg a roddwyd ar fedd Iesu Grist, rhag i rywun ddwyn y corff.

Felly, mae'r Ysbryd Glân yn ein selio yn Nuw trwy Grist. Yr ydym yn ddiogel: **"Yr wyf fi'n rhoi bywyd tragwyddol iddynt; nid ânt byth i ddistryw, ac ni chaiff neb eu cipio hwy allan o'm llaw i. Hwy yw rhodd fy Nhad i mi, rhodd sy'n fwy na dim oll, ac ni all neb eu cipio allan o law fy Nhad."** (Ioan 10:28–29)

“Bydded iddo oleuo llygaid eich deall, a’ch dwyn i wybod beth yw’r gobaith sy’n ymhlyg yn ei alwad, beth yw’r cyfoeth o ogoniant sydd ar gael yn yr etifeddiaeth y mae’n ei rhoi i chwi ymhlith y saint.” **(Eff. 1:18)**

Dyma’r apostol Paul yn atgoffa’r Cristnogion yn Effesus o’u cyfoeth a’u cyflawnder yng Nghrist. Roedd am bwysleisio bod pob Cristion yn gyflawn ac yn gyfartal drwy fod ynghlwm wrth y Gwaredwr. Ac mae angen i’r byd anghenus o’n cwmpas weld hyn ynom ni er mwyn iddynt holi a chwilio am y llawnder a’r cyfoeth yn Iesu Grist na ellir eu colli.

Braster a bodlonrwydd bywyd

Darllenais erthygl mewn papur newydd yn Ionawr 2006 oedd yn trafod canlyniadau ymchwil mewn nifer o wledydd i geisio mesur bodlonrwydd pobl. Roedd canlyniadau’r ymchwil wedi ymddangos fel ‘Mynegai bodlonrwydd bywyd’. Ei awdur oedd yr athro Ruut Veenhoven, arbenigwr ym maes bodlonrwydd a hapusrwydd. Gwnaethpwyd ymchwil ar 100,000 o bobl mewn 90 gwlad, gan gynnwys Prydain.

Canlyniadau annisgwyl

Roedd yn dipyn o sioc i nifer o bobl yr ynysoedd hyn ddarganfod bod ugain o wledydd uwch ein pennau. Gofynnwyd i bobl ddweud pa mor hapus oedden nhw yn eu bywyd ar raddfa o 1–10. Yna roedd yr ymchwilwyr yn dod o hyd i gyfartaledd y sgôr, a hwnnw oedd y rhif terfynol.

Roedd nifer o wledydd tipyn tlotach a mwy cythryblus eu byd na ni yn uwch yn y rhestr; gwledydd fel Uruguay, Mecsico, Ghana a Colombia. Roedd Colombia yn dioddef o ryfel cartref, Uruguay yn dlotach, gyda lefelau uwch o droseddau ac anghyfartaledd enbyd. Er bod incwm ein gwlad wedi codi 80% dros y 30 mlynedd cynt, doedd y cynnydd mewn bodlonrwydd ddim yn cymharu o gwbl. Yn wir mae ymchwil yn dangos nad yw hapusrwydd yn codi fawr ddim ar ôl i incwm gwlad godi i fwy na £5,600 y pen mewn blwyddyn.

Rhesymau

Roedd yr awdur yn awgrymu bod gwledydd fel Mecsico yn gryfach yn y cwlwm teuluol, gyda ffordd o fyw fwy hamddenol, yn mwynhau gwyliau penodol a’u ffydd Gatholig arbennig, a bod hynny’n cyfrannu’n sylweddol at hapusrwydd y bobl. Dywedodd yr Arglwydd Layard, athro emeritws yn y *London School of*

Economics bod cynnydd ariannol wedi cyd-fynd â dirywiad mewn priodas, gydag ysgariad yn cynyddu ar ei bedwerydd, perthynas deuluol yn chwalu, a'r ymdeimlad o gymuned yn gwanhau.

Gair Duw

Roedd rhai o eiriau'r Arglwydd Iesu yn dod i'r meddwl: **"Er cymaint ei gyfoeth, nid yw bywyd neb yn dibynnu ar ei feddiannau."** (Luc 12:15) **"Pa elw a gaiff dyn o ennill yr holl fyd a fforffedu ei fywyd?"** (Marc 8:36)

A beth amdanom ni fel Cristnogion sy'n byw yng nghanol Prydain bruddglwyfus? Beth yw ein hagwedd a'n hymarweddiad ni? Oni ddylem ni fod yn wahanol; yn disgleirio fel lampau yn y nos? Onid oes "**cyfoeth mawr mewn gwir grefydd ynghyd â bodlonrwydd mewnol**"?

Rheswm am y gobaith

Onid oes cyfle arbennig gennym i dystio ac i ddangos yn ein bywydau y **"rheswm am y gobaith"** sydd ynom? (1 Pedr 3:15) Ac mae gennym bob rheswm dros obaith gwir a bodlonrwydd a hapusrwydd gwirioneddol. A gaf awgrymu tri rheswm sydd yn codi o Effesiaid 1:18:

1. Gobaith ei alwad Yn Effesiaid 1 mae Paul yn ein hatgoffa fod pob Cristion wedi ei alw gan Dduw. Cawsom ein galw i ddod yn feibion i Dduw trwy'r mabwysiad. Rŷn ni wedi derbyn prynedigaeth, sef rhyddhad o gaethiwed pechod, trwy waed Crist. Yng Nghrist yr ydym 'yn sanctaidd a di-fai.' Rhyw ddiwrnod fe fyddwn yn meddiannu ein hiachawdwriaeth yn llawn, byddwn yn rhydd o bob pechod, gyda chorff newydd, yng ngogoniant y nef a'r ddaear newydd.

2. Gogoniant yr etifeddiaeth ymhlith y saint Mae hyn yn ein hatgoffa ein bod wedi etifeddu teulu enfawr wrth gael ein galw gan Dduw at Grist. Daethom i deulu Duw, ac mae gennym frodyr a chwiorydd ar bob cyfandir ar y ddaear, heb sôn am y rhai sydd wedi ein blaenori i fod gyda Christ ym Mharadwys.

3. Grym yr atgyfodiad Mae hyn yn ein hatgoffa fod deinameit Duw ar waith ym mhob Cristion. Y grym a gododd Grist o farw sydd wedi dod â bywyd Duw i'n henaid ni yn yr aileni. Mae'r nerth yma yn 'aruthrol o fawr'. Ac mae'r nerth hwn ar gael i ni o ddydd i ddydd. Dyma nerth yr Ysbryd Glân i ni orchfygu temtasiwn, i rodio yn yr Ysbryd ac nid yn y cnawd, i ddwyn ffrwyth er gogoniant Crist.

Beth am rannu eich gobaith â rhywun yn ystod yr wythnos nesaf yma? Mae digon o'i angen, yn ôl pob tystiolaeth.

"Safwch, ynteu, â gwirionedd yn wregys am eich canol, a chyfiawnder yn arfwisg ar eich dwyfron." **(Eff. 6:14)**

Wrth grynhoi ei lythyr at yr Effesiaid mae Paul yn annog y Cristnogion yna, a ninnau, i fod yn ddyfal yn y frwydr yn erbyn diafol a drygioni. Mae'n pwyso arnom i ddefnyddio'r arfogaeth ysbrydol angenrheidiol i allu gwrthsefyll yn gadarn a llwyddiannus.

Wrth fanylu ar yr arfau gwahanol, mae Paul yn defnyddio arfau'r milwr Rhufeinig fel darlun o arfau'r Cristion. Er bod cyfeiriad at arfogaeth gan Paul yn 1 Thesaloniaid 5:8, dyma'r rhestr fwyaf cyflawn a chynhwysfawr.

O'r chwe darn o arfogaeth sy'n cael eu rhestru, gallem ddweud yn fras fod yna bedwar arf amddiffynnol a dau ymosodol. Dyma eiriau gwerthfawr i'n harbed rhag syrthio'n ysglyfaeth i'r Un drwg, yn ogystal â'n nerthu i'w goncro hefyd.

Gwregys gwirionedd

Roedd y gwregys yn rhan bwysig o arfwisg y milwr. Roedd y ddwyfronneg yn cydio ynddo a'r cleddyf yn cael ei sicrhau wrtho hefyd. Yn wir, doedd dim posib amddiffyn y frest na chario cleddyf heb y gwregys. Gwregys y Cristion wrth frwydro yn erbyn Satan a'i lu yw gwirionedd, yn y pen ac yn y galon.

Dywed Ioan yn ei epistol cyntaf mai un o nodweddion y gwir Gristion yw ei fod yn **"rhodio yn y goleuni."** Mae hynny'n golygu bod yn agored, yn onest, heb dwyll na thywyllwch na chelwydd. Mae hyn yn arbennig o wir mewn perthynas â phechod.

Does dim arwydd o waith ysbryd Duw ynom tra byddwn yn dweud celwydd, yn twyllo eraill neu ein hunain, yn ceisio rhagrithio neu'n ceisio cuddio rhywbeth rhag Duw.

Gan mai nodwedd o'r diafol ei hun yw celwydd a thwyll, dim ond wrth gefnu ar hyn y gallwn sefyll yn ei erbyn. Waeth i ni fod yn gydymaith i Satan os ydym yn parhau mewn anwiredd neu ffalster o unrhyw fath.

Ni fydd yr Un drwg yn gallu'n cyhuddo a'n tynnu i lawr os byddwn yn agored ynglŷn â ni'n hunain gerbron Duw a dynion. Mae rhodio yn y goleuni yn agor y drws i fendith Duw ar ein bywyd:

Wrth i ni gyffesu'n pechod ac edifarhau gerbron Duw fe agorir y drws i faddeuant a meddyginiaeth ein heneidiau.

Wrth fod yn onest ac yn agored gyda'n gilydd fe ddaw agoriad i berthynas ddyfnach a mwy cywir ac ystyrlon, yn hytrach na'r berthynas ffals sy'n dilyn siarad ffals â'n gilydd.

Yn ei llyfr *The Hiding Place* sydd yn sôn am brofiadau Corrie Ten Boom a'i theulu yn Iseldiroedd yr Ail Ryfel Byd, mae'n dweud nad oedd ei chwaer yn fodlon dweud celwydd ar unrhyw amod. Hyd yn oed pan oedd y Nazis wedi byrstio i mewn i'w cartref a gofyn ble'r oedd Iddewon wedi eu cuddio, fe dywedodd Mollie (chwaer Corrie) eu bod o dan y bwrdd yn y llawr, gan chwerthin oherwydd ei hofn a'i nerfau. Chymerodd y milwyr ddim sylw ohoni a gadael y tŷ heb ddarganfod y ffoaduriaid yn y seler datws.

Dwyfronneg cyfiawnder

Yn yr un modd nad yw'n bosib gwrthsefyll diafol heb eirwiredd, ni allwn ei wrthwynebu heb gyfiawnder chwaith. Roedd y ddwyfronneg yn amddiffyn y corff o'r gwddw i lawr i'r canol. Roedd dwy ran iddi, sef y tu blaen a'r tu cefn.

Mae cyfiawnder yn perthyn i Dduw, wrth gwrs. Dim ond ynddo Ef y gwelwn gyfiawnder perffaith. Yn yr Efengyl mae Duw yn darparu cyfiawnder menthyg i bechadur, sef cyfiawnder Iesu Grist. Dim ond trwy dderbyn cyfiawnder Crist y gall pechadur ddod i berthynas iawn â Duw cyfiawn. Trwy ymddiried yn Iesu Grist mewn edifeirwch, fe ddaw pechadur yn blentyn i Dduw mewn ystyr ddyfnach ac agosach na'i berthynas â Duw fel ei Greawdwr. Mae cyfiawnder Iesu Grist yn cuddio gwarth ei bechod, nes bod Duw yn ei drin fel person sydd mor gyfiawn â Christ ei hun.

Ar yr un pryd mae Duw hefyd yn gosod yn ei blentyn y reddf i ddymuno bod yn lân a sanctaidd. Dyma'r newyn a'r syched am gyfiawnder mae'r Gwaredwr yn sôn amdanynt yn y Bregeth ar y Mynydd. Dyma'r awydd newydd a'r natur newydd sydd gan Gristion.

Dywed Eseia 62 fod Duw am beri i gyfiawnder ei bobl ddisgleirio yn llachar. Trwy ei ras mae'r Arglwydd wedi darparu cymorth i ni yn ei Air, a thrwy help ei Ysbryd Glân i fod yn union, yn gywir ac i ddilyn llwybrau cyfiawnder. Mae popeth sydd yn cytuno â Gair Duw ac â safonau Duw yn gyfiawn, tra bod yr hyn sy'n groes iddo yn anghyfiawn, wrth gwrs.

Wrth ddyheu mewn gwirionedd am gyfiawnder, wrth ufuddhau i'r Gair, wrth erfyn am gymorth yr Ysbryd yn gyson, mae'r Cristion yn gwisgo dwyfronneg cyfiawnder.

"a pharodrwydd i gyhoeddi Efengyl tangnefedd yn esgidiau am eich traed." **(Eff. 6:15)**

Dyma'r trydydd o'r chwe darn o arfogaeth y Cristion mae Paul yn eu rhestru yn yr adnodau hyn. Mae eisoes wedi sôn am wregys gwirionedd a dwyfronneg cyfiawnder, ond nawr mae'n rhoi sylw i esgidiau'r milwr yn erbyn drygioni.

Y sgidiau

Yn ôl Josephus yr hanesydd, roedd milwyr Rhufeinig yn gwisgo sandalau â gwadnau trwchus oedd yn llawn hoelion miniog. Mae'n debyg bod llawer o lwyddiant Iŵl Cesar i'w briodoli i'r ffaith fod ei filwyr yn gwisgo'r math yma o sgidiau oedd yn eu galluogi i deithio pellter sylweddol mewn byr amser. Golygai hyn eu bod yn dal eu gelynion yn annisgwyl, cyn i'r gwrthwynebwr fod yn barod amdanynt. Roedd hyn yn ffactor allweddol yn llwyddiannau Alecsander Fawr hefyd.

Roedd gwisgo'r esgidiau iawn yn dangos parodrwydd ar gyfer y frwydr. Yr hyn sy'n rhoi parodrwydd i'r Cristion ar gyfer y frwydr ysbrydol yw'r tangnefedd a ddaw o'r Efengyl. Mae'r sicrwydd o fod mewn heddwch â Duw yn rhoi'r nerth a'r hyder iddo frwydro ym mrwydr y ffydd.

Efengyl Tangnefedd

Mae'r Efengyl yn cyhoeddi'n glir fod pawb sy'n edifarhau am ei bechod ac yn ceisio trugaredd Duw trwy ymddiried yn Iesu Grist, yn cael dod i berthynas o heddwch gyda Duw. Oherwydd gwaith Iesu Grist fel Gwaredwr mae pob un sy'n credu ynddo yn cael ei ryddhau o faich ac euogrwydd pechod. Fe yw'r **"hwn sydd yn ein caru ni ac a'n rhyddhaodd ni oddi wrth ein pechodau â'i waed."**

Rhyddhau beichiau

Gyda phechod daw beichiau trymion ar ein hysgwyddau. Dyna faich *euogrwydd,* er enghraifft. Wrth droseddu yn erbyn Cyfraith Duw yr ydym yn cael ein cyhoeddi'n euog gan y Ddeddf. Oherwydd bod y Gyfraith yn ein cael yn euog o dorcyfraith fe ddaw *dedfryd* y Barnwr wedyn. Y ddedfryd yw marwolaeth, sef gwahanu; mae pechod yn gwahanu dyn oddi wrth Dduw, ac mae yna faich o geisio byw bywyd ar y ddaear heb gael ein Creawdwr a'n Tad nefol yn agos atom. Daeth marwolaeth naturiol hefyd, sef y broses o ddirywiad y corff a'r meddwl, sydd hefyd yn faich trwm. Y pen draw yw marwolaeth dragwyddol, sef ein gwahanu'n derfynol oddi wrth Dduw.

Trwy gredu yn Iesu Grist mae Duw yn cyhoeddi heddwch a chymod, yn hytrach na'r gwahanu. Trwy geisio Crist, trwy bwyso ac ymddiried yn llwyr ynddo Ef a'i waith trosom, y daw maddeuant a rhyddhad. Felly, daw gollyngdod mawr i ni trwy Iesu Grist: **"Yn awr, felly, nid yw'r rhai sydd yng Nghrist Iesu dan gollfarn o unrhyw fath."** (Rhuf. 8:1)

Gyda'r gollyngdod daw agosrwydd Duw. Cawn brofi cariad Duw yn cael ei dywallt yn ein calonnau, sef cariad rhyfeddol Duw sydd heb ddechrau na diwedd, cariad sydd yn rhoi sicrwydd a chadernid a diogelwch i ni. Hefyd mae'r Testament Newydd yn dweud bod Ysbryd Glân Duw yn trigo ynom. Nid ydym wedi cael ein gadael yn amddifad, nid yw ein parhad mewn gras yn dibynnu ar ein nerth a'n gallu a'n clyfrwch ni, ond ar waith Duw ynom a thrwom. Does dim rhyfedd fod Paul yn dweud: **"Os yw Duw trosom, pwy sydd yn ein herbyn? Nid arbedodd Duw ei Fab ei hun, ond ei draddodi i farwolaeth trosom ni oll. Ac os rhoddodd ei Fab, sut y gall beidio â rhoi pob peth i ni gydag ef?"** (Rhuf. 8:31–32)

Dyma sydd yn ein paratoi ni ar gyfer bywyd a'r frwydr fawr yn erbyn drygioni a'r Un drwg.

Os yw person yn dal yn ei bechodau nid yw hyd yn oed yn rhan o'r frwydr eto. Os nad yw wedi gweld na dechrau wynebu a chyffesu ei bechod does dim angen i'r diafol boeni rhyw lawer amdano.

Sut gall person wynebu bywyd â'i holl helyntion, treialon a phroblemau heb dangnefedd yr Efengyl? Sut gall wynebu angau a thragwyddoldeb, heb sôn am ddydd y Farn?

Mae'r tangnefedd sy'n deillio o'r sicrwydd o fod yn blentyn i Dduw trwy Iesu Grist yn arfogaeth allweddol yn y frwydr ysbrydol.

Yn Iesu Grist mae sicrwydd ein perthynas â Duw. Ni fydd pall ar ei haeddiant sydd yn diogelu ein perthynas â'r Tad. Ni fydd Ef yn colli un o'r defaid y mae'r Tad wedi eu rhoi iddo. Ni fydd Ef yn ein gadael yn amddifad fyth.

Os yw hyn yn wir, mae gennym rym arbennig i wynebu temtasiynau ac ymosodiadau Satan. Mae gennym atebion i'w gyhuddiadau, mae gennym nerth i godi ar ôl cael ein baglu, oherwydd y tangnefedd fod Duw gyda ni, fod Crist yn eiddo i ni a bod yr Ysbryd Glân yn trigo ynom.

"Heblaw hyn oll, ymarfogwch â tharian ffydd; â hon byddwch yn gallu diffodd holl saethau tanllyd yr Un drwg." **(Eff. 6:16)**

Dyma'r bedwaredd ran o arfwisg y Cristion y mae Paul yn sôn amdani wrth ysgrifennu at yr Effesiaid. Mae ffydd yn rhodd hynod o werthfawr, yn ôl Paul, sydd yn ein galluogi i ddod i brofiad o'r Efengyl yn hytrach na chael gwybodaeth pen ohoni yn unig. Nawr mae'n dweud pa mor effeithiol yw ffydd i'n hamddiffyn rhag ymosodiadau tanllyd diafol.

Y darian

Roedd tarian y milwr Rhufeinig yn hirsgwar ac yn mesur tua phedair troedfedd o hyd a dwy droedfedd a hanner o led, neu 1.2 metr wrth 75 centimetr. Roedd wedi ei gorchuddio â lledr ac yn gweithredu fel rhyw fath o ddrws i amddiffyn y milwr. Os byddai'r gelyn yn anelu saethau miniog wedi eu cynnau â thân ar ôl eu gosod mewn tar, byddai'r darian yn difetha'r min ac yn diffodd y tân.

Y saethau

Mae'r darlun o saethau tanllyd yn wych i ddisgrifio ymosodiadau amrywiol Satan ar bobl Dduw. Gadewch i ni feddwl am rai ohonynt:

Temtasiynau

Mae temtasiwn fel llais bach yn ein pen yn dweud wrthym am wneud rhywbeth sydd yn groes i ewyllys Duw ar ein cyfer. Yr enghraifft gyntaf oedd y sarff yn temtio Efa ac Adda i fwyta'r unig ffrwyth yr oedd Duw wedi ei wahardd iddynt.

Temtiwyd yr Arglwydd Iesu ei hun i addoli Satan, i roi prawf ar Dduw'r Tad ac i ddefnyddio'i allu i'w bwrpas ei hunan. Mae pob temtasiwn yn ddeniadol neu'n edrych yn fanteisiol ar y pryd, neu ni fyddai'n demtasiwn i ni. Gall fod yn apelio at ein trachwant cnawdol, neu yn cynnig bodloni neu ddyrchafu'r hunan mewn ffordd arbennig.

Eu pwrpas, fel y picellau tanllyd, yw ein dinistrio; dinistrio'n perthynas â Duw, dinistrio'n perthynas â'n cyd-ddyn, boed yn deulu, ffrindiau, cymydog neu elyn. Mae'n anelu at ddifetha'n cydwybod a lladd ein gobaith am fywyd tragwyddol a difa'n hymddiriedaeth yn Iesu Grist.

Profedigaethau

Yn yr wythfed bennod o'i epistol at y Rhufeiniaid mae Paul yn sôn am rai o brofedigaethau'r Cristion yn y byd. Mae'n enwi: **"gorthrymder, neu ing, neu erlid, neu newyn, neu noethni, neu gleddyf."** Profodd yr apostol pob un o'r rhain ei hunan yn ystod ei weinidogaeth fel cennad Iesu Grist. Profodd orthrymder gan awdurdodau lleol mewn sawl man, a bu mewn poen corfforol mawr droeon, gan gael ei adael i farw unwaith, hyd yn oed. Cafodd ei erlid trwy gael ei labyddio a'i chwipio sawl gwaith. Bu mewn prinder oherwydd llongddrylliad a chafwyd sawl cynnig ar gymryd ei fywyd. Gallwn ychwanegu treialon bywyd sydd yn dod i'n rhan ni heddiw hefyd mewn dulliau amrywiol.

Sut mae'r rhain yn arfau Satan? Maen nhw'n ein hannog i hunandosturi, i chwerwder, i droi oddi wrth Dduw a'i feio am fod ein bywydau mor anodd.

Erledigaeth

Mae'r Arglwydd Iesu'n rhybuddio'i ddisgyblion y daw erledigaeth yn yr amser rhwng ei esgyniad a'i ailddyfodiad: **"Yna fe'ch traddodir i gael eich cosbi a'ch lladd, a chas fyddwch gan bob cenedl o achos fy enw i."** (Math. 24:9) Mae hyn yn dal i fod yn brofiad i Gristnogion mewn rhai gwledydd heddiw. Mae rhai sydd yn dod at Grist yn profi erlid llym gan eu teulu am fod eu tröedigaeth yn dwyn 'gwarth' ar eu perthnasau. Caiff eraill eu bygwth, eu carcharu neu eu harteithio gan awdurdodau eu gwlad. Caiff rhai eu gwawdio, eu sarhau a'u hynysu gan eu cyfoedion ysgol neu goleg. Mae'n arwain at iselder, unigrwydd a phoen meddwl ofnadwy, a'r nod yw ein cael i wadu'n Harglwydd a gadael y ffydd yn llwyr.

Ffydd

Mae ffydd yn golygu edrych y tu allan i ni'n hunain am gymorth a nerth. Mae'n golygu troi at Dduw a phwyso ar enw Crist i gael buddugoliaeth. Mae hyn yn groes i'r natur ddynol sy'n ceisio arwain person i wneud pethau yn ei nerth ei hun.

Gallwn ein hamddiffyn ein hunain rhag yr ymosodiadau dieflig hyn trwy ymddiried yn Nuw, felly:

Rhaid ymddiried yng Ngair Duw. Mae'r Gair yn llawn addewidion i'n nerthu i wynebu pob math o ymosodiadau. Does dim gwell i wrthsefyll tad y celwyddau na gwirionedd y Gair.

Gallwn bwyso ar enw Iesu Grist. Dyma'r enw sydd yn drech na holl daflegrau diafol:

Marchog, Iesu, yn llwyddiannus,
Gwisg dy gleddau 'ngwasg dy glun;
Ni all daear dy wrth'nebu
Chwaith nac uffern fawr ei hun:
Mae dy enw mor ardderchog,
Pob rhyw elyn gilia draw;
Mae dy arswyd drwy'r greadigaeth,
Tyrd am hynny maes o law. *Williams Pantycelyn*

"Derbyniwch helm iachawdwriaeth" **(Eff. 6:17a)**

Dyma'r pumed darn o arfogaeth y Cristion yn rhestr Paul. Mae wedi sôn am wisg i'r corff a'r traed ac mae'n troi at y benwisg nawr. Mae sylweddoli a chofio fod gwaith iachawdwriaeth Duw yn mynd yn ei flaen ynom yn gymorth mawr wrth frwydro yn erbyn yr Un drwg.

Yr helmed

Yn nyddiau'r Hen Destament byddai milwyr yn gwisgo helmed haearn neu bres, tra bod y milwr Rhufeinig a Groegaidd yn gwisgo helmed o ledr a phres yn yr amser Herodaidd.

Wrth gyfeirio at 'dderbyn' yr helm, mae'n bosib bod Paul yn meddwl am y milwr yn derbyn y benwisg gan y swyddog oedd yn cyflenwi ac yn rhannu arfwisgoedd. Felly hefyd mae iachawdwriaeth yn rhodd gan Dduw. Dyfais Duw yw hi ac mae hyd yn oed ffydd i gredu yn rhodd o'i law rasol.

Mae Paul yn benthyg yr ymadrodd 'helm iachawdwriaeth' oddi wrth Eseia 59:17, ond yn yr adnod honno Jehofa sy'n gwisgo'r helmed yn hytrach na'r Cristion. Mae Paul yn defnyddio ymadrodd tebyg iawn yn 1 Thes. 5:8 wrth gyfeirio at 'obaith' iachawdwriaeth fel helm.

Yr ydym yn gyfarwydd â phobl yn gwisgo het galed mewn sawl agwedd ar fywyd heddiw heblaw'r milwr. Mae'r beiciwr, y dringwr, y dyn tân, yr heddwas a'r adeiladwr yn esiamplau cyfarwydd o hyn. Mae angen yr helmed arnynt i'w hamddiffyn os digwyddant syrthio ar le caled, os disgynna rhywbeth trwm ar eu pennau, neu os bydd rhywun yn ymosod arnynt ag arfau peryglus.

Mae'r rhain yn ddarluniau da o sut mae gobaith a sicrwydd iachawdwriaeth yn ein gwarchod ni yn ysbrydol wrth i ni syrthio neu ddioddef rhyw gnoc caled mewn bywyd, heb sôn am ymosodiadau Satan.

Yr Iachawdwriaeth

Beth sydd gennym mewn golwg wrth sôn am iachawdwriaeth? Gallwn feddwl amdani fel y broses o newid pechadur i fod yn debyg i Iesu Grist. Yn ôl Paul yn Rhufeiniaid 8:29–30 mae sawl cam yn y broses:

Rhagordeinio

Mae hyn yn golygu fod Duw wedi penderfynu ymlaen llaw bod pechaduriaid yn mynd i gael eu perffeithio. Roedd mam i ffrind coleg yn gwneud ffrwythau mewn sudd melys yn hytrach na phrynu rhai mewn tun. Y cam cyntaf oedd mynd i'r siop ffrwythau a dewis eirin gwlanog ar gyfer y gwaith. Y rhai fyddai'n cael eu dewis oedd y rhai oedd wedi'u cleisio neu wedi dechrau mynd yn hen. Doedd hi ddim yn cymryd y rhai oedd yn ddigon da i'w bwyta, ond yn hytrach y rhai fyddai pawb arall yn eu gwrthod. Dyna ddarlun da o etholedigaeth Duw – mae wedi dewis pechaduriaid i'w hachub.

Galw

Y cam nesaf yw galw'r pechadur at Iesu Grist. Mae hyn yn digwydd trwy ledaenu'r Efengyl. Mae cyfrifoldeb arnom i ledaenu'r newyddion da cymaint â phosib mewn pob dull a modd cyfreithlon, boed ar lafar, trwy ddarlledu neu mewn print. Wrth gwrs, ni fydd pawb yn derbyn y neges yn gadarnhaol, ond bydd yr Ysbryd Glân yn dod â'r neges i galon rhai, a bydd eu calonnau yn agor fel eiddo Lydia yn Philipi i ddal ar y neges ac i ymateb yn briodol iddi.

Cyfiawnhau

Mae hyn yn cyfeirio at yr amser pan fydd person yn gwybod ei fod yn dderbyniol gan yr Arglwydd. Mae'n gwybod bod ganddo faddeuant a bod cyfiawnder Iesu Grist wedi ei drosglwyddo i'w gyfrif gerbron Duw. Mae'n gwybod ei fod yn gwbl dderbyniol gerbron Duw trwy haeddiant Crist. Canlyniad hyn yw dod i heddwch â Duw: **"Am hynny, oherwydd ein bod wedi ein cyfiawnhau trwy ffydd, y mae gennym heddwch â Duw trwy ein Harglwydd Iesu Grist."** (Rhuf. 5:1) Yn hytrach na bod yn elyn i Dduw mae'r Cristion wedi dod yn gyfaill ac yn blentyn llawn iddo.

Gogoneddu

Dyma ben draw'r broses. Dyma pryd bydd pechadur yn dod **"yn unffurf ac unwedd â'i Fab"** (Rhuf. 8:29). Dyma pryd y bydd yn cyrraedd y gogoniant. Dyma pryd bydd gwaith gras Duw wedi ei orffen. Bydd ganddo natur gwbl newydd a chorff newydd ar gyfer y nef a'r ddaear newydd. Bydd yn gallu trigo mewn gogoniant gyda'i Arglwydd i dragwyddoldeb.

Mae'r Cristion sydd yn gwybod ei fod yn rhan o broses iachawdwriaeth Duw yn meddu ar arf bwysig yn y frwydr ysbrydol yn erbyn diafol. Er y gall syrthio a baglu weithiau, er y gall temtasiynau, treialon ac erledigaethau ei gnocio'n galed bryd arall, mae'n gwybod mai Duw sydd ar waith yn ei fywyd, ac os yw Duw wedi dechrau gweithio ynddo, mae'n siŵr o orffen y gwaith hwnnw ar gyfer Dydd Iesu Grist.

"a chleddyf yr Ysbryd, sef gair Duw." **(Eff. 1:17b)**

Dyma'r arf olaf yn rhestr Paul wrth iddo gymharu bywyd y Cristion â brwydr filwrol. Mae'r darnau eraill o'r arfogaeth wedi bod yn amddiffynnol yn bennaf, ond mae'r cleddyf yn hollol ymosodol. Does dim arf gwell na Gair Duw i dawelu a llorio Satan.

Y cleddyf

Mae'r apostol yn cyfeirio at y cleddyf byr fyddai'r milwr arfog yn ei gario a'i ddefnyddio mewn brwydrau. Nid yn unig byddai'n ei amddiffyn ei hun, ond hefyd gallai ymosod ar rengoedd y gelyn.

Yn Llyfr y Datguddiad mae cyfeiriad at gleddyf llym daufiniog oedd yn dod allan o enau Crist. Nid yr un gair sydd yn yr adnod honno: cleddyf mawr trwm oedd hwnnw.

Cleddyf yr Ysbryd

Er mai'r Cristion sy'n defnyddio'r cleddyf, yr Ysbryd yw'r crefftwr sydd wedi'i lunio fel petai. Mae hyn yn ein hatgoffa mai trwy'r Ysbryd Glân y mae Duw wedi llefaru: **"Y mae pob Ysgrythur wedi ei hysbrydoli gan Dduw"** (2 Tim. 3:16), ac mae'r gair sy'n cael ei gyfieithu 'ysbrydoli' yn golygu 'wedi ei anadlu allan.' Anadl Duw yw Ysbryd Duw, y gwynt sy'n chwythu lle mae'n dewis. Mae'r apostol Pedr yn gosod y peth yn gliriach fyth: **"oherwydd ni ddaeth yr un broffwydoliaeth erioed trwy ewyllys dynol; pobl oeddent a lefarodd air oddi wrth Dduw wrth gael eu hysgogi gan yr Ysbryd Glân."** (2 Pedr 1:21) Yr Ysbryd hefyd sydd yn plannu'r Gair yn y galon ac yn peri iddo ddwyn ffrwyth ym mywyd y credadun. Dyma yw esboniad Paul am lwyddiant y Gair wrth iddo ysgrifennu at y Thesaloniaid: **"oherwydd nid ar air yn unig y daeth atoch yr Efengyl yr ydym ni yn ei phregethu, ond mewn nerth hefyd, ac yn yr Ysbryd Glân."** (1 Thes.1:5)

Gair Duw

Wrth sôn am Air Duw mae Paul yn meddwl am yr Efengyl. Mae Pedr yn dweud hyn yn ei epistol cyntaf hefyd: **...'ond y mae gair yr Arglwydd yn aros am byth." A dyma'r gair a bregethwyd yn Efengyl i chwi.'** Mae Pedr yn dyfynnu'r proffwyd Eseia gyda'r gosodiad bendigedig y bydd Gair ein Duw ni yn sefyll byth er bod dyn yn blodeuo ac yn crino fel glaswellt. Yna mae'n dweud mai dyma yw cynnwys yr Efengyl hefyd – Gair Duw.

Felly mae'n Air y mae Duw wedi ei lefaru wrth ddynion a thrwy ddynion. Mae Numeri 12:8 yn dweud am berthynas yr Arglwydd â Moses: **"Llefaraf ag**

ef wyneb yn wyneb, yn eglur, ac nid mewn posau." Dywed yr adnod flaenorol fod Duw wedi llefaru mewn breuddwydion wrth ei broffwydi eraill, ond yn llythrennol 'geg wrth geg' gyda Moses. Mae'r apostol Paul yn dweud rhywbeth tebyg am yr Efengyl wrth ysgrifennu at y Galatiaid: **"Oherwydd nid ei derbyn fel traddodiad dynol a wneuthum, na chael fy nysgu ynddi chwaith; trwy ddatguddiad Iesu Grist y cefais hi."**

Wrth gwrs, y Gair mwyaf eglur a gawsom gan Dduw erioed oedd Iesu Grist, y Gair a ddaeth yn gnawd. Dyma Dduw yn llefaru mewn Mab, mewn person, oedd yn cadarnhau pob neges arall ganddo, ac yn eu cadarnhau.

Dyma gafodd ei ysgrifennu ar ein cyfer fel Ysgrythur. Mae unrhyw wyriad ysgrifenedig oddi wrth y Gair llafar cyntaf yn air dynol, wrth gwrs.

Os bydd y Cristion yn credu ac yn cyhoeddi Gair Duw, mae ganddo arf effeithiol iawn yn erbyn Satan.

Trywanu'r Gelyn

Mae Iesu yn enghraifft wych o sut i orchfygu'r diafol trwy ddefnyddio Gair Duw. Pan gafodd ei demtio yn yr anialwch gan yr Un drwg (a hwnnw'n dyfynnu'r Hen Destament hefyd), defnyddiodd Iesu'r Ysgrythur i'w ateb bob tro.

Roedd hyn yn golygu ei fod yn gwybod y Gair, a bod y gair hwnnw ar flaenau ei fysedd, fel petai; gwyddai hefyd sut i ddefnyddio ac addasu'r Gair yn iawn i fywyd bob dydd.

Defnyddiodd y diafol adnod o'r Salmau i demtio Iesu i neidio oddi ar binacl y deml yn Jerwsalem a'i roi ei hun mewn perygl bwriadol er mwyn profi ffyddlondeb Duw. Dyma ddefnydd anghywir o'r Gair. Dydy'r salm ddim yn sôn am ein taflu'n hunain i lawr, ond am syrthio a chael ein cynnal gan angylion Duw. Yr egwyddor fawr fan hyn oedd bod y diafol yn ceisio rhwydo Iesu i roi Duw ar ei brawf, a dyna'r adnod mae Iesu'n ei defnyddio i'w wrthwynebu.

Felly, mae Paul yn ein hatgoffa y gallwn gael buddugoliaeth ar ein Gwrthwynebwr yn gyson trwy Air Duw.

Gadewch inni'n trwytho'n hunain ynddo. Mae'n golygu darllen y Beibl cyfan, gan geisio arweiniad yr Ysbryd wrth ddarllen (a gwrando mewn oedfa) er mwyn deall, ymateb ac addasu'r Gair i'n bywyd bob dydd.

Diolch am y cleddyf llym daufiniog!

"Ymrowch i weddi ac ymbil, gan weddïo bob amser yn yr Ysbryd. I'r diben hwn, byddwch yn effro, gyda dyfalbarhad ym mhob math o ymbil dros y saint i gyd." **(Eff. 6:18)**

Mae Paul wedi bod yn darlunio'r bywyd Cristnogol yn y byd fel brwydr filwrol. Mae wedi rhestru chwe elfen arfogaeth effeithiol i gwffio yn erbyn cynllwynion diafol. Yma mae'n cyfeirio at weddi ac ymbil, oherwydd ni all y Cristion filwrio'n llwyddiannus yn ei nerth ei hunan. Ni all wisgo'r arfogaeth na'i defnyddio'n iawn heb gymorth Duw. Felly mae gweddïo, gwylio a glynu wrth yr Arglwydd yn allweddol.

Bob amser

Mae'r anogaeth yma'n cyd-fynd yn llwyr â geiriau Paul wrth y Thesaloniaid pan mae'n eu cynghori i weddïo'n ddi-baid. Mae'n awgrymu bod gweddïo fel anadlu i'r credadun.

Mae llawer o bobl yn cyfaddef eu bod yn gweddïo mewn rhyw fath o argyfwng, rhyw greisis sy'n codi yn eu bywyd personol nhw neu eu teuluoedd, fel arfer. Ond pa bryd mae'r Cristion yn y frwydr ysbrydol? Oes yna wyliau neu amser rhydd? Nac oes. Nid gwaith naw tan bump yw bod yn ddisgybl i Iesu Grist, ond yn hytrach gwaith pedair awr yr hugain a saith diwrnod yr wythnos.

Mae angen gweddi wrth ddeffro, cysgu, bwyta a gweithio. Dywedodd yr Arglwydd ei hun wrth ei ddisgyblion: **"Gwyliwch, a gweddïwch na ddewch i gael eich profi. Y mae'r ysbryd yn barod ond y cnawd yn wan."** (Math. 26:41)

Rhaid i ni fod yn barod am ymosodiad bob amser. Gan ein bod yn Gristnogion bob munud o'n hoes, gallwn fod yn ymwybodol o bresenoldeb Duw yn barhaus hefyd.

Yn yr Ysbryd

Yn y sgwrs rhwng Iesu a'r wraig o Samaria cawsant drafodaeth ar ble i addoli a galw ar Dduw. Roedd y Samariaid yn ffafrio mynydd Gerasim tra oedd yr Iddewon yn pleidio Jerwsalem fel y man arbennig i geisio cwrdd â Duw.
Mae rhai crefyddwyr yn ffafrio lle o werth hanesyddol eglwysig, tra bod eraill yn dilyn pererindod i Rufain neu Fecca.

Mae Iesu'n pwysleisio, fel Paul, nad lleoliad sydd yn bwysig yng ngolwg Duw ond cyflwr ein calon. Gan mai Ysbryd yw Duw, mae gwir addoliad yn ysbrydol, ac felly gwir weddi hefyd: **"Ysbryd yw Duw, a rhaid i'w addolwyr**

ef addoli mewn ysbryd a gwirionedd." (Ioan 4:24)

Yn effro

Rhaid i bob milwr da fod yn effro ac yn wyliadwrus oherwydd gallai agwedd gysglyd a diog gostio'i fywyd iddo. Rhaid i ni fel Cristnogion fod yn effro yn ein bywyd ein hunain. Anogaeth yr Arglwydd Iesu oedd i ni wylio a gweddïo. Rhaid i'r paffiwr gadw ei ddwylo i fyny er mwyn ei amddiffyn ei hun. Unwaith daw'r gard i lawr mae'n rhoi cyfle i'w wrthwynebwr ei lorio.

Mae hyn yn wir i ni fel Cristnogion hefyd yn ein cartrefi, sydd dan warchae cynyddol Satan yn ein dyddiau ni. Rhaid ymbil yn gyson dros ein plant a'n priodas.

Mae'n wir yn ein heglwysi, sydd yn darged cyson i'r diafol ein hudo ar gyfeiliorn yn athrawiaethol; y mae'n ceisio'i orau glas i oeri ein cariad cyntaf neu i beri rhwygiadau oherwydd balchder ysbrydol a hunanoldeb parchus.

Mae'n bwysig cofio am ein gwlad ac am ein llywodraeth hefyd, yn ogystal â theulu dyn a theulu Duw trwy'r byd cyfan.

Ar ben hyn mae angen dyfalbarhad, y math o daerineb sy'n gwrthod derbyn ateb negyddol, fel y weddw a'r barnwr anghyfiawn, neu'r cymydog oedd angen bara i'w ymwelwyr ganol nos.

Pob math o ymbil

Er bod gweddi yn golygu dod â'n deisyfiadau gerbron gorsedd gras, mae amrywiaeth oddi mewn i weddïau'r Beibl hefyd.

Mae'r mwyafrif llethol yn dechrau gyda Duw – ei fawredd, ei ogoniant, ei addewidion a'i ras.

Mae llawer iawn yn cynnwys cyffes o bechod a gwendid y gweddïwr.

Mae nifer yn agored ac yn onest gan ddangos cymhellion y sawl sy'n galw ar Dduw.

Mae'r ceisiadau'n amrywiol ac yn benodol. Does dim byd yn rhy fach nac yn rhy fawr i'w gyflwyno gerbron ein Tad nefol.

Mae'r ceisiadau'n bersonol, neu'n eiriolaeth dros eraill, neu dros sefyllfaoedd arbennig. Yn wir mae Paul yn cynnwys yr holl saint ac ef ei hunan yn ei anogaeth. Gwelsom bennaeth synagog yn dod at Iesu ar ran ei ferch, canwriad yn eiriol dros ei was, cyfeillion yn cario'r claf o'r parlys, a thad yn ymhŵedd â'r Arglwydd Iesu ar ran ei fab lloerig.

Gallem osgoi cymaint o broblemau yn ein heglwysi trwy weddi. Mae'n help aruthrol i gyfyngu casineb, cenfigen neu elyniaeth rhwng cyd-Gristnogion. Mae'n help hanfodol i weinidogaeth yr eglwysi hefyd.

"ac yr wyf yn sicr o hyn, y bydd i'r hwn a ddechreuodd waith da ynoch ei gwblhau erbyn Dydd Crist Iesu." **(Phil. 1:6)**

Mae 'na wefan ddiddorol o'r enw 'unfinished projects.co.uk.' Os ewch chi ar y safle, fe welwch restr o brosiectau heb eu gorffen sydd ar werth, ac fe gewch eu prynu. Ar y llaw arall, os oes gennych chi brosiect heb ei orffen, gallwch ei werthu. Mae llawer o geir ar y safle, a gwelais gegin anorffen ynghyd â chais am help i'w chwblhau.

Dyma'r senario gyda ni yn aml; mae'n haws dechrau rhyw gynllun na'i orffen. Mae geiriau Paul, serch hynny, yn ein hatgoffa fod prosiect anferth iachawdwriaeth dyn yn dechrau ac yn gorffen gyda Duw, ac felly mae'n siŵr o gael ei gyflawni.

Prosiect Philipi

I gael hanes Paul yn Philipi a chychwyn yr eglwys, rhaid edrych ar Actau 16:11–40. Mae'n hanes rhyfeddol o waith Duw trwy Paul mewn amgylchiadau pur anodd.

Prosiect Lydia

Yn nhrefn Duw roedd Lydia'n mynd i fod yn berson allweddol yn ei deyrnas yn Philipi. Roedd nifer yr Iddewon yn isel, mae'n amlwg, gan nad oedd digon i ffurfio synagog (deg Hebrewr o fri). Roedd hon, fodd bynnag, yn wraig fusnes o Thyatira yn Asia, ac yn Iddew. Roedd hi'n addoli Duw yn ôl y goleuni oedd ganddi. Wrth iddi glywed Efengyl Crist mae'r Arglwydd yn agor ei chalon i'w derbyn. Nid yw'n tybio bod ganddi'r wybodaeth i gyd, ond nid yw'n gwrthwynebu neges Meseia'r groes, ac mae'n cael gras i ymateb yn gadarnhaol. O ganlyniad, mae'n agor ei chartref i fod yn ganolfan i'r eglwys fach newydd.

Prosiect y ddewines ifanc

Dyma hanes rhyfeddol am ferch oedd mewn caethiwed. Roedd wedi ei meddiannu gan ysbryd drwg dewiniaeth, a hefyd o ganlyniad, gan ddynion busnes creulon a chybyddlyd. Wrth ddod ar draws Paul mae'r ysbryd aflan yn ei gyrru ato am ddyddiau gan siarad drwyddi am Paul a Silas ac am eu gwaith a'u pwrpas yn Philipi. Mae Paul yn ei rhyddhau o'r ysbryd, oherwydd nid yw'r Arglwydd am dderbyn hyd yn oed y gwirionedd gan un o weision uffern. O ganlyniad mae'r ferch yn rhydd, er bod y frwydr ysbrydol yn Philipi yn poethi.

Prosiect ceidwad y carchar

Dyma hanes dyn caled, dideimlad a diobaith yn darganfod gras, tosturi a gobaith yn Efengyl Crist. Gosododd Paul a Silas mewn cyffion a thywyllwch, yn amlwg heb feddwl ddwywaith, oherwydd aeth i'w wely a chysgu'n drwm. Pan ddaeth i'r carchar yn dilyn y ddaeargryn, ei unig ofn oedd colli anrhydedd a swydd, a bwriadodd ei ladd ei hun. Yn dilyn neges gysurlon Paul bod pawb yn bresennol, gofynnodd am achubiaeth, nid oddi wrth ei bechod, ond oddi wrth warth y sefyllfa. Soniodd Paul wrtho am achubiaeth yr Efengyl, achubiaeth dragwyddol trwy'r gwir 'Arglwydd', sef Iesu Grist. Cawsant gyfle i ymhelaethu ar y neges yn ei gartref wedyn.

Cynnydd a chwblhau

Felly roedd Duw wedi dechrau gwaith yng Nghristnogion Philipi. Roedden nhw wedi cychwyn ar bererindod y bywyd Cristnogol. Roeddent yn caru'r Arglwydd a'i bobl, ond roedd lle i gynyddu ac aeddfedu cyn iddyn nhw gael eu cyflwyno i Iesu Grist yn ei ailddyfodiad.

Cariad a ffrwyth cyfiawnder

Cawn weddi Paul dros y Philipiaid yn 1:9–11:
Mae'n gweddïo y bydd eu cariad yn cynyddu. Maen nhw'n ymhyfrydu yn Nuw eisoes, mae eu calon yn eiddo i'r hwn fu farw drostynt ar Galfaria, ac sy nawr yn eiriol drostynt yn y nef. Maen nhw'n caru saint Duw hefyd, ond gall y cariad dyfu ac aeddfedu eto. Mae lle i dyfu mewn gwybodaeth a dirnadaeth.

Er ei bod hi'n bosib cael gwybodaeth heb gariad, mae'n bosib hefyd, dan fendith Duw, i ddealltwriaeth ddyfnach o ras Duw greu mwy a mwy o gariad tuag ato Ef a'i bobl, a'n cymydog yn gyffredinol.

Yn yr un modd mae angen dirnadaeth i sianelu'n cariad yn y ffordd orau. Gallwn fod yn frwd ac yn hael ond heb fod yn effeithiol. Mae angen gwahaniaethu rhwng y drwg a'r da, rhwng yr hanfodol a'r dibwys. Mae'n rhaid deall gwerth athrawiaeth gywir i wasanaeth a defosiwn mwy pwrpasol.

Mae'n gweddïo y byddant yn bur a didramgwydd erbyn dydd Crist. Mae'r gair didwyll yn awgrymu metal fel aur sydd wedi ei buro o'r elfennau amhur trwy broses y tân. Mae'r gair didramgwydd yn awgrymu cyrraedd pen y daith heb gael niwed gan yr anawsterau oedd ar y ffordd.

Mae'n gweddïo y bydd y cariad a'r ffydd sydd ynddynt, a'r cyfiawnder sydd ganddynt yng Nghrist, yn dod yn fwy ffrwythlon; y bydd y ffrwythau'n aeddfedu i'w llawn dwf ar gyfer cynhaeaf yr ailddyfodiad.

Er ei fod ef ar ffurf Duw, ni chyfrifodd fod cydraddoldeb â Duw yn beth i'w gipio, ond fe'i gwacaodd ei hun, gan gymryd ffurf caethwas a dyfod ar wedd ddynol. **(Phil. 2:6–7)**

Dyma eiriau rhyfeddol gan yr apostol Paul dan ddylanwad yr Ysbryd Glân. Mae'n sôn am ddarostyngiad Crist wrth ddod o'r nef i'r ddaear. Dywed yr Arglwydd yn Eseia 66:1: **"Y nefoedd yw fy ngorsedd, a'r ddaear fy nhroedfainc",** ac mae'r geiriau hyn yn rhoi darlun rhyfeddol o Un yn gadael yr orsedd er mwyn bod ar y droedfainc. Mae pawb yn breuddwydio am ddyrchafiad i'r brig mewn gyrfa, ym myd chwaraeon neu yn y gymuned. Does dim uwch na bod yn frenin. Ond dewisodd Crist ddod i'r droedfainc ac roedd honno'n siŵr o fod yn fudr ac yn ddrewllyd os oedd gwaelod sgidiau brenin yn gorffwys ac yn crafu arno. Beth roedd hyn yn ei olygu i Grist, felly?

Gollwng gafael

Peth greddfol i bob un ohonom yw dal gafael ar rywbeth gwerthfawr inni, boed yn blentyn â'i hoff degan, neu yn berson â'i hoff eiddo. Peth arall sy'n anodd ei ollwng yw annibyniaeth. Gollyngodd Crist afael ar ei safle oedd yn gydradd â Duw, gan mai Duw'r Mab ydoedd. Cyn dod yn ddyn, roedd wedi ei adnabod fel Duw – fel Creawdwr, Duw'r cyfamod, Deddfroddwr, Duw mawr, sanctaidd a da, Duw anweledig ac anweladwy.

Nawr fe ddaeth ar ffurf caethwas. Dyna newid! O fod yn Benllywydd ar bawb a phopeth i fod yn was i Dduw a dynion. Cyfnewidiodd ei safle o lywodraeth am safle o wasanaeth.

Fe gawn ni edrych ar hyn ymhellach mewn pedair ffordd:

Gollwng safle'r Deddfroddwr

Yn hytrach na bod uwchlaw'r Gyfraith, daeth oddi tani: **"Ond pan ddaeth cyflawniad yr amser, anfonodd Duw ei Fab, wedi ei eni o wraig, wedi ei eni dan y Gyfraith, i brynu rhyddid i'r rhai oedd dan y Gyfraith, er mwyn i ni gael braint mabwysiad."** (Gal. 4:4–5) Nid yn unig y gwnaeth ei hun yn atebol i'w Ddeddf ei hun, roedd hefyd yn fodlon wynebu melltith a chosb y Ddeddf ar ran y rhai oedd wedi torri'r Gyfraith sanctaidd. **"Prynodd Crist ryddid i ni oddi wrth felltith y Gyfraith pan ddaeth, er ein mwyn, yn wrthrych melltith, oherwydd y mae'n ysgrifenedig: 'Melltith ar bob un a grogir ar bren!'"** (Gal. 3:13)

Y Deddfwr gynt ar Seina,
Yr Iawn gaed ar Galfaria
'n faban bach. *Eos Iâl*

Gollwng gafael ar ei gyfoeth

Gadawodd gyfoeth y nef lle'r oedd popeth yn aur, yn risial ac yn feini gwerthfawr. Ef oedd yr hollgyfoethog Dduw oedd yn fodlon rhoi'r cyfoeth naill ochr. **"Oherwydd yr ydych yn gwybod am ras ein Harglwydd Iesu Grist, fel y bu iddo, ac yntau'n gyfoethog, ddod yn dlawd drosoch chwi, er mwyn i chwi ddod yn gyfoethog trwy ei dlodi ef."** (2 Cor. 8:9)

Cafodd ei gyfyngu mewn corff dynol. Daeth i gyfyngiadau byd amser a rheolau natur. Daeth hefyd i fywyd o dlodi fel dyn. Cafodd fenthyg man geni; cafodd fenthyg lloches i gysgu yn aml. Benthycodd gwch i fod yn bulpud, asyn i farchogaeth i Jerwsalem, ystafell i gynnal swper y Pasg, a bedd am ychydig ddyddiau. Yn ysbrydol, fe gariodd ddyledion ein pechod ar y groes hefyd.

Gollwng gafael ar ogoniant nefol

Mae Duw yn ogoneddus, yn haeddu clod a mawl; mae'n ddisglair mewn gogoniant. Mae'r gair Hebraeg am ogoniant yn dwyn yr ystyr o bwysau neu sylwedd. Duw'r nefoedd yw'r sylwedd mwyaf sy'n bod. Mae'r apostol Paul yn cyfleu'r un ystyr wrth gymharu gorthrymder byr y byd hwn â gogoniant y nef: **"Oherwydd y baich ysgafn o orthrymder sydd arnom yn awr, darparu y mae, y tu hwnt i bob mesur, bwysau tragwyddol o ogoniant i ni."** (2 Cor. 4:17)

Hefyd, roedd Crist, gyda'r Tad a'r Ysbryd Glân, yn derbyn gogoniant, sef addoliad y llu nefol: **"Sanct, Sanct, Sanct yw'r Arglwydd Dduw hollalluog, yr hwn oedd a'r hwn sydd a'r hwn sydd i ddod!"** (Dat. 4:8 ac Es.6:1–3)

Gollwng gafael ar ei awdurdod annibynnol

Mae'n ei wneud ei hun yn ddibynnol: **"Nid wyf fi'n gallu gwneud dim ohonof fy hun. Fel yr wyf yn clywed, felly yr wyf yn barnu, ac y mae fy marn i yn gyfiawn, oherwydd nid fy ewyllys i fy hun yr wyf yn ei cheisio, ond ewyllys yr hwn a'm hanfonodd i."** (Ioan 5:30)

Fel gwas fe ddysgodd ufudd-dod, a bod yn ufudd hyd angau'r groes. Daeth hefyd i wasanaethu dynion: "**Oherwydd Mab y Dyn, yntau, ni ddaeth i gael ei wasanaethu ond i wasanaethu, ac i roi ei einioes yn bridwerth dros lawer.**" (Marc 10:45)

Gadewch inni fyfyrio'n aml ar ymostyngiad Crist er ein mwyn.

"byddwch yn ddi-fai a diddrwg, yn blant di-nam i Dduw yng nghanol cenhedlaeth wyrgam a gwrthnysig, yn disgleirio yn eu plith fel goleuadau yn y byd." **(Phil. 2:15)**

Tynnodd Archesgob Caergaint nyth cacwn i'w ben yn 2008 gyda'i sylwadau ar gyfraith Shari'a ym Mhrydain. Roedd yn awgrymu ei bod yn anochel y deuai caniatâd i Fwslemiaid weithredu rhai materion arbennig o'u bywyd dan rai elfennau o gyfraith Shari'a.

Camddealltwriaeth

Roedd Rowan Williams wedi awgrymu sawl gwaith nad oeddem yn deall yn iawn beth yw Shari'a yn ei ystyr ehangach. Er ein bod yn cysylltu'r gyfraith theocrataidd Foslemaidd hon â chreulondeb yn erbyn menywod, chwipio, dienyddio barbaraidd a llabyddio – i enwi rhai nodweddion o'u cosbau llym – roedd yr archesgob yn dadlau bod modd dehongli a gweithredu Shari'a mewn ffordd lawer mwy dyngarol a chydnaws â'n hoes a'n diwylliant ni.

Serch hynny, mae Llys Hawliau Dynol Ewrop wedi dweud bod cyfraith Shari'a yn anghydnaws â democratiaeth ac yn anodd iawn i'w chynnwys oddi mewn iddi.

Rhyddhau tensiwn

Mae'n debyg bod Dr Williams yn ceisio meddwl am ffyrdd o leihau'r tensiynau rhwng grwpiau crefyddol gwahanol sydd yn byw yn agos at ei gilydd yn yr un gymuned. Mae'n credu bod rhaid rhoi lle i bobl weithredu dan gyfraith 'wahanol' ar fater o gydwybod. Mae'n cyfeirio at feddygon sydd yn cael peidio â chyflawni erthyliad ar sail cydwybod.

Problemau

Mae cwestiynau a phroblemau yn codi yn y meddwl:

Mae Shari'a yn cael ei dehongli a'i gweithredu mewn ffordd greulon ac anghyfartal mewn nifer fawr o wledydd, ac felly sut gallwn fod yn dawel ein meddwl y gallem osgoi hynny ym Mhrydain? Onid yw'n dibynnu'n llwyr ar y 'barnwr' neu'r 'ynad'?

Sut gallwn wahaniaethu'n gyson bob tro rhwng eithriad cydwybod a thor-cyfraith?

Y Testament Newydd

Fe welwn densiynau oherwydd presenoldeb Rhufain yn Israel yn hanes yr

Arglwydd Iesu. Cafodd ei eni ym Methlehem oherwydd trethi Cesar. Dywedodd wrth ddisgyblion y Phariseaid a rhai o'r Herodianiaid y dylid rhoi eiddo Cesar i Gesar ac eiddo Duw i Dduw, heb fanylu ymhellach. Mae'n awgrymu y dylid talu trethu i'r Ymerawdwr, a hefyd addoli a gwasanaethu Duw. Petai gwrthdaro rhwng y ddau byddai Duw yn dod gyntaf fel y Brenin mawr. Rhoddwyd Iesu i farwolaeth dan gyfraith Rufeinig ar gais yr awdurdodau Iddewig.

Yr apostolion

Roedd yr apostolion yn fodlon mynd yn erbyn y Sanhedrin (awdurdod crefyddol) wrth dystio i Iesu fel y Meseia byw, atgyfodedig, gan honni bod ufuddhau i Dduw yn cael blaenoriaeth dros ddeddf neu reol oedd yn croesi comisiwn Crist: **"Rhaid ufuddhau i Dduw yn hytrach nag i ddynion."** (Act. 5:29)

Roedd Paul yn fodlon defnyddio'i freintiau fel dinesydd Rhufeinig. Mynnodd gael ei hebrwng yn barchus o Philipi ar ôl iddo gael ei guro â gwialenni ar gam y diwrnod cynt. Hefyd yn Jerwsalem, pan oedd ar fin cael ei chwipio ym mhencadlys y Rhufeiniaid holodd: **"A oes gennych hawl i fflangellu dinesydd Rhufeinig, a hynny heb farnu ei achos?"** (Act. 22:25) Trwy ofyn hyn yr oedd yn gwneud yn siŵr ei fod yn osgoi'r fflangell y tro hwn.

Yr oedd hefyd yn dysgu bod yr awdurdodau wedi eu hordeinio gan Dduw: **"Oherwydd nid oes awdurdod heb i Dduw ei sefydlu."** (Rhuf. 13:1) Dywedai wrth gaethweision am fodloni ar eu stad os nad oedd modd ei newid ar y pryd. Os oedd modd dod yn rhydd, dylent gymryd y cyfle ar bob cyfrif. (1Cor.7:22) Mae Pedr hefyd yn dysgu ei ddarllenwyr i ymddarostwng i'r Ymerawdwr a'i gynrychiolwyr: **"Ymostyngwch, er mwyn yr Arglwydd, i bob sefydliad dynol, prun ai i'r ymerawdwr fel y prif awdurdod, ai i'r llywodraethwyr fel rhai a anfonir ganddo ef er cosb i ddrwgweithredwyr a chlod i weithredwyr daioni."** (1 Pedr 2:13)

Mae Llyfr y Datguddiad yn awgrymu y daw barn Duw ar Rufain oherwydd y ffordd yr oedd yn cam-drin saint Duw yng nghyfnod yr eglwys gynnar. (Dat. 19:2)

Dinasyddion y nef

Mae Paul yn atgoffa'r Philipiaid eu bod yn ddinasyddion y nef ac yn disgwyl eu Brenin Iesu yn ei ailddyfodiad. Mae hyn yn rhoi persbectif da i ni. Yr ydym yn perthyn i deyrnas Dduw a theyrnas Crist, ac oherwydd hynny dylem fod yn ddinasyddion cyfrifol a da, yn halen ac yn oleuni trwy ein bywyd bob dydd. Dylem fod yn ceisio heddwch â phawb ac yn caru pob cymydog, boed gyfaill neu elyn.

Os oes modd dylanwadu ar gyfraith gwlad dylem wneud hynny ar bob cyfrif, ond os nad oes, rhaid ildio'n llwyr i'n Brenin Iesu, yn enwedig yn yr eglwys, a bod yn ddiniwed fel colomennod ac yn gyfrwys fel seirff wrth geisio hybu teyrnas Dduw yn y byd.

Ond beth bynnag oedd yn ennill i mi, yr wyf yn awr yn ei ystyried yn golled oherwydd Crist. **(Phil. 3:7)**

Dyma eiriau rhyfeddol gan yr apostol Paul yn cyfeirio at y newid syfrdanol oedd wedi dod i'w ran wrth gael ei restio gan Iesu Grist ar y ffordd i Ddamascus. Roedd rhai nodweddion pwysig o'i fywyd cynharach, sylfaen ei obaith o gael derbyniad gan Dduw, nawr yn golled iddo. Roedd wedi gollwng gafael arnynt, er mwyn cael Iesu Grist yn Waredwr.

Yr 'enillion'

Cyd-destun yr adnod yw rhybudd llym yr apostol i Gristnogion eglwys Philipi rhag dylanwad peryglus yr Iddeweiddwyr.

Dyma Iddewon oedd wedi proffesu ffydd yn Iesu Grist fel Meseia, ond oedd yn dysgu bod angen cadw defodau Cyfraith Moses hefyd os am fod yn Gristion 'cyflawn.' Roedd eu pwyslais yn drwm ar yr enwaediad, a byddent yn pwyso'n drwm ar Gristnogion o blith y Cenhedloedd i gael eu henwaedu.

Doedden nhw ddim yn gwadu cyfiawnhad trwy ffydd yn Iesu Grist, ond yn sicr roeddent yn gwadu cyfiawnhad trwy ffydd yng Nghrist *yn unig* fel cyfrwng digonol iachawdwriaeth. Roedden nhw'n gweld angen ychwanegu defod Iddewig *yn ogystal â* chredu yn y Gwaredwr er mwyn dod yn iawn gyda Duw.

Mae Paul yn dangos bod ganddo fwy o le i bwyso ar ei gyfiawnder ei hun fel Iddew na'r Iddeweiddwyr. Mae'n nodi ei enillion – yr holl rinweddau oedd o'i blaid er mwyn ennill ffafr Duw:

Enwaediad Roedd wedi ei enwaedu ar yr wythfed dydd, yn dilyn cyfarwyddyd y Gyfraith yn fanwl. Roedd llawer wedi troi at Iddewiaeth ac wedi eu henwaedu'n ddiweddarach.

Hil Israel Roedd llawer (ac mae llawer) yn gallu ymffrostio eu bod yn blant Abraham (trwy Ismael). Roedd llawer yn gallu dweud eu bod yn blant Isaac (trwy Esau yn ogystal â Jacob). Ond roedd Saul o Darsus yn Israeliad, yn un o'r llinach etholedig, yn un o blant y cyfamod a breintiau pobl Dduw.

Llwyth Benjamin Dyma'r llwyth, gyda Jwda, oedd wedi ffurfio Israel ar ei newydd wedd ar ôl y rhwyg yn amser Rehoboam. Nhw oedd wrthi'n ailadeiladu ar ôl y gaethglud i Fabilon. Roedd rhai o sêr y genedl, fel Mordecai ac Esther, yn perthyn i'w dylwyth.

Gallai Paul ymffrostio ei fod yn perthyn i *crème de la crème* y genedl.

Hefyd, roedd yn ymarfer ei gred yn bybyr.

Pharisead Dyma sect fwyaf caeth y grefydd Iddewig, yn ymprydio ddwywaith yr wythnos, yn degymu, yn byw i gadw Cyfraith Moses yn fanwl – yn allanol, beth bynnag. Roedd yn erlid Iddewon oedd yn dilyn Iesu o Nasareth. Nid dim ond proselyteiddio eraill oedd crwsâd Saul, ond rhoi taw a therfyn ar 'anffyddloniaid'. Roedd yn derfysgwr cynnar fel rhai o'r terfysgwyr crefyddol a welwn yn ein byd heddiw. Mae'n siŵr y byddai Osama Bin Laden yn falch o'r Saul ifanc yn ei rengoedd petai'n Fwslim.

Colled ac ysbwriel

Roedd Paul, serch hynny, wedi dod i ddeall ei fod yn elyn i'r Duw yr oedd yn ceisio cyrraedd ato. Roedd yn elyn ac yn erlidiwr i Iesu Grist, Mab Duw ac unig Waredwr dynion.

Felly, roedd wedi dod i ystyried ymdrechion crefyddol a chadw defodau allanol fel sbwriel, o ran ennill ffafr Duw, o ran ennill cyfiawnder gerbron Duw. Mae'n cyfeirio at ei ymdrechion cynt fel sbwriel – gwastraff i'w daflu i'r cŵn.

Roedd ganddo gyfiawnder gwell erbyn hyn, sef cyfiawnder perffaith y Duw-ddyn, Crist Iesu.

Cyfiawnder Iesu Grist

Pa mor grefyddol bynnag ydym, rŷn ni'n dioddef o gyflwr enbyd pechod o'n geni cyntaf. O ran tras, roedd Iesu wedi ei eni o wyryf ac o'r Ysbryd Glân. O ran ei fywyd yr oedd yn ddi-fai, nid yn unig o ran defodau allanol, ond cymhellion ei galon hefyd. Daeth llais o'r nef, hyd yn oed, i fynegi bodlonrwydd â Iesu Grist.

Ar ben hynny, fe dywalltodd Iesu Grist ei einioes gyfiawn i farwolaeth dros bechaduriaid, er mwyn i ni dderbyn cyfiawnder Duw, er mwyn i ni fod yn gwbl dderbyniol yn ei olwg, a hynny trwy ffydd yn unig.

Mae unrhyw neges sy'n dweud y gallwn ni gyfrannu at ein hiachawdwriaeth trwy weithredoedd crefyddol neu ddyngarol yn dweud bod cyfiawnder Crist yn annigonol neu'n anghyflawn.

Beth amdanat ti sy'n darllen hwn? Wyt ti'n credu y gelli di gael derbyniad gan Dduw trwy ddaioni crefyddol neu gymdeithasol? Wyt ti'n credu mai gweithredoedd sy'n gwneud Cristion?

Yr unig ffordd i ddod yn iawn gyda Duw, i gael ein cyfrif yn gyfiawn yn ei olwg, yw trwy ymddiried, trwy dderbyn, trwy gredu yng nghyfiawnder perffaith a chyflawn Iesu Grist.

Rhaid gwrthod sgraps y ci er mwyn gwledda ar Iesu Grist!

"Yr wyf yn cyfrif y cwbl yn ysbwriel, er mwyn imi ennill Crist a'm cael ynddo ef, heb ddim cyfiawnder o'm heiddo fy hun sy'n tarddu o'r Gyfraith, ond hwnnw sydd trwy ffydd yng Nghrist, y cyfiawnder sydd o Dduw ar sail ffydd." **(Phil. 3:8–9)**

Dyma eiriau cryf gan Paul wrth iddo ddangos pa mor werthfawr yw Iesu Grist iddo o'i gymharu â'r holl freintiau yr oedd wedi eu mwynhau a'r gorchestion yr oedd wedi eu cyflawni yn ei fywyd.

Ei gyfiawnder ei hun

Mae Paul yn rhestru yn adnodau pump a chwech y bennod hon yr hyn yr oedd wedi arfer ymffrostio ac ymddiried ynddo i fod yn dderbyniol gan Dduw:

Enwaediad Dyma arwydd mawr y cyfamod rhwng Duw ac Abraham a'i ddisgynyddion, er mai dim ond rhywbeth allanol oedd hyn nad oedd ynddo'i hun yn cyffwrdd â'r galon.

Hil Israel Gallai'r Ismaeliaid a'r Edomiaid ymffrostio eu bod yn blant i Abraham ac Isaac, ond roedd plant Israel yn blant yr addewid mewn gwirionedd. Heddiw gall plant credinwyr syrthio i'r fagl o feddwl eu bod nhw'n siŵr o gael derbyniad gan Dduw oherwydd eu magwraeth, eu cefndir a'r bendithion a gawsant yn sgil hynny.

Llwyth Benjamin Rhan o'r llwyth hwn a ffurfiodd yr Israel newydd ar ôl y rhwyg adeg Rehoboam. Nhw oedd yn yr adferiad ar ôl caethglud Babilon. Gallent ddweud fod enwogion fel Mordecai ac Esther yn perthyn iddynt. Dyma *crème de la crème* y genedl.

Pharisead Roedd hon yn sect gaeth iawn a oedd yn ymroi gant y cant i gadw Cyfraith Moses (yn allanol, beth bynnag). Roeddent yn ymprydio ac yn degymu eu holl eiddo, ac roeddent yn barod i erlid gwrthwynebwyr y ffydd Iddewig. Mewn gwirionedd, roedd Paul y Pharisead yn ffwndamentalydd y byddai Al Qaeda'n falch ohono.

Ar y ffordd i Ddamascus, serch hynny, daeth Paul i weld ei fod yn elyn i'r Duw yr oedd yn siŵr ei fod yn ei wasanaethu'n ffyddlon.

Cyfiawnder arall

Bellach, roedd Paul yn fodlon taflu allan ei gyfiawnder ei hun a oedd yn seiliedig ar dras a chrefydd. Roedd yn fodlon ei fwrw i'r domen sbwriel. Mae wedi dod i sylweddoli na allai gael ei gyfiawnder ei hunan a'r cyfiawnder roedd Duw yn ei gynnig iddo. Dyma rai nodweddion o'r cyfiawnder hwnnw:

Cyfiawnder Crist ydyw Mae'n fodlon troi cefn ar ei gyfiawnder ei hun er mwyn cael Crist, ac felly cael Duw. Daeth Crist i'r byd i fyw fel dyn yn gwbl ufudd i Gyfraith Duw. Llwyddodd Ef lle mae pawb arall ers Adda wedi methu. Wrth offrymu ei fywyd perffaith ar y groes, roedd yn derbyn melltith ein pechod ni, ac yn cymryd ein pechod oddi wrthym, fel petai. Petai cyfiawnder dyn yn ddigon da i fodloni safon Duw, fyddai Duw'r Mab ddim wedi dod yn gnawd a mynd i'r groes erchyll ar ein rhan.

Nid o'r Gyfraith Does dim pwrpas i ni feddwl ceisio cadw Cyfraith Duw er mwyn cael bywyd tragwyddol. Allwn ni byth â'i chadw'n llwyr, felly does dim gobaith i ni haeddu lle gyda Duw yn y gogoniant fel hyn. Y cyfan a gawn wrth geisio cadw'r Deg Gorchymyn yw siom, oherwydd dangos i ni ein pechod y maen nhw, a pha mor brin o safon Duw yr ydym mewn gwirionedd.

Trwy ffydd Rhaid edrych y tu allan i ni'n hunain felly. Rhaid gweld haeddiant Iesu Grist a'i gyfiawnder perffaith ac ymddiried yn llwyr yn hwnnw. Roedd yna bobl yn amser y Testament Newydd oedd yn dweud bod yn rhaid credu yng Nghrist *a* chael rhywbeth ychwanegol fel enwaediad. Mae'r Gair yn ein dysgu bod cyfiawnder Crist yn ddigonol i'n gwneud ni'n gyfiawn gerbron Duw, heb ddim wedi ei ychwanegu ato. Mae ychwanegu rhywbeth dynol ato yn ei wanhau, wrth gwrs.

Rhodd gan Dduw Dyma'r cyfiawnder mae Duw wedi ei baratoi ar ein cyfer. Pan mae plant yn paratoi at arholiadau yn yr ysgol mae modd cael nodiadau gan y Pwyllgor Addysg i'w helpu i daclo'r cwestiynau arholiad yn iawn. Dyma'r ffordd iawn o fynd ati; dyma fydd yr arholwyr yn chwilio amdano. Person ffôl fyddai'n anwybyddu'r cynghorion hyn a mentro mynd ar ei liwt ei hunan.

Mae'n rhoi syched am sancteiddrwydd Er bod Duw yn ein derbyn trwy ras, a thrwy gyfiawnder Iesu Grist, heb ofyn dim i ni o ran haeddiant, mae dod i berthynas iawn â Duw yn creu newyn a syched ynom am fod yn debyg i Iesu Grist, fel mae Paul yn nodi yn yr adnodau nesaf.

Wyt ti'n meddwl y cei dy dderbyn gan Dduw oherwydd dy dras, dy gefndir neu dy grefydd? Plîs tafla hwnna i'r bin sbwriel ac ymddiried yn Iesu Grist a'i gyfiawnder Ef!

"Rwyf am ei adnabod ef, a grym ei atgyfodiad, a chymdeithas ei ddioddefiadau, wrth gael fy nghydffurfio â'i farwolaeth ef, fel y caf i rywfodd, gyrraedd yr atgyfodiad oddi wrth y meirw. Nid fy mod eisoes wedi cael hyn, neu fy mod eisoes yn berffaith, ond yr wyf yn prysuro ymlaen, er mwyn meddiannu'r peth hwnnw y cefais innau er ei fwyn fy meddiannu gan Grist Iesu." (Phil. 3:10–12)

Wrth ddisgrifio nod ei fywyd, mae Paul yn mynegi i ni yr hyn a ddylai fod yn nod i bob Cristion mewn gwirionedd.

Cyd-destun

Yn y bennod hon mae Paul yn delio â'r Iddeweiddwyr, sef Cristnogion o Iddewon oedd yn mynnu bod angen i Gristnogion eraill droi'n Iddewon hefyd os oeddent am fod yn gredinwyr cyflawn. Roedd angen Crist *a* rhywbeth ychwanegol, sef yr enwaediad yn y cyswllt yma. Mae Paul yn cadarnhau'r gwirionedd mai cyfiawnder Iesu Grist *yn unig* sydd yn dod â dyn i berthynas iawn â Duw.

Ond beth am y person sydd yn ymddiried yng Nghrist er mwyn bod yn gyfiawn? Ydy hynny'n golygu y gall eistedd yn ôl a disgwyl am y nefoedd fel ymwelydd yn ymlacio ar draeth braf?

Na, er na allwn wneud dim i ddod yn iawn yng ngolwg Duw, mae'r Cristion yn awyddus i'w roi ei hun i wasanaeth yr Arglwydd fel arwydd o'i ddiolchgarwch iddo a'i gariad tuag ato.

Nod ac amcan

Mae'n ffasiwn bellach i bob cwmni a chymdeithas gael nod ac amcan – peth da, er mwyn gwybod beth yw eu pwrpas a diben eu bodolaeth. Gallem ddisgrifio rhestr Paul yn adnodau 10–11 fel nod ac amcan y Cristion.

Ei adnabod Ef

Mae hyn yn golygu dysgu am Grist. Yn yr un modd ag y bydd person yn casglu gwybodaeth am ei arwr, mae'r Cristion am wybod cymaint â phosib am Grist: yr hyn mae'r Beibl cyfan yn ei ddweud amdano, natur ei berson a'i waith, beth oedd yn wir amdano cyn y byd, cyn iddo dod yn gnawd, nawr yn y presennol, ac i'r dyfodol. Mae hyn yn bwysig er mwyn cael gafael ar y person cywir. Ond yn fwy na hyn, mae Paul am ei adnabod. Gallwn wybod popeth am arwr heb ei gyfarfod erioed. Gall ein gwybodaeth pen fod yn llawer dyfnach na'n hadnabyddiaeth brofiadol o'r Gwaredwr. Dyma'n wir yw diben oedfa, darllen y

Gair, gweddi a'r ordinhadau – ei 'nabod Ef yn well.

Grym ei atgyfodiad

Mae angen yr un pŵer ag a gododd Iesu Grist o'r bedd i ddod yn Gristion ac i fod yn Gristion. Dyma'r unig ffordd y daw pechadur i edifarhau am ei bechod ac i lynu wrth Grist fel Gwaredwr. Hefyd dyma'r unig ffordd i sefyll yn erbyn diafol, cnawd a byd mewn llawenydd a thangnefedd, a byw yn gyfiawn yn y byd hwn. Nid yw'n fater o ddod yn Gristion trwy rym goruwchnaturiol a mynd ymlaen mewn nerth dynol. Allwn ni fyth byw bywyd buddugoliaethus yn y byd heb ddeinameit Duw i'n tanio bob dydd.

Cymdeithas ei ddioddefiadau

Nid yw hyn yn golygu y gallwn ni ddioddef dros bechodau eraill fel y gwnaeth y Meseia. Er bod Iesu wedi gorffen dioddef a thalu dros bechod ei bobl ar y groes, nid yw Satan na'r byd wedi gorffen erlid Crist, ac maen nhw'n gwneud hynny trwy erlid ei bobl. Yn y Testament Newydd, testun llawenydd oedd cael dioddef oherwydd Iesu Grist. **"Aethant hwythau ymaith o ŵydd y Sanhedrin, yn llawen am iddynt gael eu cyfrif yn deilwng i dderbyn amarch er mwyn yr Enw."** (Act. 5:41)

Cydffurfio â'i farwolaeth

Nod Paul oedd marw – marw i bechod a marw i'r hunan. Yn yr un modd ag y rhoddodd yr Arglwydd ei hun drosto ar Galfaria, roedd yntau am ei roi ei hun ar allor ei wasanaeth. Disgrifiad Iesu o'r gwir ddisgybl yw'r person sydd yn hapus i godi ei groes – er mwyn marw arni. O ollwng gafael ar ein bywyd a'n hawliau hunanol, cawn afael ar wir fywyd gyda Christ.

Atgyfodiad y meirw

Nid yr atgyfodiad terfynol yw hwn, ond rhagflas ohono. Yn yr atgyfodiad byddwn yn rhydd o bob pechod a phob magl ddaearol. Nod Paul yw dod mor agos ag sydd bosib at hynny yn y byd hwn.

Prysuro 'mlaen

Daw'r darlun hwn o'r gêmau Groegaidd. Efallai mai'r rhedwr sydd ym meddwl Paul. Rhaid edrych ymlaen, at y diwedd ac at y tâp. Efallai mai'r ras gerbyd sydd yma, lle'r oedd y marchog yn ei rwymo'i hunan wrth y ceffyl â'r cyfrwy. Roedd rhaid pwyso 'mlaen; byddai troi i edrych nôl yn gallu bod yn angheuol. Felly, rhaid i ni anghofio camgymeriadau a llwyddiannau'r gorffennol, gan brysuro 'mlaen at ein gwobr rasol.

"Llawenhewch yn yr Arglwydd bob amser; fe'i dywedaf eto, llawenhewch." **(Phil. 4:4)**

Dyma neges bwysig o anogaeth i bob Cristion; neges sydd yn dangos bwriad ein Harglwydd ar ein cyfer. Wrth i Iesu siarad â'i ddisgyblion cyn mynd i'r groes fe ddywedodd wrthynt: **"Yr wyf wedi dweud hyn wrthych er mwyn i'm llawenydd i fod ynoch, ac i'ch llawenydd chwi fod yn gyflawn."** (Ioan 15:11) Roedd ei eiriau'r noson honno, a'i holl ddysgeidiaeth mewn gwirionedd, yn anelu at ddod â'i bobl i brofi ei lawenydd Ef yn llawn.

Nodwedd sefydlog o'r Cristion

Yn ôl geiriau Paul yn y testun fe ddylem fod yn llawen bob amser. Dyw hyn ddim yn golygu cerdded o gwmpas yn chwerthin yn wirion ac yn arwynebol, ond yn hytrach ysgafnder mewnol sydd yn gweithio'i ffordd allan yn naturiol. Mae llawenydd mawr wrth ddod i brofiad o'r Arglwydd Iesu am y tro cyntaf, fel y rhai oedd yn methu â chadw'n dawel am Iesu yn ystod ei weinidogaeth ar y ddaear. Dylem fynd ar ein ffordd yn llawen fel yr eunuch ar ôl ei brofiad o ffydd yng Nghrist a'i fedydd.

Mae llawenydd mawr wrth ddarllen Gair Duw. Dyma dystiolaeth y proffwyd Jeremeia: **"daeth dy air yn llawenydd i mi, ac yn hyfrydwch yn fy nghalon."** (15:16) Dylem brofi llawenydd mewn gweddi wrth alw ar ein Tad nefol, a hyd yn oed yng nghanol treialon bywyd. Dywed Iago fod Duw yn ein cryfhau a'n sancteiddio trwy'r adegau anodd. Mae llawenydd wrth wasanaethu'r Arglwydd a hyd yn oed wrth brofi erledigaeth – fel yr apostolion yn gadael y Sanhedrin yn llawen am iddynt gael eu cyfrif yn deilwng o ddioddef amarch yn enw Crist. Yn wir mae'r Arglwydd Iesu yn dweud y dylem lawenhau a gorfoleddu.

Gwreiddyn ei lawenydd

Yr Arglwydd yw'r rheswm am lawenydd parhaus y Cristion. Y ffaith o'i adnabod, a'i brofi; gwybod ei fod gyda ni i'n bugeilio ac i'n cynnal bob amser. Gan ei fod Ef yn addo hyn ym mhob amgylchiad, dyw'r llawenydd ddim yn dibynnu ar amgylchiadau. Mae'r llawenydd yn real mewn profiadau cas ac annifyr a diflas, oherwydd ei fod Ef gyda ni.

Mor wahanol yw hyn i foddhad a hapusrwydd y byd. Mae hwnnw'n dibynnu ar amgylchiadau ffafriol, fel eiddo materol braf, boed yn dŷ arbennig, yn gar, yn gwch, yn ddillad neu'n rhyw arwydd arall o 'lwyddiant' bydol.

Mae llawer o bobl yn ein cymdeithas yn dechrau gweld nad yw hyn yn ddigon. Mae to ifanc yn dechrau cwestiynu beth yw pwrpas bywyd os mai dim ond casglu eiddo a phrofi pleserau'r cnawd fel yfed, rhyw a chyffuriau ydyw.

Does dim llawer o gred mewn bywyd tragwyddol ar ôl ein bodolaeth fer a gwag yn y byd hwn.

Ond mae'r llawenydd sydd yng Nghrist yn gyflawn. Mwyaf agos y byddwn at ein Bugail mawr, mwyaf clir bydd ein golwg arno, a mwyaf llawn o'i lawenydd y bydd ein calonnau. Bwriad yr Arglwydd yw gorlenwi ein cwpan, fel petai. Dyna brofiad Dafydd yn Salm 23 ac 16:11 lle mae'n cyfeirio at ddigonedd o lawenydd ym mhresenoldeb ei Geidwad. Gweddïodd ein Harchoffeiriad cyn mynd i'r groes y byddai ei lawenydd yn gyflawn ynom.

Mae'r llawenydd yma'n aros. Nid rhywbeth i'w brofi nawr ac yn y man, na rhywbeth chwit chwat sy'n mynd o'n gafael fel sebon gwlyb yw llawenydd y Cristion. Dyma'r diddanwch a alluogodd Paul a Silas i ganu mawl yng ngharchar Philipi ar ôl cael eu curo'n ddrwg. Roedd Iesu'n sôn am ei lawenydd wrth siarad â'i ddisgyblion ar noson y swper olaf, er bod cwmwl trwchus y groes yn hofran yn isel uwch ei ben.

Sut mae ei gael?

Y peth allweddol sylfaenol yw adnabod Iesu Grist. Er mwyn meddiannu llawenydd Duw, rhaid meddiannu'r Perl Gwerthfawr hefyd. Derbyn Iesu Grist ddaeth â llawenydd mawr i ddinas Samaria (Act. 8:8).

Cawn lawenydd llawn wrth ildio'n bywyd yn llwyr i Iesu Grist. Profodd ein Harglwydd y llawenydd o ildio'n llwyr a bodlon i'r llwybr a arweiniodd i Galfaria. Mae gweld llaw gariadus ein Ffrind ym mhob digwyddiad yn ein bywyd yn ein llenwi â llawenydd dwfn.

Ildio'n ddiamod, perffaith fwynhad,
profi llawenydd nefol ryddhad. (*F.J.Van Alstyne, cyf. G.R.Tilsley*)

Dyw gwasanaeth anfoddog ddim yn dod â llawenydd llawn.

Daw'r llawenydd hwn trwy'r Ysbryd Glân. Mae'r Ysbryd yn trigo yn y Cristion ac yn ei lenwi â'r **"llawenydd anhraethadwy a gogoneddus"** (1 Pedr 1:8). Profodd Iesu orfoledd fel hyn wrth weld ei ddisgyblion yn cael eu defnyddio yng ngwaith mawr y deyrnas er nad oedden nhw ymhlith doethion a deallusion y byd hwn (Luc 10:21).

"Oherwydd hyn, o'r dydd y clywsom hynny, nid ydym yn peidio â gweddïo drosoch." **(Col. 1:9)**

Dyma'r apostol Paul yn sicrhau Cristnogion Colosae ei fod yn gweddïo drostynt. Mae'n gymaint o hwb a chalondid clywed brawd neu chwaer yn y ffydd yn dweud wrthym eu bod yn cofio amdanom gerbron gorsedd gras. Mae Paul yn gwneud hyn ym mhob un o'i epistolau, ond mae'n mynd yn bellach hefyd, ac yn dweud sut mae'n gweddïo a beth yn union mae'n gweddïo amdano ar eu rhan. Mae mor hawdd gofyn i'r Arglwydd 'fendithio' hwn a hwn neu hon a hon, ond mae'r Ysgrythur yn dweud wrthym y dylem fod yn fwy penodol a manwl ein gweddïau, ac mae hynny'n golygu gwaith meddwl a gwaith manylu sydd yn cymryd amser ac ymdrech ar ein rhan.

Sut roedd Paul yn gweddïo?

Roedd yn ymbil yn *ddi-baid* dros y Colosiaid. Felly, mae'r apostol sy'n annog eraill i weddïo'n ddi-baid (1 Thes. 5:17) yn gwybod am beth y mae'n siarad. Mae gweddi yn aml yn frwydr sydd yn gofyn am ddycnwch a thaerineb fel y weddw a'r barnwr anghyfiawn (Lc. 18).

Mae'r gair Cymraeg 'deisyf' yn dangos dwyster eiriolaeth yr apostol. Mae hyn yn awgrymu angerdd a theimlad dwfn, hiraeth am weld ewyllys Duw yn cael ei gyflawni ym mywydau eraill. O bryd i'w gilydd bydd pobl Dduw yn ymprydio gyda'r weddi i ddangos eu difrifoldeb gerbron Duw. Gwnaeth yr Arglwydd Iesu hyn cyn mynd ymlaen â'i weinidogaeth gyhoeddus. Pan glywodd Nehemeia am gyflwr Jerwsalem dyma oedd ei ymateb: **"a bûm yn galaru ac yn ymprydio am ddyddiau, ac yn gweddïo ar Dduw'r nefoedd."** (Neh. 1:4)

Roedd yn weddi *unedig.* Mae'n amlwg bod Paul yn gwybod am y stafell ddirgel, ond roedd yn falch iawn o gael eraill i weddïo gydag ef hefyd. Yng Ngholosiaid 1:1 gwelwn ei fod yn cynnwys o leiaf Timotheus, ond o ddarllen y cyfarchion terfynol mae'n amlwg bod nifer o Gristnogion eraill yn ei gwmni hefyd (4:7–17).

Am beth roedd Paul yn gweddïo?

Dirnadaeth Roedd yn gofyn i Dduw iddyn nhw gael eu llenwi ag 'amgyffrediad o ewyllys Duw'. Mae angen goleuni ysbrydol cyson arnom er mwyn gwybod ewyllys ein Tad. Mae angen crebwyll ysbrydol i fod yn dystion effeithiol, yn halen ac yn oleuni yn nhywyllwch ein byd.

Plesio'r Arglwydd

Dyma nod ac uchafbwynt bywyd y Cristion. Yn gyntaf mae angen gwybod ewyllys Duw, ac yna mae angen gras i'w chyflawni. Dywedodd Iesu wrth ei ddisgyblion mai ei fywyd Ef oedd gwneud ewyllys y Tad. Dyma ddylai fod yn uchelgais pob Cristion ym mhob man bob amser.

Dwyn ffrwyth
Nes i ni ddod at Grist rŷn ni fel y darn arian colledig yn Luc 15. Ni all Duw ein defnyddio a'n 'gwario' i'w ddibenion mawr Ef. Dywedodd Paul wrth Philemon fod y caethwas Onesimus wedi dod yn wirioneddol fuddiol ers iddo ddod at Grist. (Ystyr Onesimus yw 'buddiol'.) Yn ôl geiriau Iesu Grist yn Ioan 15 mae'n disgwyl i'w ddisgyblion ddwyn ffrwyth a mwy o ffrwyth (ad.2), ac yna lawer o ffrwyth (5 ac 8).

Cynyddu
Does dim byd yn waeth na Christion statig. Pan nad yw planhigyn yn tyfu'n iawn, awn ati i geisio'i helpu â rhyw wrtaith neu fwyd arbennig. Pan na fydd plentyn yn datblygu'n iawn byddwn yn rhoi llawer o fwyd a fitaminau iddo, ac os bydd rhaid, awn ag ef at y meddyg. Mae'r un peth yn wir gyda'r Cristion. Dylem dyfu mewn gwybodaeth, amgyffrediad, gras, cariad a ffrwythau eraill yr Ysbryd.

Grymuso
Dylai fod nerth arbennig yn nodweddu'n bywydau bob dydd. Mae'r bywyd Cristnogol yn amhosib i'w fyw yn ein nerth ein hunain. Mae fel ceisio symud car heb betrol neu long hwyliau heb wynt. Wrth ysgrifennu at y Philipiaid mae Paul yn sôn am 'rym ei atgyfodiad'. Mae'r un grym a gododd Grist o'r bedd ar waith yn y Cristion, sef grym yr Ysbryd. Faint ohonom sydd yn byw fel rhywun yn gwthio'r car er bod petrol ynddo?

Hirymaros
Mae'r gair Cymraeg 'hirymaros' yn wych. Mae'n awgrymu aros am amser sylweddol. O ran natur gallwn fod yn hynod o ddiamynedd, yn disgwyl popeth ar unwaith ac yn colli'n tymer os na ddigwydd hynny. Mae'n awgrymu goddef treialon yn dawel a dirwgnach. Mae'n golygu tynerwch a goddefgarwch di-ben-draw. Mae'n anodd cael y balans rhwng llawenydd ac amynedd, ond rŷn ni'n byw yn y byd fel plant y nef, yn byw yn y nos fel pobl y wawr, gan ddisgwyl dyfodiad ein Harglwydd.

Diolchgarwch
Dylai diolch nodweddu'r Cristion bob amser. Mae pob diwrnod yn gyfle newydd i fynegi'n diolch i'r Arglwydd a'n cododd o bydew pechod ac a osododd ein traed ar y graig a hwyluso'n cerddediad i'r nef a'r ddaear newydd.
Beth am ddefnyddio patrymau Paul wrth eiriol dros ein gilydd?

"Peidiwch â dweud celwydd wrth eich gilydd, gan eich bod wedi diosg yr hen natur ddynol, ynghyd â'i gweithredoedd, ac wedi gwisgo amdanoch y natur ddynol newydd, sy'n cael ei hadnewyddu mewn gwybodaeth ar ddelw ei Chreawdwr." (Col. 3:9–10)

Dyma anogaeth hyfryd gan yr apostol Paul i Gristnogion Colosae sylweddoli pwy ydyn nhw fel Cristnogion, sef pobl newydd â natur newydd yng Nghrist.

Dillad newydd!

Fel arfer mae'n plant wrth eu bodd â dillad newydd. Mae rhywbeth cynhyrfus am gael gwisg newydd ar gyfer tymor newydd neu ryw barti neu achlysur arbennig arall.

Mae Paul yn defnyddio'r darlun yma i ddisgrifio bwriad Duw ar gyfer ei blant, sef eu gweddnewid i fod yn debyg i Iesu Grist yn y pen draw. Mae wedi paratoi cymeriad newydd, siwt newydd i ni yng Nghrist, ac mae'n awyddus i ni ei gwisgo yn lle hen garpiau'r natur bechadurus naturiol sydd gennym.

Tynnu'r hen

Weithiau cawsom drafferth gyda rhai o'r plant wrth geisio'u perswadio i daflu hen ddillad tyllog. Ambell dro roedd hi'n hen drowsus, at y pengliniau bron, a dim ond yn megis cyrraedd y canol, wedi colli ei liw ac wedi ei drwsio ganwaith. Ond roedd yn gyfforddus! Roedd yn braf! Roedd yn hen drowsus. Falle fod hynny'n ddarlun ohonom ni, a'r hen nodweddion pechadurus sydd wedi bod gyda ni ers cymaint o amser. Mae Paul yn rhestru'r 'hen ddillad' y mae angen eu diosg er mwyn gwisgo'r newydd:

Puteindra, amhurdeb, nwyd, blys a thrachwant

Mae'n sôn am rannau ohonom neu 'aelodau', fel aelodau o'r corff efallai. Mae'r darlun o ddillad yn dal yn addas, gan fod ffefrynnau fel petaen nhw wedi glynu wrthym.

Mae puteindra'n cyfeirio'n sylfaenol at berthynas rywiol anghyfreithlon, sef y tu allan i briodas. Mae'n pwysleisio gweithredoedd drwg yn y maes yna.

Mae'r gweithredoedd drwg yn tarddu o feddyliau drwg sydd y tu ôl i'r nesaf, sef amhurdeb. Er bod hyn yn tarddu yn y galon, mae'n rhedeg i'r bwriadau hefyd. Mae tueddiad y galon yn arwain at feddyliau a gweithredoedd drwg, ac mae hynny'n amlwg o'r ddwy nodwedd bechadurus nesaf, sef nwyd a blys. Mae'r rhain yn disgrifio'r agwedd o fynnu cael rhywbeth i ni ein hunain er ei fod yn anghywir ac yn ddrwg. Ac mae'r un olaf yn crynhoi'r cwbl, sef trachwant, y pechod o chwennych y cyfeirir ato yn y Deg Gorchymyn. Mae Paul yn galw hyn yn eilunaddoliaeth, oherwydd bod y syched am gyflawnder mewn mannau mae Duw yn gwahardd yn ein harwain i geisio bodlonrwydd yn rhywle heblaw yn Nuw ei hun.

Digofaint, llid, drygioni, cabledd, bryntni a chelwydd
Mae'n debyg bod digofaint yn fwy mewnol, tra bod y nodweddion sy'n dilyn yn dod â'r pechod i'r wyneb ac yn y diwedd mae'n niweidio eraill. Mae llid yn dymer fawr sy'n berwi drosodd, ac mae drygioni yn golygu gwneud neu ddweud rhywbeth dim ond er mwyn brifo cymydog neu beri drwg iddynt. Mae'r ddau nesaf yn awgrymu trais geiriol i dynnu lawr a dinistrio person arall. Mae dweud celwydd wrth rywun yn gwneud yn fach iawn ohono.

Gwisgo'r newydd

Mae rhestr nodweddion y natur newydd sy'n eiddo i ni ac ar gael i ni yng Nghrist yn hyfryd. Dyma ddillad newydd sy'n gweddnewid person.

Bu amser pan oedd rhaglenni teledu yn cynnig 'makeover' i bobl er mwyn newid eu delwedd. Rhan o hyn oedd newid eu wardrob gyfan. Dyna gynllun Duw i ni trwy gael ein llenwi â'i Ysbryd Glân.

Mae'r nodweddion hyn yn dangos yr hyn mae'n ei olygu i garu ein cyd-ddyn mewn gwirionedd. Mae'r rhain yn nodweddion Crist-debyg sy'n dangos agwedd gwas tuag at ein gilydd fel saint a thuag at eraill hefyd. Mae 'tynerwch calon' yn cychwyn yn y tarddiad eto. Os nad yw'r galon yn iawn, allwn ni byth gweithredu'n debyg i'n Harglwydd. Dim ond Ysbryd Crist all roi'r tynerwch hwn yn ein calonnau at y bobl anodd, gas, galed ac elyniaethus y down ar eu traws weithiau. Yn dilyn hyn daw agwedd dirion a gostyngedig lle dyw person ddim yn ei orfodi'i hunan a'i ddymuniadau ar eraill. Mae addfwynder ac amynedd i'w gweld yn glir yn Iesu Grist yn ei ffordd o weinidogaethu a'i ymddangosiad yn y byd. Os yw'r Arglwydd mor hirymarhous gyda ni, gall Ef roi i ni'r hiramynedd yna tuag at ein gilydd. Mae diffyg maddeuant yn gwbl anaddas i'r sawl sy'n byw arno bob dydd. Y got fawr dros yr holl ddillad yw cariad sydd yn dymuno i arall ac yn ymwneud ag arall yn ôl yr hyn y byddem ni'n dymuno ei gael ein hunain.

Diolch am ddillad newydd Crist. Boed i ni gael gras bob dydd i'w gwisgo.

"Goddefwch eich gilydd, a maddeuwch i'ch gilydd os bydd gan rywun gŵyn yn erbyn rhywun arall; fel y maddeuodd yr Arglwydd i chwi, felly gwnewch chwithau." **(Col. 3:13)**

Yn yr adran hon o'i lythyr at y Colosiaid mae'r apostol Paul yn dangos sut mae ffydd yn Iesu Grist yn dwyn ffrwyth yn ein bywyd bob dydd. Os nad oes ôl gras Duw ar ein bywyd ymarferol, mae lle mawr i gredu na chawsom brofiad real ohono yn y lle cyntaf. Felly, mae person sydd yn honni ei fod wedi profi maddeuant gan y Tad nefol am ei holl bechodau, ond nad yw'n fodlon maddau i'w gymydog, yn gwadu'r ffydd mewn gwirionedd.

Mwrdwr a maddeuant

Yn Rhagfyr 2005 bu achos llys yn Lerpwl lle cafodd Michael Barton a Paul Taylor eu dedfrydu i garchar am oes am lofruddio bachgen 17 oed o'r enw Anthony Walker. Yr oedd Anthony yn fachgen croenddu, yn Gristion o deulu Cristnogol o Tarbock, Glannau Mersi. Gwrthododd gyfle i gymryd rhan mewn treialon pêl-fasged gyda thîm Lloegr am fod y treialon yn cael eu cynnal ar y Sul. Ar y pryd gwelodd a chlywodd llawer iawn o bobl ei fam, Gee, yn siarad ar y cyfryngau yn ystod y cyfnod erchyll yna o'i bywyd.

Ymosodiad hiliol

Roedd Anthony wedi bod yn gwarchod ei nai gyda'i gariad Louise Thompson y noson honno, ac yna dyma fe'n ei hebrwng adref gyda'i gefnder Marcus Binns. Wrth ddisgwyl am fws, daeth Michael Barton allan o dafarn gerllaw yn gweiddi'n groch â geiriau dirmygus a hiliol. Penderfynodd y triawd ffoi at yr arosfan bws nesaf, ond collwyd y bws ac wrth i Barton a Taylor nesáu mewn car, dyma ffoi trwy strydoedd culion, ac wrth ruthro trwy barc roedd y ddau yn aros amdanynt ar eu cwrcwd. Ymosododd y ddau ar Anthony a phlannodd Taylor fwyell rew – yr oedd wedi ei phrynu mewn siop fynydda yng Nghymru – yn ei ben. Ffodd ei gariad mewn ofn ac aeth ei gefnder i geisio help mewn tai cyfagos.

Galar

Mae'n anodd iawn mesur a disgrifio maint y galar roedd y teulu yna'n ei deimlo ar y pryd. Fel tad sydd â phlentyn yn y chweched dosbarth, roedd dychmygu'r profiad yn peri rhyw drai emosiynol, tywyllwch meddwl a phoen calon i mi. Os yw hynny'n digwydd yn y dychymyg, pa mor boenus yw'r profiad go iawn? Disgrifiad syml ei fam oedd bod ei chalon wedi ei rhwygo, ac na fyddai byth yn dod yn gyfan eto. Bu am hir yn dal i baratoi platiad o fwyd i'w mab er na fyddai byth eto'n dod at y bwrdd i'w fwyta. Serch hynny, dywedodd y teulu eu bod yn benderfynol o fynd ymlaen â'u bywyd gan gadw darn o Anthony yn eu calonnau am byth.

Maddeuant

Un o nodweddion mwyaf syfrdanol yr achos hwn oedd bod Gee Walker wedi dweud yn gyhoeddus ei bod yn maddau i'r llofruddion hiliol. Wrth sôn am hyn fe ddywedodd: "Ydw i'n maddau iddynt? Wrth iddo farw dywedodd Iesu, 'Rwy'n maddau iddynt am na wyddant beth maen nhw'n wneud.' Rhaid i mi faddau iddynt; dwi'n dal i faddau iddynt." Dywedodd hefyd fod maddeuant yn mynd i'w chadw rhag troi'n sur a chwerw.

Roedd yn ysgytwad bendigedig i mi i glywed geiriau fel 'na ar y cyfryngau a'r papurau cenedlaethol. Dyna dystiolaeth wefreiddiol i rym Efengyl Crist, Efengyl gras a thrugaredd. Roedd yn dangos nifer o bwyntiau pwysig i mi:

Bod perthynas bersonol â Christ yn fwy na geiriau neis mewn capel saff. Roedd y geiriau hyn yn cael eu llefaru allan o ddyfnder poen arteithiol.

Bod y wraig yma'n profi nerth a rhyddhad wrth gyhoeddi maddeuant, er ei bod yn costio'n ddychrynllyd o ddrud iddi. Roedd hynny'n f'atgoffa i na fyddai'r Arglwydd byth yn gorchymyn i ni wneud dim a fyddai'n gwneud mwy o ddrwg i ni.

Mae'n cadarnhau i mi fod yr Arglwydd Iesu yn fyw heddiw, ac mai ei Ysbryd Glân oedd yn galluogi'r wraig yna i wneud y fath ddatganiad.

Roedd yn ennyn edmygedd mawr ynof tuag at Gee Walker, gan nad ydw i'n gwybod sut byddwn i'n ymateb yn y fath sefyllfa.

Diolch

Diolch nad theori yw Efengyl Iesu Grist na Gair Duw chwaith. Doedd Paul ddim yn sôn am faddau i'n gilydd fel rhywbeth o fyd arall, byd ffantasi. Wrth gwrs, fydden ni ddim yn disgwyl person oedd heb brofi blas maddeuant i faddau fel hyn; yn wir, all neb wneud hyn yn ei nerth ei hun. Serch hynny, pan mae person wedi derbyn Ysbryd Glân Crist i drigo yn ei galon, dyma'r math o ffrwyth sydd yn deillio o'i bresenoldeb gyda ni.

"oherwydd nid ar air yn unig y daeth atoch yr Efengyl yr ydym ni yn ei phregethu, ond mewn nerth hefyd, ac yn yr Ysbryd Glân, a chydag argyhoeddiad mawr. Fe wyddoch chwithau hefyd pa fath rai oeddem ni yn eich plith, ac er eich mwyn chwi." **(1 Thes. 1:5)**

Dyma un o lythyron cynharaf yr apostol Paul sydd yn y Beibl. Mae wedi ei gyfeirio at Gristnogion ifanc iawn Thesalonica. Yn yr adnod hon mae Paul yn eu hatgoffa sut y daeth yr Efengyl yn brofiad ac yn fywyd newydd iddynt. Os ydym ni wedi cael ein haileni, mae'r un peth yn wir amdanom, ac os ydym am weld yr Efengyl yn llwyddo eto, rhaid i'r un peth ddigwydd yn y dyfodol hefyd. Gwelwn saith elfen hanfodol er mwyn i'r Efengyl drawsnewid person:

Ein Hefengyl

Dyma honiad rhyfeddol gan yr apostol a dyma'r cyfieithiad llythrennol, nid fel y mae yn y Beibl Cymraeg Newydd Diwygiedig (cymh. BWM – 'ein Hefengyl ni'). Fe ddaw yn Efengyl i ni os cawn ein hachub drwyddi, a hefyd caiff ei hymddiried i ni i'w throsglwyddo i eraill (2 Cor. 5:19). Hefyd caiff ei galw yn 'efengyl Duw' oherwydd mai Duw yw ei hawdur; gelwir hi yn 'Efengyl Crist, oherwydd mai Crist yw canolbwynt y cyfan; gelwir hi yn Efengyl ogoneddus Crist, am ei bod yn dangos ei ogoniant; mae'n 'Efengyl eich iachawdwriaeth', am ei bod yn cyfleu newyddion da iachawdwriaeth ac achubiaeth dynoliaeth; mae'n 'Efengyl heddwch neu dangnefedd', am iddi arwain pechadur i heddwch â Duw ac i brofi tangnefedd Crist yn ei galon; yn olaf caiff ei disgrifio fel 'Efengyl dragwyddol' am ei bod yn newyddion da i dragwyddoldeb maith.

Atoch chi

Doedd yr Efengyl ddim i aros fel profiad byw ac eiddo i Paul a'r apostolion eraill yn unig. Roedd i gael ei rhannu'n eang iawn. Mae'r Efengyl fel golau cannwyll, wrth ei rhannu dyw hi ddim yn lleihau ond yn cynyddu. Gwaith parhaus Eglwys Iesu Grist yw mynd â'r Efengyl at bobl a chymunedau. Dyna beth hyfryd yw gweld yr Efengyl yn cydio mewn unigolyn, mewn teulu, neu hyd yn oed mewn pentref neu dref.

Ar air

Fe ddaw'r Efengyl drwy air. Mae Duw wedi datguddio'i feddwl i ni yn y Gair – sef y Beibl. Galwyd Iesu Grist yn Air a wnaethpwyd yn gnawd. Rhaid defnyddio geiriau – ar lafar neu mewn print – i rannu'r newyddion braf. Ein braint ni yw 'cyhoeddi', 'pregethu' a defnyddio 'ymadrodd' i rannu'r Efengyl. Eto i gyd, dyw gair yr Efengyl ddim yn ddigon ynddo'i hun.

Nerth hefyd

Y gair Groeg yw 'dunamis' sydd wedi rhoi 'deinameit' i ni. Mae'r nerth yma yn yr Efengyl fel y mae yn Nuw ei hun. Mae'n 'allu Duw', mae'n 'had anllygredig', ac mae'n fyw a grymus fel cleddyf llym daufiniog. Os cyhoeddwn Air Duw yn ffyddlon fe wnaiff ei waith. Mae ganddo'r gallu i ddwysbigo'r gydwybod, i arwain at dröedigaeth ac i gysuro. Serch hynny, mae nerth allanol arall yn hanfodol i'r Efengyl fod yn effeithiol i achub.

Yn yr Ysbryd Glân

Nid yn unig roedd nerth cynhenid yn yr Efengyl roedd Paul yn ei phregethu roedd nerth yn dod ar yr Efengyl hefyd. Gwelodd a phrofodd y Thesaloniaid nerth mewnol y Gair gyda nerth allanol y Diddanydd arall. Mae'n bosib cyhoeddi 'holl gyngor Duw' heb rym yr Ysbryd arno. Cymaint mwy yw'r effaith pan mae'r pregethwr a'r gennad wedi eu heneinio â'r Ysbryd Glân. Mae angen i'r pregethwr ei baratoi ei hunan, ac mae angen i'r saint weddïo'n ddyfal.

Argyhoeddiad mawr

Mae'r sicrwydd yma'n golygu bod i bregethu Paul awdurdod aruthrol. Arweiniodd hyn, o dan fendith yr Ysbryd, at argyhoeddiad yn y galon a'r meddwl ymhlith y gwrandawyr. Mae angen dirfawr am y math yma o bregethu a chyhoeddi heddiw. Beth yw'r canlyniadau? Mae'r bobl yn cael eu tynnu i hoelio'u sylw ar y neges; daw ymateb gwirioneddol i'r genadwri; does dim lle i fod yn ddifater; mae pobl yn cael eu newid. Mae arwyddion gweledig ym mywydau pobl fod Duw ar waith a bod yr Arglwydd Iesu yn fyw.

Sut roeddem yn eich plith?

Beth yw arwyddocâd hyn? Nid yn unig daeth yr Efengyl mewn Gair a nerth mewnol ac allanol, gyda sicrwydd mawr, ond hefyd roedd bywydau'r cenhadon yn cyd-fynd â'r Gair. Nid clywed y Gair yn unig a wnaeth y Thesaloniaid, ond ei weld hefyd ym mywydau Paul a Silas, a rhywun arall o bosib. Roedd bywyd y negeswyr yn addurno athrawiaeth Crist.

Gadewch i ni anelu at gyflwyno'r Efengyl fel hyn, a gadewch i ni weddïo i'r perwyl hwn hefyd.

"Gweddïwch yn ddi-baid." **(1 Thes. 5:17)**

Dyma un o anogaethau cyffredinol a doeth yr apostol Paul wrth gloi ei lythyr cyntaf at y Thesaloniaid.

Er bod gweddi yn syml, er bod gweddi yn rymus ac iddi bosibiliadau diben-draw, mae'n haws esgeuluso gweddi na dim arall yn y bywyd Cristnogol. Mae'r Arglwydd Dduw yn ein hannog i'w geisio ac yn addo ein hateb: **"Galw arnaf, ac atebaf di; mynegaf i ti bethau mawr a dirgel na wyddost amdanynt."** (Jer. 33:3)

Gallwn ddweud, felly, fod dwy ochr i weddi, yr ochr ddynol a'r ochr ddwyfol, yr ochr sydd yn gofyn a'r ochr sydd yn ateb. Mae gweddi yn digwydd rhwng dau berson, sef dyn a Duw. Gallwn ddweud hefyd, felly, fod gweddi yn amodol – ni ddaw ateb os na weddïwn. **"Nid ydych yn cael am nad ydych yn gofyn."** (Iago 4:2)

Yr ochr ddynol

Beth yw'n rôl ni mewn gweddi? Nid yw'n broses anodd a chymhleth; does dim fformiwla arbennig i'w dysgu. Yn ôl y ddau air yn Jeremeia 33, mae angen **'galw arnaf".** Felly, galw ar Dduw yw gweddi, creadur yn galw ar ei Greawdwr, plentyn yn galw ar ei dad.

Gwreiddyn gweddi. Ble mae gweddi'n cychwyn? Ydy gwir weddi'n cychwyn gyda'r gweddïwr? Na, yn fanwl gywir, mae gweddi'n cychwyn gyda Duw. Ef sydd yn cymryd y cam cyntaf, a thrwy'r Ysbryd Glân mae'n peri i ddyn fod yn gyfrwng i'r cais: **"Yn yr un modd, y mae'r Ysbryd yn ein cynorthwyo yn ein gwendid. Oherwydd ni wyddom ni sut y dylem weddïo, ond y mae'r Ysbryd ei hun yn ymbil trosom ag ocheneidiau y tu hwnt i eiriau."** (Rhuf. 8:26)

Galw mewn gweddi. Beth all fod y symlach na galw ar yr Arglwydd? **"Ceisiwch yr Arglwydd tra gellir ei gael, galwch arno tra bydd yn agos."** (Es. 55:6) Dyma ryfeddod. Pwy all ddychmygu'r Frenhines yn ein hannog i alw arni pryd bynnag y dymunwn?

Gobaith gweddi. Gall *unrhywn un* weddïo (Rhuf. 10:12–14), ynglŷn ag *unrhyw beth* (Marc 11:24), yn *unrhyw le* (Math. 18:19–20) *unrhyw bryd* (1 Thes. 5:17).

Yr ochr ddwyfol

Pryd bynnag mae dyn yn ymateb i wahoddiad Duw i 'alw,' daw ymateb gan Dduw yn syth. Mae'n amhosib gweddïo a pheidio â chael ateb. Dyna'r addewid yn Jeremeia 33. Pa fath o ateb gallwn ei ddisgwyl gan Dduw?

Ateb diamheuol
Gall fod yn gadarnhaol. Pan weddïodd gwas Abraham am arweiniad ynglŷn â gwraig i Isaac, gwelodd Rebeca cyn iddo orffen gweddïo. (Gen. 24:15)

Ateb gwahanol
Fe ddaw'r ateb ond bydd yn wahanol i'r cais a'r disgwyl. Dywedodd yr Arglwydd wrth Paul am fyw gyda'r swmbwl yn y cnawd a phrofi nerth Duw yn cael ei berffeithio mewn gwendid. (2 Cor. 12)
Gohirio. Pa mor aml y teimlwn nad yw Duw yn clywed? Ond mae ganddo'i amserlen ei hun. Bu mam John Newton yn gweddïo dros ei mab hyd ei marwolaeth, ac ni welodd mohono'n dod i ffydd; ond clywodd Duw ei gweddi.
Gwrthod. Gweddïodd Elias am gael marw (1 Bren. 19:4) ond gwrthodwyd ei gais, diolch byth. Mae Duw yn gwybod beth yw ei fwriad a'i ewyllys, er na ddeallwn ni ei wrthodiad weithiau.

Ateb personol
Addewid yr Arglwydd yw **"atebaf di."** Datguddiad o'r Arglwydd ei hun yw'r ateb mwyaf i weddi – nid y fendith a ddymunwn, ond cymundeb a chymdeithas ddyfnach gyda'r Bendithiwr ei hun.

Ateb gweladwy
Addewid Duw yw: **"mynegaf i ti bethau mawr"**. Mae'r Arglwydd Iesu yn addo y bydd ein Tad nefol yn talu i ni **"yn yr amlwg."** (Math. 6:6) Nid saethu saethau i'r gwagle yw gweddi; ond ceisio gorsedd gras Duw gyda materion penodol, pendant, a derbyn atebion sydd yn cyfateb i'r ceisio hynny.

Ateb nerthol
Mae'r addewid yn Jeremeia yn sôn am ddangos i ni bethau **"mawrion, a chedyrn,"** neu **"cuddiedig"** (BCN). Hynny yw, pethau sydd y tu hwnt i wybodaeth a gallu dynol. Sawl gwaith mae Duw yn ateb gweddi yn y Beibl trwy wneud yr amhosibl? Fe arhosodd yr haul yn hirach nag arfer yn nyddiau Josua (Jos. 10:12–14). Agorodd Duw groth Hanna mewn ymateb i'w gweddi daer (1 Sam. 1:10–11). Ataliwyd y glaw trwy gais Elias (1 Bren. 17:1). Rhyddhawyd Pedr o garchar gyda help angel mewn ymateb i weddi'r eglwys (Act.12:5). Dyma ychydig enghreifftiau hanesyddol i'n herio ni.

Ateb rhyfeddol
Dywed Jeremeia 33:3: y bydd Duw yn dangos i'w bobl bethau **"na wyddost amdanynt."** Mae hyn yn ein harwain i ddisgwyl ateb rhyfeddach nag erioed o'r blaen. Dywed Effesiaid 3:20 y gall Duw ateb y tu hwnt i'n deisyfiadau a'n dychmygion (fel digwyddodd yn Actau 12 !). Mae Duw yn fodlon gwneud yn ôl ei allu.

"A dyma air i'w gredu, sy'n teilyngu derbyniad llwyr: 'Daeth Crist Iesu i'r byd i achub pechaduriaid.' A minnau yw'r blaenaf ohonynt." **(1 Tim.1:15)**

Dyma adnod hyfryd sy'n gyfarwydd i lawer ohonom. Mae'n crynhoi calon yr Efengyl ac yn dangos diolch gostyngedig Paul am y gras a'r trugaredd yr oedd wedi eu derbyn.

Cyd-destun

Mae Paul wedi bod yn rhybuddio Timotheus ynglŷn â gau-athrawon oedd yn creu hafoc yn Eglwys Iesu Grist. Yna yn adnod un ar ddeg mae Paul yn cyfeirio at yr Efengyl **"a ymddiriedwyd i mi"**. Wrth gofio am yr ymddiriedaeth fawr yma a gawsai gan yr Arglwydd Iesu ar y ffordd i Ddamascus, mae'n torri allan i ddiolch i Dduw. Wrth ddisgrifio'r trugaredd rhyfeddol yr oedd ef wedi ei dderbyn, mae'n crynhoi'r Efengyl ogoneddus â'r geiriau hyn sydd yn destun i ni.

Daeth Crist Iesu

Mae trefn yr enwau yn cyfleu ystyr Paul o Dduw yn dod yn ddyn. Roedd y rhyfeddod hwn yn arwain at ryfeddod arall. Dywed Williams Pantycelyn mai'r rhyfeddod mwyaf erioed oedd 'gweld yr anfeidrol ddwyfol fod, yn gwisgo natur dyn.' Mae Paul yn cyplysu'r rhyfeddod o weld Duw mewn cnawd, yn blentyn bach, yn ddyn ymhlith dynion a gafodd ei gamddeall, ei sarhau a'i groeshoelio â rhyfeddod arall, sef bod hyn er mwyn pechaduriaid - er mwyn eu hachub o'r gwrthryfel yn erbyn Duw oedd yn mynd i'w damnio, a'u troi yn gredinwyr a charwyr a gweision ffyddlon i Dduw.

Achub pechaduriaid

Mae hyn yn ein hatgoffa o ystyr enw Iesu a'r rheswm y rhoddwyd yr enw iddo, sef y byddai'n achub ei bobl oddi wrth eu pechodau.

Mae pechod yn beth mor ddifrifol yng ngolwg Duw nes bod yn rhaid iddo anfon ei unig Fab i fod yn Waredwr inni. Ac nid yw Paul wedi anghofio'i bechodau ei hun chwaith. Er ei fod yn siŵr o faddeuant a chyfiawnhad, mae'n dal i'w alw ei hun yn bechadur – yn y presennol – '**A minnau yw'r blaenaf ohonynt**'.

Cablu

Mae'n cofio iddo daflu geiriau poeth a dig at Gristnogion a'u cyhuddo o droseddu yn erbyn Duw, er mai ef oedd y troseddwr mewn gwirionedd.

Erlid

Roedd wedi manteisio ar bob dull a modd oddi mewn i gyfraith yr Iddew i ddileu Cristnogaeth ac eglwys Crist. Roedd yn bygwth dilynwyr Iesu ac yn defnyddio llythyron swyddogol i'w carcharu, a gorau oll pe baent yn colli eu bywydau.

Sarhau

Mae'r gair yn un cryf ac yn golygu dangos sadistiaeth ddirmygus. Mae'n golygu brifo a dwyn gwarth ar berson, a hynny am ddim rheswm ond er pleser i'r sawl sy'n gwneud y drwg.

Y blaenaf

Dyma'r gair sydd gennym mewn teitlau fel 'prif weinidog' neu 'prifardd.' Mae hyn yn nodweddiadol o Paul sydd hefyd yn gweld ei hun fel y 'lleiaf o'r apostolion' a'r 'llai na'r lleiaf o'r holl saint.' Nid oedd am anghofio'i orffennol am sawl rheswm:

Roedd hyn yn siŵr o'i gadw rhag balchder ysbrydol. Ar ôl ei dröedigaeth ysgrifennodd John Newton, awdur 'Amazing Grace', yr adnod hon mewn llythrennau bras uwchben y lle tân yn ei stydi: **"Cofia mai caethwas fuost tithau yng ngwlad yr Aifft, a bod yr Arglwydd dy Dduw wedi dy waredu."** Ei eiriau olaf oedd: 'Rwyf fi'n bechadur mawr ac mae Crist yn Waredwr mawr.'

Roedd cofio'i bechodau yn siŵr o gadw diolchgarwch Paul yn gynnes. Dyma ffordd dda o gadw'n cariad a'n defosiwn i'n Harglwydd yn effro. Ysgrifennodd y Piwritan Thomas Goodwin am y ffordd y byddai'n ei ddiogelu ei hun rhag oerni calon at y Gwraedwr a'i waith: 'Byddwn yn mynd am dro yn ôl ac ymlaen rhwng pechodau fy ngorffennol, a byddwn bob tro yn dychwelyd â chalon ddrylliog a chystuddiedig, yn barod i bregethu maddeuant pechodau fel petai am y tro cyntaf.'

Roedd cofio'i orffennol a'r gras a gawsai yn siŵr o symbylu Paul i ymdrech pellach o blaid y Gwaredwr. Er na allwn byth dalu nôl am ein hachubiaeth, mae pob Cristion yn awyddus i ddangos ei ddiolchgarwch yng ngwasanaeth gwirfoddol y disgybl i'w Feistr caredig.

Roedd achubiaeth Paul yn siŵr o fod yn galondid ac yn obaith i eraill. Mae'n dweud yn adnod 16 ei fod yn: **"batrwm i'r rhai fyddai'n dod i gredu ynddo a chael bywyd tragwyddol."** Os oedd Duw wedi gwneud hyn yn hanes Paul, fe all ei wneud yn hanes unrhyw un. Mae hyn yn galondid mawr i ni wrth weddïo a thystio i eraill. Mae mor hawdd digalonni a meddwl na ddaw person i gredu oherwydd bod eu pechodau yn fawr ac amser yn carlamu ymlaen – ond mae'r adnod hon yn cynnal ein gobaith.

"A rhaid inni'n unfryd gyffesu mai mawr yw dirgelwch ein crefydd: 'Ei amlygu ef mewn cnawd, ei gyfiawnhau yn yr ysbryd, ei weld gan angylion, ei bregethu i'r Cenhedloedd, ei gredu drwy'r byd, ei ddyrchafu mewn gogoniant.'" **(1 Tim. 3:16)**

Dyma adnod sydd yn ymddangos fel rhan o emyn cynnar yn yr Eglwys Fore. Mae'n tanlinellu pwysigrwydd gwaith ac ymddygiad Eglwys Iesu Grist oherwydd bod rhyfeddod aruchel yr Efengyl wedi ei ymddiried iddi.

Cyd-destun

Mae Paul wedi cynghori Timotheus ar nifer o faterion pwysig. Mae wedi ei rybuddio rhag athrawon gau; mae wedi sôn am yr addoliad cyhoeddus; mae wedi sôn wedyn am bwy sydd yn gymwys i swyddogaethau allweddol yn yr eglwys, fel esgob a diacon. Rhoddodd hyn ar bapur mewn llythyr rhag ofn na fyddai'n gallu bod gyda Timotheus mor fuan ag yr oedd yn dymuno. Mae wedi pwyso arno i ddyfalbarhau yn ddiwyd yn y gwaith pwysig o arwain Eglwys Dduw, sef colofn a sylfaen y gwirionedd.

Mae'r geiriau hynny'n dangos cyfrifoldeb aruthrol yr Eglwys i ddiogelu'r Efengyl, ei throsglwyddo'n gywir ac i ymddwyn mewn ffordd sydd yn gydnaws â hi.

Dirgelwch duwioldeb

Mae Paul yn defnyddio'r gair 'dirgelwch' yn weddol aml yn ei epistolau. Nid yw'n golygu pos neu god cymhleth sydd ar gael i'r sawl sy'n ddigon galluog i'w datrys. Dyna yw syniad y *Da Vinci Code,* a dyna oedd syniad rhai o'r Gnosticiaid yn amser y Testament Newydd.

Y dirgelwch ym meddwl Paul yw'r gwirionedd a fyddai tu hwnt i ni, ond sydd wedi ei ddatguddio gan Dduw ar ein cyfer. Prif ddatguddiad Duw ohono'i hun, wrth gwrs, oedd ei Fab, Iesu Grist. Wrth ysgrifennu at y Colosiaid mae'n dweud fod **"holl drysorau doethineb a gwybodaeth yn guddiedig"** yn y Gwaredwr.

Ymddangos mewn cnawd

Mae'r frawddeg yn sôn am Dduw (a amlygir) a chnawd, ac mae hynny'n dangos dwy natur Iesu Grist, y ddwyfol a'r ddynol. Er bod modd gwahaniaethu rhwng Duw a chnawd, maent yn un yn Iesu Grist. Mae'r gwahaniaeth rhwng Duw a dyn yn aruthrol, eto yng Nghrist fe welwn ogoniant annherfynol Duw wedi ei asio wrth ein cnawd marwol, nes bod y ddau yn dod yn un.

Dwy natur mewn un Person
Yn anwahanol mwy,
Mewn purdeb heb gymysgu
Yn eu perffeithrwydd hwy. *Ann Griffiths*

Ei gyfiawnhau yn yr ysbryd

Mae'n ymddangos yma bod cymhariaeth rhwng cnawd ac ysbryd. Ymddangosodd gerbron y byd mewn cnawd, ond cafodd ei gyfiawnhau gan Dduw yn ei ysbryd, pan ddywedodd y Tad ei fod yn fodlon ynddo a'i fod am i eraill wrando'n ofalus arno. Hefyd, cafodd ei ddangos yn gyfiawn yn ei weithredoedd nerthol, ysbrydol o fwrw allan ysbrydion aflan. Cafodd ei gyfiawnhau pan godwyd ef o'r bedd trwy nerth yr Ysbryd. Hefyd roedd dyfodiad yr Ysbryd Glân yn brawf o'i ddyrchafiad at y Tad ac iddo gael ei gyfiawnhau ganddo.

Ei weld gan angylion

Roedd rhyfeddod ymddangosiad Duw er mwyn achub dyn yn ddirgelwch i'r angylion hefyd. Dyma bethau, medd Pedr **"y mae angylion yn chwenychu edrych arnynt."** (1:12)

Mae'r Efengyl i bob cenedl yn arddangosfa o ddoethineb ysblennydd Duw trwy'r Eglwys **"i'r tywysogaethau a'r awdurdodau yn y nefoedd,"** medd Paul wrth yr Effesiaid. Mae hyn yn awgrymu angylion syrthiedig a gwrthwynebus yn ogystal â rhai oedd yn weision ffyddlon i Dduw.

Ei bregethu i'r Cenhedloedd

Mae Paul yn cyfeirio at y dirgelwch hwn yn arbennig yn yr epistol at yr Effesiaid: **"Dyma'r dirgelwch: bod y Cenhedloedd, ynghyd â'r Iddewon, yn gyd-etifeddion, yn gyd-aelodau o'r corff, ac yn gydgyfranogion o'r addewid yng Nghrist Iesu trwy'r Efengyl."** (3:6) Roedd hyn yn sylfaenol i gomisiwn mawr ein Harglwydd i'w eglwys, ac mae'r gair hwn yn cael ei gyflawni o hyd wrth i'r Newyddion Da gael eu rhannu â phob llwyth a gwlad ac iaith.

Ei gredu trwy'r byd

Er bod ein 'byd' ni heddiw yn fwy na'r hyn oedd yn wybyddus yn nyddiau Paul, mae'r gosodiad yn dal yn wir. Er bod rhai gwledydd yn fwy 'Cristnogol' nag eraill, mae credinwyr trwy'r byd cyfan. Mae'n gynhyrfus meddwl am Eglwys gyfan Crist yn dod ynghyd pan fydd Ef yn dod i'w phriodi yn ei ailddyfodiad.

Ei ddyrchafu mewn gogoniant

Nid cyfeirio at ei esgyniad a'i ddyrchafiad at ddeheulaw'r Tad bryd hynny mae hyn i mi. Mae rhywbeth mwy cyflawn a therfynol i'r gosodiad rywsut. Dyma'r amser pan fydd pawb yn ei weld fel Brenin Brenhinoedd ac Arglwydd Arglwyddi, a phan fydd pob glin yn plygu a phob tafod yn ei gyffesu yn Arglwydd. Dyma pryd bydd popeth wedi ei ddarostwng o dan ei draed.

Dyma adnod hyfryd sy'n crynhoi llawer o'r Efengyl mewn ychydig eiriau.

"Y mae'r rhai sydd am fod yn gyfoethog yn syrthio i demtasiynau a maglau, a llu o chwantau direswm a niweidiol, sy'n hyrddio pobl i lawr i ddistryw a cholledigaeth." **(1 Tim 6:9)**

Dyma Paul yn annog Timotheus i lynu wrth y ddysgeidiaeth iachusol yr oedd yn ei atgoffa ohoni yn ei epistol. Roedd gau athrawon yn pentyrru rheolau ar ysgwyddau Cristnogion gan eu harwain yn ôl o dan ormes ddeddfol. Roedd y rhain yn gweld yr Efengyl fel ffordd i wneud elw ariannol mawr ar draul eraill. Yn yr adnod hon mae'n dangos yn glir beth yw peryglon erchyll addoli arian – na all fyth roi gwir ryddid inni rhag temtasiwn, trachwant a phechod yn gyffredinol. Mae cymaint yn meddwl y daw sicrwydd mawr gyda chyfoeth mawr, ac ateb i holl broblemau bywyd gyda balans sylweddol yn ein cyfrif. Faint sydd yn breuddwydio am baradwys trwy ennill y loteri?

Craig sigledig mewn tymhestloedd

Bu banc y Northern Rock yn flaenllaw yn y newyddion yn niwedd 2007. Aeth y banc at Fanc Lloegr i ofyn am help ariannol gan fod y gronfa fenthycion rhwng banciau a'i gilydd wedi sychu ar y pryd. Roedd hyn yn ei gwneud yn anodd i'r Northern Rock gynnig benthycion newydd.

Gwrthodwyd y cais gwreiddiol gan Mervyn King, rheolwr banc Lloegr, ac fe greodd hyn banig i nifer o bobl. Roedd cwsmeriaid y banc yn poeni y byddent yn colli eu harian petai'r banc yn mynd i'r wal, ac felly gwelsom giwiau hir y tu allan i ganghennau'r banc gyda chynilwyr yn mynnu tynnu eu pres allan er bod y banc yn taeru nad oedd angen gofidio.

Hefyd fe syrthiodd gwerth y cyfranddaliadau yn syth, ac mewn dim yr oeddent wedi disgyn i tua chwarter eu gwerth blaenorol. Aeth rhai buddsoddwyr ati'n syth i werthu eu siâr yn y banc yn ogystal, ac roedd yr ysgrifen ar y mur i'r Graig o'r Gogledd.

Byd ansicr

Mae hyn yn ein hatgoffa o wirionedd poenus, sef ein bod yn byw mewn byd ansicr a bregus. Gan fod 'safon byw' wedi codi'n raddol ers yr Ail Ryfel Byd, mae perygl i ni anghofio'r gwirionedd sylfaenol nad oes dim byd yn gwbl sicr yn y byd hwn, **"oherwydd nid yw cyfoeth yn para am byth." (**Diar. 27:24)

Gwir Gyfoeth

Dywed y Testament Newydd fod gwir gyfoeth i'w gael yn yr Arglwydd Iesu

Grist. Roedd eglwys Laodicea, yn ei chyfoeth materol, wedi gwthio Crist allan, fel petai. O ganlyniad doedd hi ddim yn gyfoethog yng ngolwg Duw, ond **"yn dlawd, yn ddall, yn noeth"** fel cardotyn.

Felly mae'r Gwaredwr yn dweud wrth yr eglwys am ailddarganfod y cyfoeth rhagorach oedd ganddo Ef iddi: **"Felly, cynghoraf di i brynu gennyf fi aur wedi ei buro trwy dân, iti ddod yn gyfoethog, a dillad gwyn i'w gwisgo, i guddio gwarth dy noethni, ac eli i iro dy lygaid, iti gael gweld."** (Dat.3:18)

Y person sydd wir yn gyfoethog yw'r sawl sy'n meddu ar "**gyfiawnder a heddwch a llawenydd yn yr Ysbryd Glân.**" (Rhuf.14:17) Pwy all fesur gwerth cael ein derbyn yn llawn gan Dduw fel rhai cyfiawn, drwy gael ein gwisgo â chyfiawnder Iesu Grist, a hynny trwy ymddiried yn ei aberth trosom ar y groes? Os ydym yng Nghrist mae gennym heddwch â Duw – dyna drysor amhrisiadwy. Yn dilyn hyn fe gawn wir lawenydd o fod yn blant Duw ac yn etifeddion gogoniant tragwyddol. Mae hon yn etifeddiaeth **"na ellir na'i difrodi, na'i difwyno, na'i difa."** Ac ni fydd angen poeni am dreth etifeddol chwaith!

Arian

Beth am arian, felly? Dywed awdur Diarhebion 30:8: **"Paid â rhoi imi dlodi na chyfoeth; rhag imi deimlo ar ben fy nigon, a'th wadu, a dweud, 'Pwy yw'r Arglwydd?' Neu rhag imi fynd yn dlawd, a throi'n lleidr, a gwneud drwg i enw fy Nuw."** Dyma eiriau doeth mewn gwirionedd.

Rhaid cofio bod angen arian arnom, ond rhaid cofio hefyd beryglon ariangarwch a thrachwant a chybydd-dod.

Rhaid cofio na all arian brynu ffafr i ni gan Dduw. (Diar. 11:4)

Rhaid peidio â ffafrio'r cyfoethog yn yr eglwys. (Iago 2:1–4)

Mae ymddiried yn llwyr ynddo'n arwain at fagl a chwymp. (Diar. 11:28)

Trysori trysor

Onid yw geiriau bugeiliol ein Harglwydd yr un mor gyfoes a pherthnasol ag erioed? **"Peidiwch â chasglu ichwi drysorau ar y ddaear, lle mae gwyfyn a rhwd yn difa, a lle mae lladron yn torri trwodd ac yn lladrata. Casglwch ichwi drysorau yn y nef, lle nad yw gwyfyn na rhwd yn difa, a lle nad yw lladron yn cloddio trwodd nac yn lladrata."** (Math. 6:19–20)

Diolch am rybuddion y Gair i'n cadw rhag cael ein dinistrio oherwydd trachwant ariannol.

"O ganlyniad, yr wyf yn dy atgoffa i gadw ynghynn y ddawn a roddodd Duw iti, y ddawn sydd ynot trwy arddodiad fy nwylo i." **(2 Tim. 1:6)**

Dyma'r apostol Paul profiadol, yn ei ddyddiau olaf, yn rhoi anogaeth i weinidog iau, sensitif a gwangalon, i sefyll o blaid y ffydd Gristnogol, ac yn y ffydd honno, mewn sefyllfa anodd yn Effesus.

Mae Paul yn ei chwedegau hwyr ac mewn carchar tamp yn Rhufain; mae'n dod at ddiwedd ei fywyd, ac fel rhedwr mewn ras gyfnewid mae'n pasio'r batwn ymlaen i'r rhedwr nesaf, sef Timotheus.

Mae Paul yn annog ei olynydd i afael yn dynn yn yr Efengyl, i ddysgu a throsglwyddo'r Efengyl i athrawon eraill, ac i bregethu a chyhoeddi'r Efengyl hefyd.

Diolch dyddiol

Cyn dod at yr anogaeth ei hun, mae'r apostol wedi mynegi ei ddiolch i Dduw am Timotheus fel brawd yn y Ffydd. Mae'n siŵr ei fod yn cofio'i ddagrau a'r gwahanu ar y traeth ym Miletus (Act. 20:37). Mae'n diolch i'r Arglwydd am ei anwyldeb, a'r cydweithio agos gyda Paul o blaid yr Efengyl. Mae'n diolch am ei gefndir, fod ffydd ei nain a'i fam wedi dod yn eiddo personol iddo yntau hefyd.

Dylem ni hefyd ddiolch i Dduw am ein cyd-Gristnogion yng Nghymru heddiw, pob un sydd yn adnabod yr Arglwydd Iesu, yn ei garu, ac yn glynu wrtho. Gadewch i ni werthfawrogi ein gilydd, gadewch i ni ymdrechu yn wastadol dros ein gilydd mewn gweddi. Fel y dywedodd rhywun rywdro: "Os ydych chi am roi rhywun i lawr, rhowch e lawr ar eich rhestr weddi."

Dawn Duw

Pan dderbyniwn yr Ysbryd Glân fel rhodd, fe ddaw â rhoddion gydag ef. Mae'r doniau ysbrydol yn rhoddion i Gristnogion i'w defnyddio er lles ac adeiladaeth Eglwys Crist, ac eraill, ac er clod i'r Arglwydd. Rhodd yr Ysbryd i Timotheus oedd bod yn weinidog. Dyma restr o ddoniau'r Ysbryd y cawn gyfeiriad atynt yn y Testament Newydd:

Apostolion	Trugarhau	Proffwydo	Gwyrthiau
Gweinidogion	Cynorthwyo	Efengylwyr	Tafodau/cyfieithu
Cynghori (annog)	Doethineb	Cyfrannu	Gwybodaeth
Llywodraethu (gweinyddu)		Ffydd	

Mae Paul yn annog Timotheus i beidio ag esgeuluso'i ddawn. Mae'n ei gymharu â thân y mae angen ei wylio a rhoi glo neu goed arno'n gyson rhag iddo ddiffodd. Mae dau berygl gyda doniau: gallwn eu claddu (fel yn Nameg y Talentau) neu fe allwn fynd yn falch a gorfodi'r ddawn i'n gogoneddu ni, yn hytrach na'r Arglwydd Iesu Grist.

Mae'n debyg mai perygl Timotheus wrth i Paul ysgrifennu ato oedd claddu ei ddawn.

Beth yw rhodd yr Ysbryd i ti? Wedi i ni ddarganfod ein dawn (neu'n doniau), gadewch i ni eu defnyddio'n ddiwyd er lles Eglwys Crist ac er gogoniant yr Hwn a'n carodd ac a'i rhoes ei hun trosom.

Dynameit Duw

Mae Paul yn cyfeirio at nerth Duw ddwywaith yn adnodau 7–8. Mae'n gwneud hyn i galonogi Timotheus. Y gair Groeg am nerth yw 'dunamis' sydd wedi rhoi'r gair 'dynameit' i ni, ymhlith geiriau eraill. Mae Ysbryd nerthol Duw yn trigo yn Timotheus. Dyma nerth yr Efengyl sy'n cael ei disgrifio yn adnodau 9–10. Mae'r adnodau'n cyfleu i mi ddarlun o becyn achubol Duw i'n hachub ni.

Byddwn yn clywed yn aml am becyn achubol i achub rhyw gwmni neu'i gilydd sydd mewn trafferthion economaidd. Wel roedd gan Dduw becyn i achub dynoliaeth, gan fod un o bwyllgor gwaith y nef (Satan) wedi ceisio meddiannu'r cwmni mewn cystadleuaeth â Duw, ac wedi denu'r gweithwyr o dan ei adain. Cynllun Duw oedd anfon ei Fab ei hun i herio Satan ac i glirio dyledion enbyd y gweithwyr a'u denu nôl i wasanaeth y Duw mawr. Gallem nodi pedwar cam i'r cynllun:

1. Lluniwyd y cynllun 'cyn dechrau'r oesoedd' gan fod Duw yn rhagweld beth fyddai'n digwydd. Felly doedd gweithredoedd dynion ddim yn amod i'w hachubiaeth.
2. Yn yr Hen Destament dangosodd Duw fodelau o'r cynllun (y Tabernacl a'r Deml), dangosodd bortffolio (system yr aberthau a'r seremonïau), gwnaeth gyflwyniadau a rhagfwriadau trwy'r proffwydi. Gwelwn fod pobl wedi dod i gredu yng Nghrist trwy'r cyflwyniad hwn hyd yn oed.
3. Yna daeth Crist yn llawn gras a gwirionedd. Cafwyd arwyddion gras yn ei weinidogaeth – yn atgyfodi'r meirw, yn iacháu'r dolurus, ac yn bwrw allan gythreuliaid, arwyddion o gynllun deinamig Duw i achub dynion rhag marwolaeth, dolur a chaethiwed pechod. Yna rhoes ei fywyd ar y groes i glirio dyledion pechod.
4. Y pedwerydd cam yw galwad yr Ysbryd Glân i bechadur. Dyma sydd yn dod â'r cynllun i'n bywyd ni. Mae hon yn alwad sanctaidd am ei bod yn alwad gan Dduw sanctaidd, ac yn alwad i fod yn sanctaidd. (1 Pedr 1:16)

Gadewch i ni ymroi i ddefnyddio'n dawn neu'n doniau i wasanaethu Crist a'i bobl yn nerth yr Ysbryd Glân.

"Ond glŷn di wrth y pethau a ddysgaist, ac y cefaist dy argyhoeddi ganddynt. Fe wyddost gan bwy y dysgaist hwy, a'th fod er yn blentyn yn gyfarwydd â'r Ysgrythurau sanctaidd, sydd yn abl i'th wneud yn ddoeth a'th ddwyn i iachawdwriaeth trwy ffydd yng Nghrist Iesu." **(2 Tim. 3:14–15)**

Yn yr adnodau hyn mae Paul yn annog Timotheus i ddal ati yn ei yrfa trwy gofio esiampl y rhai sydd wedi rhedeg ras y Ffydd o'i flaen, a thrwy gofio pa mor hanfodol yw Gair Duw iddo.

Bwrw golwg yn ôl

Mae Paul yn ei gynnig ei hun fel esiampl o rywun sydd wedi rhedeg ei gymal o'r ras gyfnewid cyn Timotheus. Gallwn grynhoi ei esiampl yn ddau bwynt:

Ufudd-dod gweithredol

Mae'r apostol yn cyfeirio at ei ddysgeidiaeth a'i ffordd o fyw (10). Mae'n amlwg nad oedd geiriau cywir ddim yn ddigon heb y gweithredoedd. **"Ni all coeden dda ddwyn ffrwyth drwg, na choeden wael ffrwyth da."** (Math. 7:18)

Mae'n sôn am ei *ymroddiad,* (a phwy all wadu ymroddiad y dyn a deithiodd gymaint ag a ddioddefodd gymaint o blaid yr Efengyl). Mae'n cyfeirio at ei *ffydd* – sef ei fod yn rhodio trwy ffydd ac nid trwy olwg. (Bu'n rhaid iddo bwyso'n drwm ar yr Arglwydd yng Nghorinth a chael gweledigaeth i'w alluogi i gario mlaen, yn ôl Actau 18:9–10.) Mae'n cofio'i *amynedd,* sef ei amynedd gyda phobl a chydag amgylchiadau gwrthwynebus iawn.

Yna ei *gariad* at y saint, ei genedl a'r colledig: **"Felly yn ein hoffter ohonoch, yr oedd yn dda gennym gyfrannu i chwi, nid yn unig efengyl Duw, ond nyni ein hunain hefyd" (**1 Thes. 2:8); **"Fy mrodyr, ewyllys fy nghalon, a'm gweddi ar Dduw dros fy mhobl, yw iddynt gael eu dwyn i iachawdwriaeth.** (Rhuf. 10:1)

Ufudd-dod goddefol

Mae Paul wedyn yn atgoffa Timotheus am ei erlidiau a'i ddioddefiadau. Cafodd ei fwrw allan o Antiochia oherwydd cenfigen yr Iddewon, a bu bwriad i'w labyddio yn Iconium. Wrth ysgrifennu at y Corinthiaid mae'n rhestru nifer o'i dreialon: **"...yng ngharchar, dan y fflangell yn fwy mynych, mewn perygl einioes dro ar ôl tro. Pum gwaith y cefais ar law'r Iddewon y deugain llach ond**

un. Tair gwaith fe'm curwyd â ffyn, unwaith fe'm llabyddiwyd, tair gwaith bûm mewn llongddrylliad, ac am ddiwrnod a noson bûm yn y môr..." (2 Cor. 11:23–25). Mor bwysig yw ein trwytho'n hunain yn hanes saint y Beibl a hanes diweddarach.

Bwrw gwreiddiau yn y Gair

Yna mae Timotheus yn cael ei annog i gofio cyfarwyddyd y Duw a'i galwodd i redeg ras yr Efengyl. Mae Paul yn ein hatgoffa o dri pheth pwysig am yr Ysgrythur yn adnodau 15–16:

Gorwel y gair

Pwrpas y Gair yw ein gwneud yn ddoeth i iachawdwriaeth, ac aeddfedrwydd gweithredoedd da. Y nod yw gwneud dyn Duw yn gyflawn (pan ddaw'r cymalau at ei gilydd). Roedd hyn yn gwneud i mi feddwl am gar: mae angen ffrâm, *suspension*, corff, injan, system drydan ac yn y blaen. Os yw am fod yn ddefnyddiol rhaid cael y cwbl. Felly, mae ein cyflawnder ni yn dibynnu ar ein gwybodaeth a'n hufudd-dod i'r Gair dwyfol.

Gwreiddyn y Gair

Mae'r Ysgrythur yn tarddu yn Nuw. Mae'r geiriau **'ei hysbrydoli gan'** yn golygu'n llythrennol ei fod wedi ei anadlu allan gan Dduw, nid bod Duw wedi anadlu ar waith dyn. Mae'n dod o **'enau Duw'** ac mae'r ymadrodd yna'n digwydd 50 o weithiau yn yr Hen Destament. Un enghraifft yw Numeri 12:8: **"Wyneb yn wyneb y llefaraf wrtho"** (Moses). Y geiriau gwreiddiol yn Hebraeg yw 'genau wrth enau'. Roedd Duw yn anadlu allan a Moses yn anadlu i mewn, fel petai. Mae'n gwneud i ni feddwl am rywun yn arbed bywyd un arall trwy anadlu 'geg wrth geg' i mewn iddo. Mae 1 Pedr 1:21 yn dweud bod dynion wedi eu cynhyrfu (neu eu symud, neu eu symbylu) gan yr Ysbryd Glân. Gall y gwreiddiol olygu 'eu cario'. Mae'n debyg i awdur yn ysgrifennu; gall ddefnyddio beiro, pensil neu ysgrifbin ac inc o liwiau gwahanol, ond yr un awdur sy'n llywio'r offeryn. Mae'r Beibl yn cynnwys llenyddiaeth amrywiol trwy awduron amrywiol ond Duw oedd yn llywio pob un trwy ei Ysbryd.

Gwaith y Gair

Mae'r gair yn ein **'hyfforddi'**, sef ein dysgu beth sy'n iawn yng ngolwg Duw. Mae hefyd yn ein **'ceryddu',** sef dweud wrthym yr hyn nad yw'n iawn yng ngolwg Duw. Mae'n ein **'cywiro'**, sef ein dysgu sut i newid a dod yn iawn gerbron Duw. Yn olaf, mae'n ein **'disgyblu mewn cyfiawnder',** sef ein dysgu sut i gadw'n iawn gerbron Duw.

Gadewch i ni'n trwytho'n hunain yn y Gair sanctaidd, i fod yn ddoeth i iachawdwriaeth.

Yr wyf wedi ymdrechu'r ymdrech lew, yr wyf wedi rhedeg yr yrfa i'r pen, yr wyf wedi cadw'r ffydd. **(2 Tim. 4:7)**

Dyma eiriau cyfarwydd o eiddo'r apostol Paul. Maen nhw'n rhan o'i anogaeth derfynol i Timotheus. Mae'r apostol yn gorffen ei gymal ef o ras gyfnewid yr Efengyl ac mae'n pasio'r batwn i'w olynydd, fel petai. Wrth wneud hynny, mae'n gweiddi cefnogaeth iddo, yn hytrach nag amsugno cymeradwyaeth y dorf neu fynd am ei fedal yn syth, er ei fod yn disgwyl honno hefyd.

Yr anogaeth

Mae Paul yn annog Timotheus i bregethu'r Gair. Petaen ni'n meddwl am y rhedwyr sy'n cario'r dortsh Olympaidd o un ddinas i'r llall, mae fel petai'n dweud wrth y nesaf am ddal y dortsh yn uchel i roi goleuni i eraill.

Mae'r apostol yn atgoffa'r gweinidog iau nid yn unig i gredu'r Gair ac ufuddhau iddo, nid yn unig i'w warchod rhag llygredd, nid yn unig i ddioddef drosto a dyfalbarhau ynddo, ond hefyd i'w gyhoeddi. Fel herald tref, erstalwm, mae disgwyl iddo gyhoeddi'r newydd da yn eofn.

Nid llew i'w gadw mewn cawell yn y sw mo'r Efengyl! Rhaid ei ollwng yn rhydd.

Sut mae gwneud hyn?

Yn daer

Rhaid bod yn effro i bob cyfle. Cawn ymdeimlad o frys. Ni ddylem gyflwyno'r Efengyl yn ddi-hid heb boeni am ymateb pobl; mae tynged dragwyddol y gwrandawyr yn y fantol. Dywedodd Richard Baxter: "gadewch i bobl weld eich bod o ddifrif calon...Ni allwch dorri calon dynion trwy gellwair â nhw, neu adrodd straeon esmwyth, neu trwy lunio araith liwgar. Wnaiff dynion ddim bwrw ymaith eu holl bleserau ar gais cysglyd un nad yw i bob golwg yn golygu beth mae'n ei ddweud, neu nad yw'n poeni a gaiff ei gais ei ganiatáu." Ar y llaw arall mae'r geiriau **'amynedd di-ball'** yn golygu na allwn orfodi pobl, na thorri corneli er mwyn cael canlyniadau.

Mae'r geiriau **'boed yn gyfleus neu'n anghyfleus'** yn dwyn neges i fugail a phraidd. I'r bugail, mae'n golygu 'dyfalbarhad didrugaredd' yng ngeiriau John Calvin. I'r praidd mae'n golygu dyfalbarhad i dystio ac i ddeffro'r rhai sy'n cysgu'n ysbrydol, i geisio rhwystro'r rhai sy'n rhuthro i'r cyfeiriad anghywir. Mae **'argyhoeddi, ceryddu, calonogi'** yn golygu gadael i'r Gair wneud ei waith. Mae angen cyflwyno a chymhwyso'r gair i'r gwrandawyr. Mae **'hyfforddi'** yn golygu dysgu pobl yng Ngair Duw. Roedd yr Arglwydd Iesu wastad yn dysgu'r bobl – yn wir dyna brif elfen ei weinidogaeth gyhoeddus.

Pam mae Paul yn annog Timotheus (a ninnau) i gyhoeddi'r Gair fel hyn?

Yr ailddyfodiad

Wrth feddwl am ddarlun y dortsh Olympaidd, mae fel petai Paul yn atgoffa Timotheus am y Brenin sydd yn mynd i dderbyn y dortsh ac asesu safon y rhedwyr. Felly, ei blesio Ef yw'r nod ym mhopeth, sef yr Un a'n carodd ac a roes y dortsh yn ein dwylo yn y lle cyntaf. Bydd Ef yn ymddangos cyn hir. Rhaid paratoi dynion i wynebu Dydd y Farn, trwy o leiaf eu rhybuddio.

Rhaid i ni roi ateb am ein parodrwydd i bregethu neu i dystio hefyd. Er bod teyrnas Crist yn anweledig i raddau nawr, cawn ein galw i fyw yng ngoleuni'r amser pan fydd pawb yn gweld ein Brenin Iesu.

Yr amseroedd cyfoes

Mae Paul yn sôn am newid amseroedd. Os na chymerwn afael ar bob cyfle, ac ar unrhyw barch sydd gan ddynion at Dduw a'i Air, daw amser pan na fydd hynny'n bod. Daw amser pan fydd pobl yn casáu'r gwirionedd. Bryd hynny bydd eu clustiau'n cosi a byddant yn disgwyl i bregethwr eu crafu – i ddweud yr hyn sy'n eu siwtio nhw.

Felly, rhaid **'cadw disgyblaeth arnat ti dy hun.'** Yn llythrennol mae hyn yn golygu cadw'n sobr ac nid yn feddw, a pheidio simsanu yn ein bywyd ysbrydol. Mae **'goddef caledi'** yn ein hatgoffa ein bod mewn brwydr ysbrydol, ac y gallwn ddisgwyl brwydrau o bob math.

Mae **'efengylu'** yn ein hatgoffa fod gennym newyddion da o lawenydd mawr, mae gennym neges y mae pobl angen ei chlywed, mae gennym Feddyg sydd ei angen ar bechadur, ac nid yw'r gwir feddyginiaeth yn unman arall.

Mae'r paragraff hwn yn dangos pwysigrwydd agor a chymhwyso Gair Duw i bobl. Dyma waith canolog pob bugail ysbrydol. Rhaid peidio â rhoi i fyny, rhaid dal ein tir a bod yn gadarn, rhaid dal ati i gyflwyno'r Efengyl heb ei newid na tholio arni mewn unrhyw ffordd.

Ar yr un pryd, rhaid i bobl Dduw gynnal y gweinidog ym mhob ffordd bosib, gan ddisgwyl iddo gyflwyno Gair y Bywyd bob amser.

"Fy mwriad wrth dy adael ar ôl yn Creta oedd iti gael trefn ar y pethau oedd yn aros heb eu gwneud, a sefydlu henuriaid ym mhob tref yn ôl fy nghyfarwyddyd iti." **(Tit. 1:5)**

Dyma adnod sy'n rhoi cipolwg i ni ar y gwaith ymarferol o weinyddu'r eglwysi Cristnogol cynnar. Mae'n amlwg bod Paul yn awyddus i fod yn drefnus ac mae'n rhoi cyfarwyddyd i Titus (fel Timotheus) ynglŷn â sut i fynd ati i sicrhau bod arweinwyr addas ym mhob eglwys.

Gostyngeiddrwydd Paul

Mae nifer o bethau'n ein taro wrth ddarllen geiriau Paul yn y darn yma. Mae'n sylweddoli ac yn cyffesu nad oedd wedi gadael yr eglwysi mewn sefyllfa gwbl drefnus ar ôl eu sefydlu. Mae'n cydnabod bod angen help eraill fel Titus i fynd â'r gwaith ymlaen. Felly mae'n fodlon fod yn weithiwr mewn tîm, fel petai. Er bod ganddo sgiliau ac egni amlwg i waith y deyrnas, ni allai gyflawni popeth ei hun. Er bod Titus yn iau nag ef, ac yn is yn yr ystyr nad yw'n apostol, mae Paul yn ei drin fel cyd-weithiwr.

Henuriaid ac esgobion

Yn y bumed adnod mae Paul yn sôn am henuriaid. Mae'r egwyddor o gael dynion cymwys i farnu achosion pobl Dduw yn mynd yn ôl i amser Moses yn yr anialwch. Cafodd help saith deg o henuriaid i ddelio â phroblemau'r bobl o ddydd i ddydd.

Mae'r syniad o esgob neu arolygwr hefyd yn mynd yn ôl i'r Hen Destament, gyda'r dynion oedd yn arolygu gweinyddiad y deml neu waith adeiladu cyhoeddus. (2 Cron. 34:17)

Mae'n amlwg fod yr apostol yn defnyddio'r ddau derm am yr un person gan fod y cymwysterau mor debyg ar gyfer y ddau yn yr epistol yma ac yn 1 Timotheus 3:1–7.

Cymwysterau cadarnhaol

Dyw'r gair 'di-fai' ddim yn golygu dibechod, mae'n amlwg. Mae'n golygu person sydd y tu hwnt i gyhuddiad amlwg cyhoeddus o ran ei ffordd o fyw. Dyw'r eglwys ddim eisiau person y mae'r byd yn medru pwyntio bys ato ynglŷn â materion moesol, fel arweinydd a bugail. Mae'r safon yn uchel ac mae'n rhaid ceisio arweinwyr sydd cyn agosed i'r safon â phosib.

Dyw'r cymhwyster o fod yn 'ŵr un wraig' ddim yn ein taro ni'n rhyfedd, mae'n debyg, er efallai y daw'n fwy arwyddocaol eto yn y dyfodol. Roedd amlwreica mor gyffredin ymhlith Iddewon a Chenedl-ddynion yr oes fel bod dysgeidiaeth Iesu Grist a'r Eglwys Fore yn sefyll allan. Mae gofyn iddo fod yn briod ffyddlon sy'n gwarchod priodas yn ei holl burdeb. Mae'n amlwg hefyd yn wahanol i ddysgeidiaeth yr Eglwys Babyddol sy'n gwahardd eu harweinwyr. rhag priodi.

Mae Paul yn rhoi pwyslais wedyn ar deulu'r arolygwr. Os na all reoli a hyfforddi a disgyblu ei deulu ei hun, sut mae gobaith iddo wneud hynny gydag eglwys Dduw? Roedd disgwyl i'r plant fod yn gredinwyr ac nid yn wastraffus nac yn amhosib eu trin. Mae'r safon yn uchel oherwydd bod y cyfrifoldeb o fod yn stiward ar eglwys Dduw yn fawr. Mae'n cynrychioli Crist, sef Pen yr eglwys, ac mae'n atebol iddo hefyd.

Mae *lletygarwch* yn hynod o bwysig yn y Beibl. Roedd yr Iddewon i fod i dderbyn y dieithryn a'r estron am eu bod nhw eu hunain wedi bod yn estroniaid yn yr Aifft. Roedd rhai wedi lletya angylion yn ddiarwybod wrth agor eu cartref i ddieithriaid.

Gall *caru daioni* olygu sawl peth. Mae rhai'n awgrymu'r ystyr 'caru pethau da' sydd yn gyfieithiad llythrennol. Mae John Calfin yn awgrymu 'un sy'n ymroi i garedigrwydd' ac felly'n dangos yn amlwg un o ffrwythau'r Ysbryd sydd yn ymddangos ym mhob rhestr yn y Testament Newydd.

Mae *cyfiawnder* yn golygu ei fod yn trin pawb yn deg ac yn uniawn, tra bod *sanctaidd* yn adlewyrchu ei berthynas arbennig â'i Dduw. Unwaith eto mae angen y ffrwyth ysbrydol o hunanddisgyblaeth ar gyfer y gwaith o fugeilio praidd Duw.

Mae angen dyn â gafael gadarn ar yr Efengyl a'i hathrawiaethau mawr, ac un sy'n medru cyflwyno'r athrawiaethau mewn ffordd fydd yn adeiladu'r credinwyr. Mae angen bugail all warchod a phorthi'r praidd yn ogystal ag ymlid y bleiddiaid.

Cymwysterau negyddol

Dyw person trahaus ddim yn cael bod yn arweinydd yn nheyrnas Dduw, oherwydd yn ôl Iesu, yr un sydd ag agwedd caethwas yw'r mwyaf yn y deyrnas. Mae gofyn cael arweinydd all osod esiampl o ran ymddygiad, gan ddangos amynedd fel amynedd yr Arglwydd â ni, a hunanreolaeth gyda gwin ac arian (neu fwyd neu unrhyw beth tebyg a dweud y gwir).

Mae safon is-fugeiliaid Iesu Grist yn uchel. Felly mae angen gweddi ddwys wrth ethol swyddogion o'r math yma, a hefyd iddynt gael eu gwarchod yn y gwaith.

"Paul, carcharor Crist Iesu, a Timotheus ein brawd, at Philemon, ein cydweithiwr annwyl, ac Apffia, ein chwaer, ac Archipus, ein cydfilwr; ac at yr eglwys sy'n ymgynnull yn dy dŷ." **(Philem.1:1–2)**

Dyma gyfarchiad Paul wrth agor y llythyr bach hyfryd hwn i Philemon o Golosae. Gallwn ddysgu llawer wrh ddarllen yr epistol hwn, ac fe edrychwn yn arbennig ar Philemon, Paul ac Onesimus, gan weddïo y daw bendith i ni o wneud hynny.

Philemon

Y peth cyntaf, amlwg, i'w ddweud amdano yw ei fod yn Gristion. Mae'r termau mae Paul yn eu defnyddio i'w ddisgrifio yn gwneud hynny'n hollol glir. Roedd ganddo gariad at ei gyd-gredinwyr a ffydd yn Nuw.

Mae'n gyd-weithiwr annwyl. Mae Paul ac yntau yn yr un gwaith, sef gwaith yr Efengyl, gwaith y deyrnas. Mae'n cynnull eglwys yn ei gartref. Gan nad oedd capeli gan yr eglwysi cynnar yr oedd yn beth cyffredin iawn i eglwys gyfarfod mewn tŷ. Os mai ychydig o gredinwyr oedd mewn tref, byddai un cartref yn ddigon, ond os oedd yr eglwys yn fwy neu'n fwy gwasgaredig, byddai angen mwy nag un. Mae'n debyg bod Philemon yn bugeilio'r eglwys hefyd gan ei fod yn llonni calonnau'r saint.

Roedd ganddo was neu gaethwas o'r enw Onesimus. Roedd hwn wedi ffoi ar ôl gwneud tro sâl â'i feistr. Dyw Paul ddim yn dweud beth sydd wedi digwydd, ond efallai fod cliw yn adnod 18 sy'n sôn am gam ac am ddyled, mae nifer o esbonwyr yn awgrymu ei fod wedi dwyn oddi wrth ei feistr.

Dŷn ni ddim yn gwybod beth ddigwyddodd ond mae'n anodd gweld sut gallai Philemon wrthod y fath eiriolaeth.

Paul

Gwelwn Paul yn ysgrifennu ar ran Onesimus er mwyn cael derbyniad yn ôl iddo gan ei feistr. Mae nifer o bwyntiau'n sefyll allan wrth weld doethineb Paul yn ei ffordd o apelio at ei frawd yng Nghrist:

Mae'n ei ddisgrifio'i hun fel carcharor Crist Iesu. O'i gymharu â'r aberth yr oedd Paul yn ei wneud ar ran yr Efengyl, doedd y cais ar ran Onesimus ddim yn llawer.

Mae'n dod at Philemon fel cyfaill sydd yn ei garu ac yn ei edmygu am y ffordd y mae wedi bod yn fendith i Gristnogion eraill.

Roedd dyled Onesimus yn weddol fach wrth ochr dyled Philemon i Paul **"am dy fywyd dy hun."** Mwy na thebyg, Paul a gyflwynodd yr Efengyl i

Philemon a'i arwain at y Gwaredwr.

Wrth dderbyn y caethwas yn ôl yr oedd yn cael person buddiol, oedd wedi dod yn annwyl iawn yng ngolwg Paul. Felly byddai'r meistr o Golosae ar ei ennill o gymryd y ffoadur i mewn eto.

Roedd llaw Duw i'w gweld ar y cyfan. Mae Paul yn gweld rhagluniaeth yn llywodraethu dros yr holl hanes er daioni i bawb.

Roedd Paul yn gofyn am lety cyn hir yng nghartref Philemon. Sut gallai wynebu'r apostol os byddai wedi gwrthod ei gais ar ran y gwas?

Crist

Mae rhyw adlewyrchiad o eiriolaeth yr Arglwydd Iesu trosom ni yng ngeiriau Paul. Wrth i'r Arglwydd eiriol drosom ni yn ein pechod, mae'n dadlau dros rai sydd wedi ffoi ac wedi bod yn anfuddiol. Ef ei hun sydd wedi'n newid ni trwy ei ras, ac mae'n paratoi lle i ni yn y gogoniant.

Onesimus

Er nad yw'r hanes yn fanwl gennym, gallwn weld yn fras beth sydd wedi digwydd. Roedd y dyn yma'n was neu'n gaethwas i Philemon yng Ngholosae. Oherwydd hynny, mae'n debyg ei fod yn gwybod am Paul eisoes, ers iddo fod yn gweinidogaethu yn Asia.

Fe wnaeth ryw gamwri yn erbyn ei feistr. Mwy na thebyg roedd wedi dwyn arian neu eiddo ac wedi ei baglu hi. Ystyr ei enw yn llythrennol yw 'buddiol' ac mae Paul yn chwarae ar y gair hwnnw. Bu'r caethwas yn anfuddiol wrth droi'n lleidr ac yn ffoadur, ond bellach mae'n fuddiol i bawb.

Yn fwriadol neu'n ddamweiniol, ond yn sicr trwy ragluniaeth Duw, mae wedi landio yn Rhufain ac yng nghwmni Paul. Mae'r apostol wedi ei arwain at Grist yn y carchar, yn ôl adnod 10.

Daeth yn gymorth mawr i Paul, ac yn annwyl iawn yn ei olwg fel brawd yng Nghrist. Mae'n ei gymeradwyo'n frwd wrth ei ddychwelyd adref. Mae Paul yn mynd mor bell â dweud ei fod yn rhan ohono. Mae'r gwreiddiol yn gryfach fyth lle mae Paul yn ei ddisgrifio fel 'fy ymysgaroedd', neu i ni heddiw, 'fy nghalon'.

Dyma Gristnogaeth ar waith. Sut gallwn sôn am gymod â Duw os na allwn gymodi â dynion? Does dim pwynt disgwyl maddeuant ein Tad nefol os na fyddwn ni'n maddau i'n dyledwyr. Diolch am Efengyl gras, a boed iddi gael cyfle i weithio allan yn ein bywydau ni bob dydd.

"Mewn llawer dull a llawer modd y llefarodd Duw gynt wrth yr hynafiaid trwy'r proffwydi, ond yn y dyddiau olaf hyn llefarodd wrthym ni mewn Mab." **(Heb 1:1)**

Dyma eiriau agoriadol yr epistol at yr Hebreaid. Dŷn ni ddim yn gwybod pwy oedd awdur dynol y llythyr, ond mae stamp Gair Duw yn glir arno. Mae'r llythyr wedi ei anfon at Gristnogion Hebreig, sef Iddewon oedd wedi derbyn Iesu fel Meseia.

Thema ganolog yr epistol yw Iesu Grist, ei berson a'i waith gogoneddus. Pwy ydyw? Tragwyddol Fab Duw a ddaeth yn ddyn er mwyn ein rhyddhau o'n pechodau.

Cawn bortread seithblyg ohono yn adnodau dau a thri y bennod gyntaf:

Etifedd pob peth

Dywed adnod 2 ei fod wedi ei benodi yn etifedd popeth gan Dduw'r Tad. Mae llawer o bobl wedi etifeddu tai a thiroedd, cwmnïau busnes a stadau anferth, ond bydd etifeddiaeth Iesu Grist yn cwmpasu'r holl greadigaeth. Yn ôl yr ail salm dywedodd Duw wrth ei Fab y bydd yn rhoi iddo'r **'cenhedloedd yn etifeddiaeth, ac eithafoedd daear yn eiddo iti.'** (ad.8).

Does dim rhyfedd bod y Beibl yn sôn cymaint am etifeddiaeth fawr i'r Cristion, sydd yn gyfaill ac yn frawd neu'n chwaer i'r Arglwydd Iesu.

Yr un y gwnaeth (y Tad) y bydysawd drwyddo

Trwy Grist y crëwyd y bydoedd. Dywed pennod gyntaf Ioan na wnaethpwyd dim ag a wnaethpwyd hebddo Ef. Dywed Paul wrth y Colosiaid mai **"ynddo ef y crëwyd pob peth, pethau gweledig a phethau anweledig, gorseddau, arglwyddiaethau, tywysogaethau ac awdurdodau".** (1:16) Mae'n ychwanegu fod popeth wedi ei greu trwyddo ac er ei fwyn.

Cawn y syniad o Dad a Mab yn gwneud prosiect mawr arbennig gyda'i gilydd. Wrth iddynt weithio, mae'r Tad yn sicrhau ei Fab fod y cyfan iddo Fe cyn hir.

Disgleirdeb ei ogoniant

Petaen ni'n cymharu Duw â'r haul, Crist fyddai'r pelydrau sy'n dod â goleuni a chynhesrwydd a bywyd i ni. Felly mae'n cyfleu i ni oleuni gogoniant Duw, ei berffeithrwydd a'i fawrhydi. Mae gogoniant Duw i'w weld yn yr un a ddywedodd **'myfi yw goleuni'r byd.'** Mae torheulo yn llewyrch Iesu Grist yn feddyginiaeth ac yn iechyd i'r enaid, tra bydd ei wres yn llosgi'r balch a'r drygionus. (Mal. 4:1) Mae cilio oddi wrtho yn golygu rhodio yn y tywyllwch, tra bod y sawl sydd yn nesáu ato mewn gonestrwydd edifeirwch a ffydd yn rhodio yn y goleuni.

Stamp sylwedd Duw arno

Y gair Groeg sy'n cael ei gyfieithu 'stamp', neu 'gwir lun' ym Meibl William Morgan, yw 'charakter.' Roedd y gair yn dynodi delw person neu ei stamp ar ddarn o arian dyweder. Mae Iesu Grist yn dangos sylwedd Duw. Er nad y Tad yw'r Mab, mae'n llythrennol debyg iddo, ac yn ddelw ohono. Nid delw farw o farmor fel cerfluniau Michelangelo, na ffurf lonydd fel delw Lloyd George ar Faes Caernarfon, ond mynegiant gweledig o'r Duw anweledig. Mae rhai nwyon yn gallu bod ar ffurf nwy anweledig neu hylif. Allwn ni ddim gweld y nwy ond gallwn weld yr hylif, wrth gwrs.

Mae'n cynnal pob peth

Nid yn unig mae Iesu'n etifedd y bydysawd ac yn Greawdwr, mae'n Gynhaliwr iddo hefyd. Ef sydd yn dal popeth at ei gilydd. Ef sydd yn ei reoli a'i lywodraethu yn y pen draw: **"Y mae ef yn bod cyn pob peth, ac ynddo ef y mae pob peth yn cydsefyll."** (1 Col. 1:17) Mae cymaint yn poeni am dymheredd y blaned ac am lefel y môr, ac mae'n amlwg bod yn rhaid i'r rhain fod o fewn ystod arbennig. Mae'r Arglwydd yn cynnal ac yn cadw popeth yn ei le felly. Ef yw'r 'Atlas' go iawn sy'n dal y cyfan.

Mae wedi puro ein pechodau

Mae'r gosodiad yma yn y gorffennol. Cwblhawyd y gwaith o gyflawni puredigaeth ein pechodau pan lefarodd Iesu y gair 'gorffennwyd' ar y groes. Does dim angen Purdan na dim aberth neu offrwm arall chwaith i'n cyflwyno'n lân gerbron Duw, dim ond credu yn y gwaith mae Crist wedi ei gwblhau.

Mae'n eistedd mewn awdurdod

Mae eistedd ar law dde brenin yn golygu cael lle o rym ac awdurdod arbennig. Mae'r Arglwydd Iesu yn dweud ar ddiwedd Efengyl Mathew: **"Rhoddwyd i mi ... bob awdurdod yn y nef ac ar y ddaear."** (28:18) Hefyd bydd y rhai cyfiawn yn Nydd y Farn yn cael eu gosod ar law dde'r Brenin Mawr, tra bydd yr anghyfiawn ar y chwith iddo.

Dyma bortread rhyfeddol o'r Arglwydd Iesu Grist. Mae'n Arglwydd ac yn Dduw i'w addoli a'i wasanaethu ac i ymddiried yn llwyr ynddo. Onid yw'n rhyfeddod anhygoel mai hwn a ddaeth yn Waredwr ac yn Frawd i bechaduriaid fel ni?

"pa fodd y dihangwn ni, os esgeuluswn iachawdwriaeth mor fawr?" **(Heb. 2:3) (BCN)**

Mae'r cwestiwn mawr yma'n gwestiwn heb ateb. Sut mae modd dianc rhag cyfiawnder Duw os ydym yn anwybyddu ei gynnig o achubiaeth?

Iachawdwriaeth fawr

Dyma'r peth mawr y mae Duw wedi ei baratoi ar ein cyfer ni – iachawdwriaeth. Beth yw ystyr y gair 'iachawdwriaeth'? Ai person crefyddol sydd ag iachawdwriaeth? Ai dweud ein pader yw cael iachawdwriaeth? Ai mynd i'r nefoedd ar ôl marw yw iachawdwriaeth?

Mae Dameg y Ddafad Golledig yn Luc 15:3–7 yn help i ni. Pan aeth y ddafad ar goll, yr oedd yn bell oddi wrth y bugail, yn crwydro'n ddiamcan ac mewn perygl. Yna daeth y bugail o hyd iddi, ei chodi ar ei ysgwyddau, ei chario a'i gosod yn ôl ymhlith y praidd i gael ei bugeilio'n ddiogel. Mae iachawdwriaeth yn golygu'r broses o gael hyd i bechadur nes iddo gyrraedd y gogoniant. Dyma'r iachawdwriaeth sydd 'mor fawr':

Roedd cariad mawr y tu ôl iddi:

O dragwyddol iachawdwriaeth / yn yr arfaeth gafodd le,
I gyfodi plant marwolaeth / i etifeddiaeth bur y ne':
Cariad bore, mor ddiddechrau / ag yw hanfod Tri yn Un,
yn cofleidio meibion Adda / yn yr Alpha mawr ei hun. *Pantycelyn*

Talwyd pris mawr amdani. Fe gostiodd achubiaeth pechadur yn ddrud i Dduw. Bu'n rhaid iddo anfon ei unig Fab i'r byd. Daeth Crist i'n gwasanaethu ac i ddioddef a marw yn ein lle. Mae'r iachawdwriaeth y tu hwnt i bris ariannol dynol, oherwydd cawsom ein prynu â gwerthfawr waed Crist.

Mae ei bendithion yn fawr. Mae iachawdwriaeth Crist yn cynnwys popeth ar gyfer ein heneidiau anghenus. Mae'n rhoi maddeuant llawn, bywyd tragwyddol, llawenydd a gorfoledd, glanhad, tangnefedd, gras ac etifeddiaeth yn y nef.

Perygl mawr

Un o'r peryglon mwyaf i bob person yw esgeuluso achubiaeth Duw. Gallwn grynhoi ymateb pobl i'r Efengyl i dri, ac mae pawb yn gwneud un o'r rhain wrth glywed Efengyl gras:

Gwrthod Mae hyn yn benderfyniad bwriadol i wrthod cynnig Crist i ddod ato am esmwythdra i'r enaid trwy edifeirwch a ffydd. Mae'n benderfyniad mawr.

Derbyn Mae'n golygu clywed, credu a chofleidio'r newyddion da. Mae'n ymateb cadarnhaol trwy edifarhau a rhedeg at Grist am noddfa. Dyma sydd yn rhoi'r hawl i ni ddod yn blant i Dduw.

Esgeuluso Dyma ymateb gwahanol i'r ddau gyntaf mewn ffordd. Nid yw'r person sy'n esgeuluso yn gwrthod yn fwriadol ac yn bendant, ond nid yw'n derbyn chwaith. Mae'r unigolyn yma'n ddi-hid am iachawdwriaeth ei enaid. Efallai ei fod yn mynychu capel, ond nid yw wedi rhoi blaenoriaeth i geisio Duw trwy Iesu Grist, i'w osod ei hun yn ddiogel yn ei freichiau ac i wneud yn siŵr o ddod i berthynas iawn â Duw.

Mae hwn yn berygl mawr. Mae'n hawdd bod yn rhy brysur, cael ein llygad-dynnu gan waith, pleser, cartref a chant a mil o bethau eraill, pethau cyfreithlon ynddyn nhw eu hunain. Ond mae esgeuluso yn beryglus. Mae esgeuluso'n corff yn beryglus; mae esgeuluso'n gwaith a'n busnes yn mynd i greu trafferthion; mae esgeuluso'n cartref, neu'r car, neu'r ardd yn mynd i ddangos mewn amser.

Mae'r un peth yn union yn wir am yr enaid. Mae esgeuluso'r enaid yn mynd i ddangos i dragwyddoldeb!

Problem fawr

Sut mae dianc os anwybyddwn iachawdwriaeth Duw? Oes modd datrys y broblem hon? Oes ffordd arall o iachawdwriaeth heb Grist? Nac oes! Does dim ffordd arall at y Tad ond trwy Iesu Grist.

Mae'n gymaint o broblem fel na all Duw na dyn ei datrys. Oes dihangfa rhag digofaint Duw? Yn ôl Ioan 3:36 mae digofaint Duw yn aros ar y sawl sydd heb gysgodi yng Nghrist: **"pwy bynnag sy'n anufudd i'r Mab, ni wêl fywyd, ond y mae digofaint Duw yn aros arno."** Sut mae dod yn rhydd o gondemniad Duw ar ein pechod heb gredu yn ei Fab? **"Nid yw neb sy'n credu ynddo ef yn cael ei gondemnio, ond y mae'r sawl nad yw'n credu wedi ei gondemnio eisoes, oherwydd ei fod heb gredu yn enw unig Fab Duw."** (Ioan 3:18) Sut mae osgoi gwrthodiad y Brenin mawr os nad ydym wedi derbyn ei gynnig grasol? **"Yna fe ddywed wrth y rhai ar y chwith, 'Ewch oddi wrthyf, chwi sydd dan felltith, i'r tân tragwyddol a baratowyd i'r diafol a'i angylion."** (Math. 25:41)

Wyt ti mewn perygl o golledigaeth dragwyddol oherwydd esgeulustod pur mewn perthynas ag iachawdwriaeth Duw? Beth am roi blaenoriaeth i faterion ysbrydol dy fywyd? Beth am geisio Duw tra galler ei gael Ef?

"Dyna pam nad oes arno gywilydd eu galw hwy'n berthnasau iddo'i hun." **(Heb. 2:11)**

Crist ein Cefnogwr

Sut mae adnabod cefnogwr da? Wel am un peth, does arno ddim cywilydd dangos pa dîm mae'n ei gefnogi. Mae'n awyddus iawn i'w uniaethu ei hun â'i dîm. Bydd rhai yn gwisgo gwallt mawr o'r un lliw â'u clwb. Bydd eraill yn cael paentio'u hwynebau yn y lliwiau. Bydd nifer fawr yn gwisgo crys neu sgarff neu gap y tîm, a bydd y rhai mwyaf eithafol yn cael tatŵ o fathodyn y tîm.
Mae'r cymal yma yn ein hatgoffa nad oedd gan y Crist gywilydd ohonom ni'r ddynoliaeth, ond ei fod wedi uniaethu â ni trwy ddod yn un ohonom. Mae Duw wedi **"anfon ei Fab ei hun, mewn ffurf debyg i'n cnawd pechadurus ni, i ddelio â phechod."** (Rhuf. 8:3)

Cefnogi collwyr

Wrth ofyn i blant a phobl ifanc o bryd i'w gilydd pwy maen nhw'n ei gefnogi, yr ateb fel arfer yw Chelsea, Man Utd, Lerpwl, neu un arall o'r timoedd sydd ar y brig. Does neb yn hoffi cefnogi tîm sydd yn colli o hyd.

Rhyfeddod cefnogaeth Crist i ni yw ei fod yn golygu cefnogi collwyr, sef pechaduriaid sydd wedi colli perthynas iawn â Duw oherwydd pechod Adda ac Efa. Dywed yr Arglwydd ei hun ei fod wedi dod i geisio ac i achub *y colledig.*
Mae llawer o glybiau pêl-droed heddiw yn wynebu anawsterau ariannol. Mae rhai o'r clybiau eithaf mawr wedi suddo oherwydd eu bod yn fethdalwyr. Pwy sydd eisiau ymwneud â chlwb felly? Wel, mae Crist wedi'i uniaethu ei hun â dyledwyr wrth ddod yn ddyn ac yn arbennig wrth gymryd ein pechodau ar y groes. Daeth Ef yn dlawd drosom ni, er mwyn ein cyfoethogi.

Mae rhai clybiau'n wynebu cyhuddiadau cyfreithiol weithiau hefyd, a dyw hynny ddim yn eu gwneud nhw'n ddeniadol. Mae ein pechod yn ein gosod o dan gondemniad y Ddeddf, gan fod pechod yn dorcyfraith. Felly mae Mab Duw wedi'i uniaethu ei hun â throseddwyr, a hynny er mwyn eu hachub o'u pechodau.

Y cefnogwr

Clywais gyfweliad ar raglen radio rai blynyddoedd yn ôl gyda chefnogwr Leeds United. Roedd y dyn yma wedi cefnogi'r clwb ers deugain mlynedd heb fethu'r un gêm, boed yn gêm gynghrair, yn gêm gwpan, yn y wlad yma neu yn Ewrop!! Dyna chi gefnogwr. Roedd wedi bod gyda nhw trwy bob math o sefyllfaoedd, y da, y drwg a'r canolig.

Gallwn weld yr un patrwm gyda'r Gwaredwr. Nid yn unig y gwisgodd gnawd, ond gwelwn Ef yn ein cynrychioli gydol ei weinidogaeth hefyd:

Y bedydd
Pam bu'n rhaid ei fedyddio gan Ioan er gwaethaf protestiadau'r proffwyd? Roedd ein Harglwydd yn dangos ei fod yn Frawd i ni trwy uniaethu â ni yn ein hangen am lanhad, er nad oedd angen hynny arno Ef.

Y temtiad
Unwaith eto, bu'n rhaid iddo wynebu temtasiwn cyn y gallai fod yn gynrychiolydd ac yn archoffeiriad i ni. Sut gallai gydymdeimlo â ni mewn temtasiwn heb iddo gael ei demtio ei hunan? **"Canys nid archoffeiriad heb allu cyd-ddioddef â'n gwendidau sydd gennym, ond un sydd wedi ei demtio ym mhob peth, yn yr un modd â ni, ac eto heb bechod."** (Heb. 4:15)

Y groes
Dyma uchafbwynt cefnogaeth Crist i'w bobl. Mae wedi cymryd ein lle, ein cosb, ein heuogrwydd, ein pechod a'n melltith ar groes Calfaria. **"Ef ei hun a ddygodd ein pechodau yn ei gorff ar y croesbren."** (1 Pedr 2:24)

Yr atgyfodiad
Rhaid cofio bod yr atgyfodiad o'r bedd er ein mwyn ni hefyd. Mae'n dra phwysig bod dros bum cant o gredinwyr wedi gweld y Crist atgyfodedig. Dyma'n sicrwydd ni, dyma'r dderbynneb a roes Duw i ni i ddangos bod tâl pechod wedi ei roi yn llawn gan Iesu ac wedi ei dderbyn yn llawn gan y nef. Dyma sut rŷn ni'n gwybod y cawn ein cyfiawnhau trwy gredu yn Iesu Grist, gan ei fod wedi atgyfodi i'n cyfiawnhau. (Rhuf. 4:25)

Yr esgyniad
Yn olaf, mae wedi esgyn i'r nef i'n cynrychioli gerbron y Tad. Y mae'n byw bob amser nawr i eiriol trosom. Mae'n sicrhau derbyniad i ni ar sail ei aberth, ac mae hefyd yn ymbil trosom. Mae ei eiriolaeth yn sicrhau y byddwn yn cyrraedd pen ein taith i'r gogoniant. **"Crist Iesu yw'r un a fu farw, yn hytrach a gyfodwyd, yr un hefyd sydd ar ddeheulaw Duw, yr un sydd yn ymbil trosom."**

> Ac am fod Iesu'n eiriol fry,
> Caiff Seion fyw, er gwaetha'r lli'.

Diolch am ein Cefnogwr bendigedig. Onid yw'n fraint aruchel i gael ein galw i'n huniaethu'n hunain ag Ef: **"Gwisgwch yr Arglwydd Iesu Grist amdanoch; a diystyrwch y cnawd a galwad ei chwantau ef."** (Rhuf. 13:14)

"Gan hynny, gyfeillion sanctaidd, chwychwi sy'n cyfranogi o alwad nefol, ystyriwch Apostol ac Archoffeiriad ein cyffes ni, sef Iesu." **(Heb. 3:1)**

Dyma anogaeth bwysig iawn sydd yn rhan ganolog o'r epistol at yr Hebreaid. Rhaid i bob Cristion gadw golwg barcud ar Iesu Grist. Yn wir, does ganddo ddim cyffes na thystiolaeth heb Wrthrych Mawr y Ffydd. Ef yw ein Brawd mawr a'n Harchoffeiriad mawr hefyd, yn ôl y bennod flaenorol.

Apostol ac Archoffeiriad

Roedd 'apostol' yn negesydd wedi ei anfon. Dywed Ioan 3:17 fod Iesu wedi ei anfon i'r byd i'w achub, nid i'w gondemnio. Hefyd roedd apostol wedi ei anfon ag awdurdod arbennig, fel llysgennad i frenin neu lywodraeth. Fel y mae hofrennydd yr Awyrlu Brenhinol yn chwilio ac yn achub pobl mewn trafferth gydag awdurdod y goron, felly daeth Iesu Grist i geisio ac i achub pechaduriaid gyda sêl bendith y nef.

Roedd yr archoffeiriad yn cynrychioli dynion gerbron Duw. Byddai'n mynd ag aberth arbennig i'r cysegr sanctaidd yn flynyddol i sicrhau maddeuant a chymod â Duw i'r genedl. Mae Crist wedi cynrychioli ei bobl ar y groes gan ei offrymu ei hun, ac mae nawr yn ein cynrychioli yng nghysegr y nef.

Ystyried

Dyletswydd a braint y Cristion sydd wedi profi achubiaeth y Gwaredwr ac sydd yn pwyso ar ei aberth a'i eiriolaeth drosto, yw ei ystyried yn gyson. Ystyr y gair Groeg am 'ystyried' yw 'edrych yn ddyfal yn y meddwl'. Mae'n golygu troi'r meddwl yn aml ac yn fwriadol at Iesu Grist. Mae hyn yn help mawr i bob Cristion mewn amgylchiadau o bob math:

Mewn digalondid

Mae pob Cristion yn cael adegau o golli calon. Yn aml fe ddaw digalondid oherwydd meddyliau anghywir. Roedd y Cristnogion Hebreig fyddai'n derbyn y llythyr hwn yn dioddef erledigaeth, ac efallai dy fod ti wedi cael rhyw flas ar hynny'n ddiweddar. Efallai fod camddealltwriaeth wedi codi rhwng Cristnogion, neu rhwng Cristion a chymydog. Efallai nad oes llawer o ffrwyth i waith yr Efengyl yn ein hardal, efallai ein bod yn teimlo'n unig ac yn ynysig. Weithiau mae ffrind yn ein siomi.

Yr un yw'r ateb o hyd – ystyried yr Arglwydd Iesu. Wrth edrych allan o'n sefyllfa ato Ef bydd ein digalondid yn ffoi.

Hunandosturi

Mae teimlo'n flin amdanom ein hunain yn fagl gyson i bawb, gan gynnwys y Cristion. Mor anodd yw llwyr ladd y bwystfil 'myfi' sydd yn rhan annatod o'n natur. O fod yn hunandosturiol fyddwn ni fawr o werth i neb na dim. Weithiau byddwn yn teimlo nad oes neb yn dioddef fel ni, nad oes neb yn deall ein sefyllfa, ac mae'n hawdd wedyn colli gafael ar fywyd ac ar ein gras hefyd.

O edrych ar Iesu, gwelwn un nad ildiodd i hunandosturi, er ei demtio fel ninnau (a mwy), er ei gamddeall, ei wrthod a'i wawdio. Wrth lenwi ein meddwl â'r Gwas Dioddefus hawddgar, bydd ein hunandosturi yn llithro i ffwrdd o'n gafael.

Balchder

Mae pob un ohonom yn dioddef o'r aflwydd afiach hwn. Gallwn adnabod ein balchder wrth ateb cwestiynau fel y rhain:
A fyddaf yn ypsetio os na chaf ganmoliaeth neu gydnabyddiaeth ddiolchgar gan eraill?
A fyddaf yn troi yn erbyn y rhai sy'n fy meirniadu?
A fyddaf yn meddwl neu ddweud fy mod yn well nag eraill?
A fyddaf yn gweld bai ar eraill, ac ydy hyn am fy mod yn genfigennus, yn eiddigeddus, neu'n falch?
A fyddaf yn beirniadu eraill, ac yn fy ngosod fy hun yn uwch na nhw?

Yr ateb yw edrych ar Iesu a sylwi'n arbennig ar ei ostyngeiddrwydd rhyfeddol.

Taeogrwydd

Mae diffyg hyder yn gallu bod yr un mor afiach â gorhyder. Mae'n wir nad ydym yn ddim ohonom ein hunain, ac na allwn wneud dim yn ein nerth ein hunain; rydym yn anfuddiol ac yn annigonol; eto i gyd rŷn ni'n blant i Dduw yng Nghrist; fe'n bendithiwyd â phob bendith ysbrydol yn y nefolion leoedd; rŷn ni'n aelodau o deulu brenhinol Duw, yn frenhinoedd ac yn offeiriaid; cawsom ein derbyn a'n cyfrif yn gyfiawn trwy Iesu Grist. Mor bwysig yw ystyried Apostol ac Archoffeiriad ein cyffes.

Anghrediniaeth

Mae diffyg ffydd ac anghredu yn bechod sy'n baglu llawer i Gristion. Sawl gwaith y gofynnodd yr Arglwydd i'w ddisgyblion ble'r oedd eu ffydd? Er bod anghrediniaeth o'i gwmpas ym mhob man roedd gan Iesu hyder di-sigl yn ei Dad nefol. Yr un ffydd oedd yn ei nodweddu yn ddeuddeg mlwydd oed yn y deml, wrth fedd Lasarus flynyddoedd yn ddiweddarach, ac wrth wynebu ei angau ei hunan yng Ngethsemane.

Mor werthfawr ac amserol o hyd yw cyngor yr adnod hon.

"Y mae gair Duw yn fyw a grymus; y mae'n llymach na'r un cleddyf daufiniog, ac yn treiddio hyd at wahaniad yr enaid a'r ysbryd, y cymalau a'r mêr; ac y mae'n barnu bwriadau a meddyliau'r galon."
(Heb. 4:12)

Dyma ddisgrifiad cynhwysfawr o Air Duw. Nid rhywbeth gwan, aneffeithiol mohono, ond offeryn nerthol a threiddgar i gyflawni pwrpas Duw.

Y Beibl ynteu Iesu?

Mae gwahaniaeth barn ymysg esbonwyr ynglŷn ag ystyr 'gair Duw' yma: ai cyfeirio at y Beibl ynteu at Iesu Grist y mae? Mae'n amlwg bod Iesu'n cael ei alw yn 'Air Duw' ym mhennod gyntaf Efengyl Ioan. Mae'n amlwg hefyd fod y Beibl yn cofnodi gair llafar Duw i ni. Yn bersonol byddwn i'n meddwl mai'r gair ysgrifenedig sydd mewn golwg yn yr adnod hon gan fod yr epistol at yr Hebreaid yn defnyddio'r teitl 'Mab Duw' yn hytrach na 'Gair Duw' ar gyfer ein Harglwydd. Mae'r adnod yn nodi pedwar peth pwysig ynglŷn â Gair rhyfeddol Duw – y Beibl.

Mae o darddiad dwyfol

O ble daeth y 'best-seller' yma a ysgrifennwyd gan ryw bedwar deg o awduron dynol dros gyfnod o 1600 o flynyddoedd? Er bod dynion yn offerynnau i ysgrifennu a chofnodi, Duw yw awdur y Llyfr. Mae gwahanol arddull llenyddol yn cael ei ddefnyddio gan wahanol awduron, yn hanes, barddoniaeth a dull apocalyptaidd, ond mae hynny fel un person yn defnyddio beiro neu bensel neu frwsh paent – bydd y golwg yn amrywio ond mae modd adnabod dull sylfaenol yr awdur serch hynny. Mae'n debyg i unrhyw lyfr arall gyda phrint ar bapur mewn nifer fawr o ieithoedd; eto i gyd fe gofnodwyd y cyfan o'r dechreuad i'r diweddglo trwy awdurdod Duw a than ei arolygiaeth Ef. Nid yw hyn yn golygu mai Duw a lefarodd bob gair sydd ynddo, ond roedd yn goruwchlywodraethu pob gair a gofnodwyd yn wreiddiol, p'un ai Ef ei hun, ynteu dynion, angylion neu ddemoniaid oedd yn siarad. Mae gwreiddyn y gair yn oruwchnaturiol, ac o ganlyniad, mae'n unigryw.

Mae'n fyw

Beth yw ystyr dweud bod Gair Duw, y Beibl, yn fyw? Sut daeth y Gair yn fyw? Daeth dyn yn enaid byw pan anadlodd Duw arno yn y dechreuad, yn ôl Genesis 2:7. Mae 2 Timotheus 3:16 yn dweud bod **"pob Ysgrythur wedi ei hysbrydoli**

gan Dduw", ac ystyr y gair 'ysbrydoli' yw 'anadlu'. Dyma sut mae'r Ysgrythur yn Air bywiol, felly.

Mae hyn yn golygu bod ganddo fywyd ynddo'i hunan. Dywed yr Arglwydd Iesu fod ei eiriau Ef yn ysbryd ac yn fywyd. (In. 6:63)

Mae'n golygu hefyd ei fod yn rhoi bywyd. Dywed Iago fod y Cristion wedi derbyn bywyd nefol **"trwy air y gwirionedd"** (1:18). Dywed Pedr ein bod wedi ein geni o'r newydd o had anllygradwy, **"trwy air Duw, sydd yn fyw ac yn aros."** (1:23)

Mae'n golygu hefyd y bydd y Gair yn fyw am byth. Mae llawer wedi ceisio llosgi Beiblau a'u gwahardd; mae rhai yn beirniadu ei gynnwys gan fwrw amheuaeth ar ei hygrededd, ond dywed Iesu: **"Y nef a'r ddaear, ânt heibio, ond fy ngeiriau i, nid ânt heibio ddim."** (Math. 24:35)

Mae'n bwerus

Mae'n nerthol, mae'n weithredol, ond ym mha ffordd?

Mae fel cleddyf llym daufiniog. Mae hyn yn cymharu â'r disgrifiad o Iesu Grist yn Datguddiad 1:16: **"ac o'i enau yr oedd cleddyf llym daufiniog yn dod allan."** Mae 'na fin arbennig i Air Duw i bigo meddwl a chydwybod dynion.

Mae'n treiddio i ddyfnder bod dyn. Mae fel sgalpel y llawfeddyg yn tyrchu ac yn torri yn nyfnder ein bod, a hynny er mwyn ein gwella, trwy ein harwain at y Meddyg Mawr. Mae'n cyrraedd i fannau sydd y tu hwnt i eiriau dyn.

Mae'n cyffwrdd ag enaid dyn yn ogystal â'i ysbryd. Nid yw'n gadael un rhan ohonom heb ei heffeithio ganddo. Dyma sut down i wybod y gwahaniaeth rhwng yr hen natur a'r natur newydd fel Cristnogion, wrth adael i Ysbryd Duw gymhwyso Gair Duw i'n bywydau ni.

Mae ei farn yn derfynol

Y gair Groeg am 'farnu' yw 'kritikos' sydd wedi rhoi 'critic' i ni yn Saesneg. Mae'r adnod yn dweud mai Gair Duw ddylai fod yn gritig i ni ac nid y gwrthwyneb. Mae critic yn rhoi barn ar bwnc neu berson, ac mae Gair Duw yn gwneud hynny i ni. Am ei fod yn ddwyfol mae'r farn yn derfynol.

Mae llawer wedi troi yn uwchfeirniaid ar y Beibl dros y 150 mlynedd diwethaf; ond yn y pen draw bydd Gair Crist yn barnu pob un sy'n ei wrthod. (In. 12:48)

Boed i ni gael gras i blygu ac ildio ac ymateb yn ufudd i Air ein Duw ni.

O fewn i gloriau hwn
Mae dwfn feddwl Duw;
Pob iot ohono bery'n hwy
Na'r nef, gwirionedd yw: *Dafydd Morris, Twrgwyn.*

"Felly, gadewch inni nesáu mewn hyder at orsedd gras, er mwyn derbyn trugaredd a chael gras yn gymorth yn ei bryd." **(Heb. 4:16)**

Yn yr adnod werthfawr hon cawn ein hatgoffa o'r rhyddid sydd gennym fel Cristnogion i ddod at Dduw mewn gweddi er mwyn iddo gyflenwi ein holl anghenion.

Hyder

Mae'r gair Groeg 'parrhesia' yn golygu'n llythrennol 'pob ymadrodd' neu 'holl ymadrodd.' Felly, mae'n golygu siarad yn rhydd, yn eofn, gyda hyder hapus. Does dim angen bod ag ofn arswydus. Wrth gwrs, nid yw'n golygu siarad yn 'ewn', yn iaith y De, sydd yn gallu golygu bod yn ddigywilydd ac yn anghwrtais. Rŷn ni'n dal i ddod at orsedd, a honno'n orsedd nefol. Rhaid i ni gael y balans rhwng hyder a gostyngeiddrwydd bob amser. Rhaid i ni gael hyder parchedig gerbron ein Tad nefol.

Archoffeiriad mawr

Mae'r adnodau blaenorol yn esbonio pam y gallwn ddod yn hyderus at orsedd Duw, sef am fod gennym Archoffeiriad mawr, yn Iesu Grist sydd yn y nef ar ddeheulaw'r Tad. Y gair am 'mawr' yn y gwreiddiol yw 'mega', sy'n rhoi'r darlun o rywun anferth, a hwnnw o'n plaid ni. Mae hwn yn dilyn darluniau eraill o Grist yn yr epistol yn barod:

Brawd. Ym mhennod dau fe ddywedir nad oedd ar y Gwaredwr gywilydd ein galw'n frodyr wrth ddod yn un ohonom mewn cnawd. **"Canys yr hwn sydd yn sancteiddio, a'r rhai sy'n cael eu sancteiddio, o'r un cyff y maent oll. Dyna pam nad oes arno gywilydd eu galw hwy'n frodyr iddo'i hun."** (2:11)

Cefnogwr. Cawn ddarlun hyfryd o'r Arglwydd Iesu fel ein cefnogwr. Mae pob cefnogwr yn awyddus i'w uniaethu ei hun gyda'i hoff dîm neu ei arwr. Byddant yn gwisgo crys neu sgarff y tîm, neu bydd rhai yn paentio lliwiau'r clwb ar eu hwynebau. Mae'r cyfan er mwyn uniaethu. Gwnaeth Crist hyn trwy wisgo cnawd fel ein cnawd ni.

Cynrychiolydd yn y nef. Byddai'r archoffeiriad yn mynd i'r cysegr sanctaidd yn y tabernacl a'r Deml â deuddeg carreg werthfawr ar ei fron a dwy ar ei ysgwyddau, ac enwau llwythau Israel arnynt. Mae Iesu Grist yn y nef yn cario enwau ei holl bobl fel eu cynrychiolydd.

Oherwydd hyn mae gennym warant o dderbyniad gerbron Duw trwy gyfiawnder Iesu Grist. Mae hon yn warant well nag y bydd unrhyw gwmni yn ei rhoi i ni wrth brynu nwyddau, nac unrhyw weithiwr am ei waith; nid yw am flwyddyn nac am bymtheg – ond am oes. Cawn warant o bob trugaredd a gras sydd arnom eu heisiau yn y bywyd Cristnogol.

Trugaredd

Mae hyn yn golygu nad yw Duw yn rhoi i ni nac yn delio â ni yn ôl ein haeddiant. "**Ni wnaeth â ni yn ôl ein pechodau, ac ni thalodd i ni yn ôl ein camweddau.**" (Salm 103:10) Mae pechod dyn yn haeddu digofaint Duw, cyfiawnder ei gosb a'i farn. Rŷn ni'n haeddu ein pellhau oddi wrtho am byth. Ond oherwydd bod Iesu Grist wedi cymryd ein haeddiant ni ar y groes, fe gawn ni faddeuant, tangnefedd, ei bresenoldeb, ei oleuni, ei arweiniad, ei gynhaliaeth.

Gras

Os mai ystyr trugaredd yw peidio â derbyn ein haeddiant, ystyr gras yw derbyn yr hyn mae Iesu Grist yn ei haeddu, yr hyn mae ef wedi ei ennill ar ein cyfer. Mae hyn yn cynnwys: ffydd i gredu ynddo, ein cyfiawnhau – bod Duw yn cyfrif cyfiawnder Crist i mi, ar sail ei ufudd-dod gweithredol yn ei fywyd a'i ufudd-dod goddefol ar y groes, grym yr atgyfodiad yn ein bywyd ni; a'r Ysbryd Glân i'n haileni, ein harwain, ein bodloni, a'n nerthu'n barhaus.

Heb drugaredd ni allwn ddod yn agos at Dduw, nac yntau atom ninnau. Mae angen gras beunyddiol i ddyfalbarhau; i wynebu diafol, cnawd a byd; i aros yng Nghrist a dwyn ffrwyth; i fod yn dystion a chyhoeddi ei Air.

Cyflenwad parhaus

Mae'n ofid i ni fod cyflenwad olew a nwy'r byd yn prinhau. Rŷn ni wedi dibynnu cymaint arnynt ers blynyddoedd. Nawr mae'r rhybuddion yn ein paratoi i wynebu'r posibilrwydd o orfod byw heb yr adnoddau hyn unwaith eto.

Petai'n parhad yn y bywyd Cristnogol yn dibynnu ar ein hadnoddau, byddem wedi rhoi'r ffidil yn y to cyn cychwyn bron.

Yr addewid sydd ger ein bron yn yr adnod yma yw na fydd cyflenwad trugaredd a gras byth yn prinhau.

Y mae trysorau gras
yn llifo fel y môr,
mae yn fy annwyl Frawd
ryw gyfoeth mawr yn stôr:
ymlaen yr af er dued wyf,
mae digon yn ei farwol glwyf. *William Lewis*

"Dyna pam y mae ef hefyd yn gallu achub hyd yr eithaf y rhai sy'n agosáu at Dduw trwyddo ef, gan ei fod yn fyw bob amser i eiriol drostynt." **(Heb. 7:25)**

Dyma adnod gysurlon iawn sy'n dweud bod achubiaeth dyn yn dibynnu ar allu Iesu Grist o'r dechrau i'r diwedd, ac nid ar allu dynol.

Mae'r Arglwydd Iesu yn Waredwr bendigedig am ei fod yn gallu achub yn llwyr, yn llawn, yn derfynol, ar gyfer amser a thragwyddoldeb, y rhai sydd yn dod at Dduw trwyddo, oherwydd ei fod yn byw o hyd i ddeisebu Duw, i erfyn arno ac i eiriol ar eu rhan. Iesu Grist yw athro mwyaf hanes, arweinydd mwyaf diogel y byd, ein hesiampl berffaith, yr arwr mwyaf – ond nid dyna yw angen cyntaf pechadur sydd wedi pellhau oddi wrth Dduw, ond angen am Waredwr i'w achub o'i bechod a'i arwain nôl i berthynas iawn â Duw.

Dyna pam daeth Crist i'r byd. Dyna pam y cafodd yr enw Iesu, sef achubwr. Fe ddaeth i geisio ac i achub y colledig. Bu fyw heb bechod ei hun; bu farw a'n pechodau ni ar ei ysgwyddau Ef; fe'i cyfodwyd i ddangos bod aberth y groes yn ddigon i'n glanhau o bob pechod, ac mae'n fyw yn awr i gynrychioli ei bobl yn y nef.

Rhaid cofio hefyd ei fod yn *fodlon* ein hachub yn ogystal â bod yn abl i wneud hynny. Pan oedd y plant yn fach iawn, roedden nhw'n awyddus iawn i'm helpu i wneud rhyw waith o gwmpas y tŷ ond yn anffodus doedden nhw ddim yn alluog i gyflawni eu bwriadau da. Nawr eu bod yn hŷn, maen nhw'n llawer mwy abl, ond nid bob amser mor barod!

Mae sawl elfen i allu achubol Iesu Grist; mae'n achub oddi wrth bechod, ond hefyd mae'n adfer i berthynas iawn â Duw.

Achubiaeth rhag euogrwydd a chosb pechod

P'un ai ydym yn teimlo'n euog gerbron Duw ai peidio, dywed y Gair ein bod o dan gondemniad pechod. **"Ie, pawb yn ddiwahaniaeth, oherwydd y maent oll wedi pechu, ac yn amddifad o ogoniant Duw."** (Rhuf. 3:23) Mae'r gair a gyfieithir 'amddifad' yn dod o fyd saethyddiaeth, lle mae'r saeth yn syrthio'n fyr o'r targed, heb sôn am fethu'r canol. Mae achubiaeth y Gwaredwr yn rhyddhau'r crediniwr o gondemniad ac yn ei symud i stad o fod yn gyfiawn gerbron Duw.

Mae'n gallu'n hachub rhag aflendid pechod

Mae pechod yn ffiaidd ac yn aflan yng ngolwg Duw. Dyma ddywed Duw am bechod ei bobl yn nyddiau Eseia: **"o'r corun i'r sawdl nid oes un man yn iach, dim ond archoll a chlais a dolur crawnllyd..."** (1:6) Rŷn ni'n gyfarwydd â'r hysbysebion am sebon golchi dillad sy'n gallu symud y marciau gwaethaf posib, wel felly y dywed 1 Ioan 1:7 am aberth Iesu Grist: **"ac y mae gwaed Iesu, ei Fab ef, yn ein glanhau ni o bob pechod."**

Gall achub rhag grym pechod

Mae pechod yn ein caethiwo, yn ôl Iesu Grist, (Ioan 8:34), ond y mae Un sy'n abl i'n rhyddhau mewn gwirionedd, sef Mab Duw. (Ioan 8:36) Yn yr un modd ag yr oedd Iesu'n gallu rhyddhau gwraig wargrwm, neu'r claf o'r parlys, gall ryddhau pechadur rhag gormes pechod – unrhyw bechod.

Gall achub rhag ofnau amrywiol

Mae'n achub ei bobl rhag ofn dynion, ofn methiant, ofn llwyddiant, ofn y dyfodol, ofn yr anwybod ac angau. Gall Dafydd dystio yn Salm 34:4: **"Ceisiais yr Arglwydd, ac atebodd fi a'm gwaredu o'm holl ofnau."** Roedd Dafydd wedi gorfod ffoi am ei einioes rhag Saul, wedi dychryn oherwydd ei bechod ei hun gyda Bathseba, ac wedi wynebu colli ei fab Absalom.

Mae'n achub rhag drwg

Dyw hyn ddim yn golygu ein cadw rhag trafferthion ac anawsterau, ond mae'n golygu ein cario trwyddynt a'n gwneud yn fwy tebyg i Iesu Grist yn y broses, fel aur yn cael ei buro trwy dân. Dywed Dafydd eto: **"Dyma un isel a waeddodd, a'r Arglwydd yn ei glywed ac yn ei waredu o'i holl gyfyngderau."**(Salm 34:6)

Pwy all gael ei achub?

Gall yr Archoffeiriad Mawr achub 'y rhai sy'n dod at Dduw trwyddo ef.' Mae hyn yn golygu unrhyw un sy'n credu mai Ef yw'r ffordd a'r unig ffordd at y Tad.

Dyma nodweddion y sawl sy'n dod at Dduw trwyddo:

Mae'n gweld angen achubiaeth.
Mae'n credu bod Iesu Grist yn abl ac yn fodlon i'w achub.
Mae'n gofyn iddo'i achub.
Mae'n credu ei fod yn gadwedig trwy allu Crist.

Mae'n achub hyd yr eitha'
Y pechaduriaid mwya';
Fe drefnwyd ffordd i gadw dyn
Gan Dri yn Un Jehofa;
Anturiwn ninnau arno,
Mae Iesu'n achub eto,
A chroeso i bechaduriaid mawr
Bob munud awr ddod ato. *Morgan Rhys*

"Ac yn gymaint ag y gosodwyd i ddynion eu bod i farw un waith, a bod barn yn dilyn hynny, felly hefyd bydd Crist, ar ôl cael ei offrymu un waith i ddwyn pechodau llawer, yn ymddangos yr ail waith, nid i ddelio â phechod, ond er iachawdwriaeth i'r rhai sydd yn disgwyl amdano." **(Heb. 9:27–28)**

Dyma adnodau sydd o bwys tragwyddol i bob person. Maen nhw'n sôn am farwolaeth a barn, ond hefyd am y gobaith sydd inni yn Iesu Grist wrth ystyried y ddau bwnc mawr yma.

Gosodwyd

Mae'r gair hwn yn awgrymu bod rhywbeth yn gadarn ac yn bendant ac nad oes modd ei newid. Yn sicr mae hynny'n wir cyn belled ag y mae marwolaeth a barn yn y cwestiwn. Mae sawl cyfieithiad Saesneg yn defnyddio'r gair 'appointed'. Mae hwnnw'n cyfleu'r syniad o apwyntiad arbennig. Mae apwyntiad i gael cinio gyda hen ffrind yn rhywbeth i edrych ymlaen ato'n fawr. Mae apwyntiad deintydd yn bur wahanol! Wel dyma ddau apwyntiad na allwn eu hosgoi, ac er bod arswyd yn perthyn i'r ddau, does dim rhaid eu hofni os ydym yn Gristnogion.

Marw un waith

Gall person actio ei fod yn marw droeon ar lwyfan neu ar y sgrin, ond un waith bydd yn marw go iawn. Gall rhywun gael profiad 'ymyl marw' a dod yn ôl i ddweud yr hanes, ond un waith bydd yn croesi go iawn i dragwyddoldeb. Dyma realiti sydd yn wynebu pob un ohonom heblaw'r sawl fydd yn fyw pan ddaw Iesu Grist yn ôl.

> Megis ag y bu o'r dechrau, felly y mae;
> Marwolaeth nid yw'n marw, hyn sydd wae. *R. Williams Parry*

Barn

Mae'r Beibl yn ein dysgu'n glir bod Dydd Barn yn dod ar ddiwedd hanes y byd. Dywed Paul yn Actau 17:31: **"oblegid gosododd ddiwrnod pryd y bydd yn barnu'r byd mewn cyfiawnder, trwy ŵr a benododd, ac fe roes sicrwydd o hyn i bawb trwy ei atgyfodi ef oddi wrth y meirw."**

Yna daw'r geiriau hyn yn 2 Corinthiaid 5:10: **"Oherwydd rhaid i bawb ohonom ymddangos gerbron brawdle Crist, er mwyn i bob un dderbyn**

ei dâl yn ôl ei weithredoedd yn y corff, ai da ai drwg."
Dyma dystiolaeth Llyfr y Pregethwr: **"Yn wir, y mae Duw yn barnu pob gweithred, hyd yn oed yr un guddiedig, boed dda neu ddrwg."** (12:14)
Ar ben hynny cawsom rybuddion Iesu Grist ynglŷn â Dydd Barn gyda'i ddarluniau o ddidoli defaid a geifr, a gwenith ac efrau, sef y cyfiawn a'r anghyfiawn. (Math. 25:31–46)

Er bod llawer o bobl yn gwrthod y gwirionedd hwn yn ein dyddiau ni, mae'n hollol glir yn yr Ysgrythur, ac mae'n wirionedd pwysig a gwerthfawr. Os na fydd Dydd Barn, gyda Christ yn Farnwr, chawn ni fyth gwir gyfiawnder absoliwt. Does dim un system gyfreithiol berffaith gyfiawn yn y byd hwn.

Ac os nad oes Dydd Barn, mae bywyd ar y ddaear yn ddibwynt, yn ddibwrpas ac yn ddiganlyniad. Os yw hyn yn wir does dim arwyddocâd i'n bywyd mewn gwirionedd. Ond y gwir yw bod ein bywyd ar y ddaear yn cyfrif a bydd rhaid i ni roi cyfrif i lys nefol yn Nydd y Farn.

Crist ein gobaith

Mae'r gobaith Cristnogol yn cael ei gysylltu â dau ddyfodiad Crist i'r byd.

Y dyfodiad cyntaf

Mae'r awdur yn dweud bod Crist wedi ymddangos y tro cyntaf i gymryd pechodau llawer o bobl arno fe'i hunan. Canlyniad pechod yw marwolaeth. Canlyniad pechod Adda ac Efa oedd dod â marwolaeth i'r byd. Os oedd dynoliaeth am gael gobaith yn wyneb marwolaeth, roedd rhaid delio â phechod. Felly daeth Mab Duw fel yr Adda olaf; dyn newydd, yn lle Adda, oedd yn cynrychioli dynoliaeth newydd. Lle methodd Adda, llwyddodd Crist, yn wyneb pob temtasiwn. Yna rhoes ei fywyd pur i lawr ar Galfaria i dderbyn cosb a melltith pechod ei bobl. Felly does dim angen i'w bobl ofni marwolaeth, gan eu bod wedi cael maddeuant yn haeddiant Iesu Grist.

Yr ailddyfodiad

Rhan fawr o bwrpas yr ailddyfodiad fydd gorffen iachawdwriaeth dyn. Ar hyn o bryd mae gennym faddeuant a pherthynas iawn â Duw trwy ffydd ond rŷn ni'n dal i lithro i bechod bob dydd. Mae'r hen natur yn dal i frwydro yn erbyn y newydd. Hefyd mae olion pechod yn ein cyrff, megis gwendid, salwch a heintiau. Bryd hynny, bydd Iesu Grist wedi'n trawsffurfio'n llwyr i fod yn ddibechod ac i gael corff newydd a fydd yn rhydd o sgil-effeithiau pechod.

Ydy gobaith Crist gennyt ti yn wyneb marwolaeth a barn?

"felly hefyd bydd Crist, ar ôl cael ei offrymu un waith i ddwyn pechodau llawer, yn ymddangos yr ail waith, nid i ddelio â phechod, ond er iachawdwriaeth i'r rhai sydd yn disgwyl amdano." **(Heb. 9:28)**

Dyma eiriau yn cyfeirio at ailddyfodiad Iesu Grist i'r byd er mwyn cwblhau iachawdwriaeth ei bobl. Hon fydd yr ail waith iddo ymddangos yn y byd, ond dyma'r trydydd ymddangosiad yn y paragraff olaf hwn o Hebreaid pennod naw.

Mae'r adnodau hyn yn cyfeirio at dri 'ymddangosiad' o eiddo'r Gwaredwr o blaid ei bobl: y cyntaf i ddileu pechod, yr ail i'w cynrychioli yn y nef, a'r trydydd i goroni gwaith yr iachawdwriaeth.

Dileu pechod

Mae adnod 26 yn sôn am ymddangosiad cyntaf Iesu Grist yn ei ymgnawdoliad ar ddiwedd yr oesoedd. Mae'n amlwg mai dod yn weladwy wnaeth Crist bryd hynny, nid dod i fodolaeth. Yr oedd yn bod erioed, o dragwyddoldeb, ond yn anweledig. Nawr fe ymddangosodd yn y cnawd. Mae yn cael ei nodi fel ffaith hanesyddol na fyddai neb yn ei wadu. Yr oedd hyn yn cyflawni'r holl broffwydoliaethau am ddyfodiad y Meseia. O ran pwrpas ei ddyfodiad – mae hynny'n amlwg hefyd, sef i ddileu, neu i ddirymu pechod.

Mae pechod yn dorcyfraith ac yn dod â melltith Deddf Duw arnom. Ganwyd Iesu Grist o dan y Gyfraith; bu'n llwyddiannus i'w chadw yn llawn, ac fe'n rhyddhaodd o'r felltith trwy gael ei aberthu ar ein rhan ar y groes.

Yn yr un modd ag yr oedd yn rhaid aberthu anifeiliaid arbennig yn yr Hen Destament, bu'n rhaid aberthu Mab Duw er mwyn cael maddeuant a dod yn iawn â Duw. Cysgod o aberth real Iesu Grist oedd offrymau Deddf Moses.

Daeth Crist i'n byd i goncro'n gelyn pennaf, sef pechod. Canlyniad pechod oedd ein gwneud yn euog gerbron Duw ac yn wrthrychau melltith. Daeth â dieithrwch oddi wrth Dduw, colli perthynas o gariad, a'n tynnu i golled am byth yn uffern. Mae pechod yn damnio dyn.

Daeth cosb a melltith Duw ar ei Fab ar y groes er mwyn i ni gael ein rhyddhau o afael pechod. Felly bu fyw a bu farw i ddileu ein pechod ni; i'n prynu nôl i Dduw; a daw hyn yn realiti i ni trwy ymddiried yn bersonol yn Iesu Grist.

Yn y nef drosom ni

Mae'r ail 'ymddangosiad' o ran amser yn digwydd yn y nef (ad. 24). Aeth offeiriaid Israel i gysegr o waith llaw – cysegr sanctaidd y Tabernacl, ac yna'r Deml, a hynny ar ran y bobl. Aeth Iesu Grist, yn ei esgyniad, i gysegr y nef ar ran ei bobl.

Unwaith eto, mae hyn yn cael ei nodi fel ffaith hanesyddol. Mae rhai gweinidogion anghrediniol yn dweud bod y syniad o esgyniad yn 'abswrd.' Gwaetha'r modd maen nhw'n mynnu gwrthddweud Gair Duw sy'n dweud bod gennym Gyfryngwr – y dyn Crist Iesu – yn y nef yn ein cynrychioli fel eiriolwr. Mae adnod 24 yn dweud ei fod yn y nef 'drosom ni.' Mae gennym gynrychiolydd yn y nef sydd yn gweddïo trosom, yn ein cynrychioli fel yr Oen a laddwyd trosom, ac sydd yn paratoi lle i ni.

Ein braint ni yw cadw'n golwg ar Iesu, ymddiried yn llwyr ynddo Ef am berthynas glir a chydwybod glir gerbron Duw, ac am gynhaliaeth wrth wynebu diafol, cnawd a byd.

Er iachawdwriaeth

Mae'r trydydd 'ymddangosiad' yn y dyfodol, yn ailddyfodiad Crist i'r byd. Bydd hyn yn digwydd ar ddiwedd amser a diwedd y byd fel y mae nawr. Mae hyn eto yn cael ei gyflwyno yn y Testament Newydd fel ffaith hanesyddol.

O ran pwrpas, fe fydd yn wahanol. Nid i ddelio â phechod y daw Iesu eto, ond i orffen iachawdwriaeth dyn. Os meddyliwn am iachawdwriaeth fel y broses o wella rhywun, mae sawl cam yn y broses. Y cam cyntaf yw arbed bywyd; efallai fod angen tynnu gwres i lawr a rhoi ffisig arbennig. Rhaid brwydro yn erbyn gwenwyn yn y corff. Unwaith mae hynny wedi digwydd mae'r claf yn ddiogel, ond mae gwaith cryfhau eto, osgoi heintiau eraill, bwyta'n dda, gorffwys yn iawn nes bod y meddyg yn gallu rhoi'r *all clear*.

Daw Iesu Grist ar y diwedd i gyhoeddi iechyd llawn; bydd pechod wedi ei fwrw i ffwrdd am byth, bydd gennym nef a daear newydd a hefyd gorff newydd. Bydd holl sgil-effeithiau pechod wedi diflannu!

Diolch am dri ymddangosiad Iesu Grist – y tri ar ran ei bobl. Beth am wneud yn siŵr dy fod yn perthyn i'w bobl? Beth am ymddiried yn ei ymddangosiadau Ef?

"Am hynny, gan fod cymaint torf o dystion o'n cwmpas, gadewch i ninnau fwrw ymaith bob rhwystr, a'r pechod sy'n ein maglu mor rhwydd, a rhedeg yr yrfa sydd o'n blaen heb ddiffygio." **(Heb. 12:1)**

Ras y Cristion

Mae'r geiriau cyfarwydd hyn yn cyfleu darlun cyfoes gwych i ni o'r bywyd Cristnogol. Mae'n hawdd i ni ddeall y syniad o redeg ras mewn gemau. Gall fod yn ras fyr ar drac, yn ras dros glwydi a dŵr, neu'n farathon trwy strydoedd a chaeau cyn gorffen yn y stadiwm. Efallai mai marathon yw'r darlun gorau o'r bywyd Cristnogol i'r mwyafrif ohonom.

Y dorf

Mae'r awdur yn cyfeirio at 'dorf o dystion.' Mae'r dorf yn rhan bwysig o'r gêmau athletaidd fel mewn chwaraeon eraill. Dwi wedi sylwi droeon ar gystadleuwr yn gofyn i'r dyrfa ei gefnogi trwy eu harwain i guro dwylo. Tyrfa'r Cristnogion Hebreig oedd saint yr Hen Destament y cawsom esiamplau o'u ffydd ym mhennod 11. Roedd neges eu bywyd nhw yn anogaeth fawr i Gristnogion cyfnod y Testament Newydd i redeg y ras. Ein torf ni yw saint y Beibl cyfan a saint hanes yr Eglwys – felly mae'r dorf yn cynyddu o hyd nes bod mwy o anogaeth gennym ni i redeg yr yrfa na neb a fu o'n blaenau.

Y cwrs

Mae'r cwrs wedi ei osod ar ein cyfer (BWM). Mewn unrhyw gystadleuaeth ffurfiol does dim hawl gan redwr i ddewis ei lwybr ei hun. Rhaid dilyn y cwrs iawn. Mae ras y Cristion yn mynd "o ganol byd i ganol nef", ys dywed yr emyn. Mae'r Arglwydd Iesu wedi rhedeg y cwrs a'i osod i ni eisoes.

Gallem ddweud mai llwybr ufudd-dod i Dduw yw'r cwrs:
"Meddai Iesu wrthynt, 'Fy mwyd i yw gwneud ewyllys yr hwn a'm hanfonodd, a gorffen y gwaith a roddodd i mi.'" (Ioan 4:34)

Gallem hefyd ei ddisgrifio fel llwybr gwadu'r hunan:
"Os myn neb ddod ar fy ôl i, rhaid iddo ymwadu ag ef ei hun a chodi ei groes a'm canlyn i." (Marc 8:34)

Mae'r cwrs yn ein harwain at Iesu Grist yn y gogoniant:
"Ac os af a pharatoi lle i chwi, fe ddof yn ôl, a'ch cymryd chwi ataf fy

hun, er mwyn i chwithau fod lle'r wyf fi." (Ioan 14:3)

Mae'r cwrs yn gorffen gydag atgyfodiad corfforol buddugoliaethus: **"Ond pob un yn ei briod drefn: Crist y blaenffrwyth, ac yna, ar ei ddyfodiad ef, y rhai sy'n eiddo Crist."** (1 Cor. 15:23)

Sut mae rhedeg yn dda?

Mae'r adnod yn dweud bod angen symud rhwystrau a phechodau. Mae nifer o rwystrau o'n blaen yn y bywyd Cristnogol, ond nid y rheini sydd o dan sylw yn y geiriau hyn, ond pethau sydd yn ein rhwystro rhag rhedeg yn iawn.

Rwy'n cofio dwy gyfnither saith oed yn penderfynu mynd i loncian ryw ddiwrnod. Am nad oedd y tywydd yn arbennig o dda dyma nhw'n gwisgo'u cotiau glaw, eu hetiau, a'u welingtons! Doedd dim lot o siâp ar eu rhedeg y diwrnod hwnnw. Rhaid i ddillad rhedwyr fod yn ysgafn ac yn bwrpasol, a rhaid gwisgo sgidiau 'dwyn 'fala' yn hytrach na sgidiau hoelion mawr.

Y pethau sy'n ein rhwystro rhag rhedeg ras Crist yw pethau cyfreithlon bywyd sydd yn cymryd gormod o le yn ein meddwl a'n calonnau. Dywed Iesu fod pobl dyddiau Noa **"yn bwyta ac yn yfed, yn cymryd gwragedd ac yn cael gwŷr ...."** (Mth. 24:38) Beth sy'n bod ar y pethau hyn? Dim byd o gwbl. Y broblem oedd mai dyma oedd swm a sylwedd eu bywyd, heb le i Dduw, heb amser i gymryd sylw o rybudd a thystiolaeth Noa wrth iddo adeiladu'r arch.

Felly, os bydd pethau'r byd yn dod yn rhy bwysig a chanolog ym mywyd y Cristion ni all redeg ras y bywyd tragwyddol yn effeithiol.

Pechod

Os yw'r Cristion yn cael ei gaethiwo gan bechod yn barhaus, bydd hynny hefyd yn siŵr o'i ddal yn ôl, fel petai rhyw linyn bynji mawr wedi ei glymu ar ei gefn. Os mai llwybr ufudd-dod yw cwrs y ras, mae pob pechod yn anufudd-dod ac yn siŵr o'n taflu oddi ar ein hechel.

Mae'r apostol Paul yn sôn am dynnu dillad yr hen natur wrth ysgrifennu at y Colosiaid: "**Ond yn awr, rhowch heibio'r holl bethau hyn: digofaint, llid, drwgdeimlad, cabledd a bryntni o'ch genau. Peidiwch â dweud celwydd wrth eich gilydd, gan eich bod wedi diosg yr hen natur ddynol, ynghyd â'i gweithredoedd.**" (Col. 3:8–9) Mae pechodau fel anghrediniaeth, balchder a chwennych yn esiamplau eraill o faglau peryglus.

Gadewch i ni wrando ar anogaeth torf y saint sydd wedi byw o'n blaen, gan dynnu pob rhwystr a symud pob magl er mwyn rhedeg ras y Cristion yn effeithiol a dilyn cwrs Crist sydd yn ein harwain ni ato.

"gan gadw ein golwg ar Iesu, awdur a pherffeithydd ffydd. Er mwyn y llawenydd oedd o'i flaen, fe oddefodd ef y groes heb ddiffygio, gan ddiystyru gwarth, ac y mae wedi eistedd ar ddeheulaw gorseddfainc Duw. Meddyliwch amdano ef, a oddefodd y fath elyniaeth ato'i hun gan bechaduriaid, rhag i chwi flino na digalonni." **(Heb. 12:2–3)**

Dyma barhau â'r anogaeth i'r Cristion redeg ras y bywyd Cristnogol.

Copïo Crist

Yn yr adnodau hyn mae'n dweud wrthym fod rhaid cadw ein golwg ar Iesu Grist. Yn wir, ei ddynwared Ef yw'r ffordd orau o redeg yr yrfa Gristnogol. Gair mawr y byd chwaraeon yn aml yw ffocws. Rhaid ffocysu ar ein nod a chanolbwyntio ar beth bynnag sy'n ein symbylu i wneud yn dda. Ffocws y Cristion yw Crist.

Awdur a Pherffeithydd ffydd

Mae'r gair 'awdur' yn awgrymu mai Crist yw dechrau ein ffydd.

Wrth weithredu ffydd yr ydym yn pwyso ar ddarpariaeth Duw. Rydym yn credu bod Duw wedi paratoi ffordd i ddod ato, man cyfarfod rhwng dyn a Duw, ac addewidion i gredu ynddynt.

Darpariaeth fawr Duw i ni yw Crist. Darparodd Duw hwrdd ar gyfer Abraham i'w aberthu yn lle Isaac, ac mae wedi darparu Oen perffaith i gael ei aberthu dros ein pechodau ar Galfaria.

Roedd gan yr Israeliaid babell gyfarfod a Theml i gwrdd â Duw yn yr Hen Destament, ond dim ond cysgodion o Iesu Grist oedd y rhain, oherwydd ef yw'r unig Gyfryngwr rhwng Duw a dynion.

Dyma babell y cyfarfod,
Dyma gymod yn y gwaed;
Dyma noddfa i lofruddion,
Dyma i gleifion feddyg rhad. *Ann Griffiths*

Iesu Grist yw'r Gair a wnaethpwyd yn gnawd. Oni bai bod Duw yn siarad â ni, ni fyddai Gair i'w gredu. Am ei fod wedi siarad yn fwyaf eglur mewn Mab, y mae Gair i gredu ynddo.

Iesu hefyd yw 'Perffeithydd' ein ffydd. Ef yw diwedd ein ffydd. Dywed Crist yn Ioan 6:37–39: **"Bydd pob un y mae'r Tad yn ei roi i mi yn dod ataf fi, ac ni fwriaf allan byth mo'r sawl sy'n dod ataf fi. Oherwydd yr wyf**

wedi disgyn o'r nef nid i wneud fy ewyllys fy hun ond ewyllys yr hwn a'm hanfonodd i. Ac ewyllys yr hwn a'm hanfonodd i yw hyn: nad wyf i golli neb o'r rhai y mae ef wedi eu rhoi imi, ond fy mod i'w hatgyfodi yn y dydd olaf."

Pan fyddwn yn rhoi ein ffydd yn Iesu Grist, fydd E ddim yn ein gwrthod nac yn ein siomi. Os ydym yn dod ato mewn ffydd mae'n addo ein cadw'n ddiogel, heb ein colli. Mae hefyd yn addo ein 'perffeithio' trwy ein hatgyfodi i fywyd tragwyddol. Erbyn hynny ni fydd angen ffydd arnom, gan y byddwn gydag Ef ac yn ei weld.

Esiampl Crist

Cawn ein hannog i gadw'n golwg ar Iesu, ac ar y ffordd y rhedodd Ef ei yrfa.

Y llawenydd Cadwodd Iesu ei olwg ar y llawenydd y byddai'n ei gael wrth orffen ei ras. Beth oedd hwnnw?

Roedd yn edrych ymlaen at eistedd gyda'i Dad nefol mewn gogoniant, nes iddo sathru pob gelyn dan draed. Byddai hyn yn sicrhau ei fod yn Frenin ar deyrnas; teyrnas o ras i bechaduriaid wneud eu noddfa ynddi.

Gweld ffrwyth ei lafur: **"O lafur ei enaid y gwêl, ac y diwellir: fy ngwas cyfiawn a gyfiawnha lawer..."** (Es. 53:11 BWM) Roedd Iesu'n edrych ymlaen at weld llawer yn dod at Dduw trwyddo, yn dod allan o feddiant Satan, yn dod o dywyllwch i oleuni.

Y goddef Yna rhaid i ni gadw golwg ar agwedd ein Prynwr wrth iddo ddioddef. Cymerodd agwedd gwas, agwedd oen yn cael ei arwain i'r lladdfa. Pan gafodd ei fygwth a'i gam-drin, ni tharodd yn ôl. Roedd yn fodlon goddef gelyniaeth pechaduriaid. Rŷn ni'n methu goddef gelyniaeth pobl sydd ar yr un lefel â ni. Goddefodd Ef elyniaeth rhai oedd yn llawer is nag Ef.

Diystyru gwarth Roedd y groes yn warth, yn gywilydd i unrhyw un oedd yn gorfod ei dioddef. Roedd y Gwaredwr wedi chwarae lawr y gwarth a roddwyd arno Ef, Mab Duw! Pan fydd pobl sy'n eu hystyried eu hunain yn bwysig neu'n barchus yn goddef rhyw fesur o warth mae'n ddiwedd y byd, ond diystyru'r gwarth personol wnaeth y Crist.

Heb ddiffygio Dywed Ioan 13:1 fod Iesu Grist wedi caru ei bobl i'r eithaf. Faint ohonom ni sy'n dechrau rhyw brosiect neu gwrs neu gynllun ond yn methu â gorffen oherwydd y pwysau gwaith neu'r straen?

Thynnodd yr Arglwydd ddim allan oherwydd temtiad yr anialwch, Gesthemane na gwadiad Pedr.

Os mai dyma oedd agwedd Iesu, sut gallwn ni feddwl diffygio, neu 'nogio' fel maen nhw'n ei ddweud yn Nyffryn Nantlle?

"oherwydd y mae'r Arglwydd yn disgyblu'r sawl y mae'n ei garu, ac yn fflangellu pob un y mae'n ei arddel." **(Heb. 12:6)**

Mae'r adnod a'r adran yma'n sôn am Dduw yn disgyblu ei blant fel Tad. Mae'r pwnc o ddisgyblaeth yr Arglwydd yn ddychryn i rai Cristnogion, ond does dim angen ofni mewn gwirionedd.
Duw yw Tad nefol pob un sydd wedi ei aileni trwy'r Ysbryd Glân. Mae pob tad sydd yn caru ei blentyn ac sydd am osgoi ei ddifetha, yn ei geryddu.

Beth yw disgyblaeth yr Arglwydd?

Mae pedwar gair yn cael eu defnyddio rhwng adnodau 5 a 9 i gyfleu disgyblaeth Duw:

Cerydd – mae'r gair yn awgrymu cerydd cryf sy'n argyhoeddi person.

Fflangellu – rhyw fath o gerydd corfforol â chwip neu ffon.

Disgyblaeth – dysgu, a disgyblu plentyn.

Disgyblu (9) – hyfforddi neu gywiro plentyn.

Mae disgyblaeth felly yn hyfforddiant, yn cywiro ac yn gerydd a chosb cariad. Mae'n amlwg bod y geiriau'n cyfleu darlun y tad neu'r rhieni daearol yn hyfforddi ac yn disgyblu eu plentyn. Chlywais i erioed blentyn yn diolch am gael ei ddisgyblu ar y pryd. Doeddwn i ddim yn teimlo fel diolch i'm rhieni am ddweud y drefn wrthyf chwaith; ond wrth edrych nôl rwy'n gwerthfawrogi'n fawr y ddisgyblaeth a gefais fel plentyn ifanc.

Sut mae'r Arglwydd yn disgyblu?

Mae'n ein cywiro ac yn ein hyfforddi trwy'r Gair yn bennaf. Dyma werth astudio, myfyrio ac eistedd o dan weinidogaeth y Gair. Gall hefyd ddefnyddio gair Cristion arall ar brydiau, gair o gyngor neu weithiau gerydd gan berson rŷn ni'n siŵr o'u cariad tuag atom.

Yna daw salwch, profedigaeth, damweiniau, temtasiynau a threialon o bob math i'n rhan. Mae'r Tad yn caniatáu hyn i'w blant er eu lles, oherwydd y mae popeth yn cydweithio er daioni i blant yr Arglwydd (Rhuf. 8:28).

Pa ddaioni a ddaw i ni o'r disgyblu hyn? Yn ôl y ddegfed adnod, yr elw mawr i ni yw dod yn sanctaidd.

Yn Ioan 15 mae'r Arglwydd Iesu'n dweud bod y Tad, fel Gwinllannwr, yn tocio'r canghennau er mwyn iddynt ddwyn mwy o ffrwyth. Ffrwyth disgyblaeth yw cyfiawnder a heddwch (11). Mae cyfiawnder yn awgrymu bod yn iawn â Duw ac yn ein bywyd bob dydd, ac felly mae'n golygu bod mewn heddwch gyda Duw a phrofi ei dangnefedd yn llenwi ein calon. Mae disgyblaeth yn dod â ni i gydymffurfio ag ewyllys Duw, a dim ond bryd hynny wnawn ni brofi tangnefedd gwirioneddol.

Canlyniad arall disgyblaeth y Tad yw ffrwythau'r Ysbryd, ac ystyr hynny yw dod yn fwy tebyg i'r Arglwydd Iesu ei hunan.

Pwy sy'n profi disgyblaeth y Tad nefol?

Yn ôl ein testun, mae pob un o blant Duw yn profi ei ddisgyblaeth. Os ydym yn Gristnogion, mae Duw yn gweithredu'r weinidogaeth yma ynom. Dylai pob un o blant Duw ddisgwyl cael ei ddisgyblu am ddau reswm:

Mae'n brawf ac yn dystiolaeth o'i gariad tuag atom. Mae'n plant wedi meddwl weithiau y byddai cartref heb ddisgyblaeth yn wych, yn baradwys ar y ddaear, nes iddyn nhw sylweddoli bod rhieni heb ddisgyblaeth yn ddi-hid am eu plant mewn gwirionedd. Mae Duw yn poeni am ein hiachawdwriaeth, mae'n awyddus i'n gweld yn aeddfedu ac yn datblygu fel ei blant; felly, mae'n ein disgyblu.

Yn ail, mae disgyblaeth yn arwydd ein bod yn blant ac yn feibion iddo yn y lle cyntaf. Fuoch chi erioed mewn sefyllfa o ofalu neu gadw llygad ar blant rhywun arall am gyfnod byr. Os digwydd i'r plant gamymddwyn mae'n anodd iawn eu disgyblu, oherwydd nid eich plant chi mohonynt, ond plant rhywun arall. Dwi wedi clywed y wraig yn dweud droeon wrth weld plentyn yn bihafio'n wael: 'Tase hwnna'n fab i mi fase fe ddim yn cael gwneud hynna!'

Sut mae ymateb i ddisgyblaeth ein Tad?

Ddylen ni ddim dirmygu ei gerydd. Mae adnodau 5–6 yn ddyfyniad o Ddiarhebion 3:11–12. Y gair yn yr Hen Destament yw 'diystyru'. Mae hyn yn golygu trin cerydd Duw yn ysgafn a pheidio â meddwl am ei bwrpas i ni. Gall hyn arwain at feddyliau anghywir am Dduw a chwestiynu ei gariad a'i ddoethineb anfeidrol. Ddylem ni ddim digalonni, na llewygu chwaith wrth brofi treialon disgyblaeth, ond cadw'n golwg ar Awdur a Pherffeithydd ein ffydd.

Dylem ymddarostwng i'n Tad (ad. 9). Nid Tad sydd yn cam-drin mohono; nid rhyw fwystfil creulon; ond yr Un a ddangoswyd ac a amlygwyd i ni yn Iesu Grist. Dywedodd Iesu fod ei faich yn ysgafn a'i iau yn esmwyth, ac o gadw'n golwg ar ein Tad a wnaethpwyd yn eglur trwy ei Fab, fe ddaw ei ddisgyblaeth yn gyfrwng bendith a chynnydd mewn gras i ni.

"Felly, gan ein bod yn derbyn teyrnas ddi-sigl, gadewch inni fod yn ddiolchgar, a thrwy hynny wasanaethu Duw wrth ei fodd, â pharch ac ofn duwiol." **(Heb. 12:28)**

Dyma eiriau cysurlon iawn i ni sydd yn byw mewn byd sigledig. Mae'r Cristion yn gwybod ei fod hefyd yn perthyn i deyrnas ddiysgog.

Pethau sigledig

Mae'r awdur wedi sôn am Dduw yn ysgwyd y ddaear â'r neges ddaearol, sef cyflwyno'r Gyfraith ar Sinai trwy Moses. Yn ôl Exodus 19:28 roedd **"y mynydd i gyd yn crynu drwyddo."** Yna yn 12:26 cawn y dyfyniad o addewid yr Arglwydd trwy'r proffwyd Haggai: **"Unwaith eto, ymhen ychydig, yr wyf am ysgwyd y nefoedd a'r ddaear, y môr a'r sychdir, ac ysgydwaf hefyd yr holl genhedloedd; daw trysor yr holl genhedloedd i mewn, a llanwaf y tŷ hwn â gogoniant."** (2:6–7) Mae 12:27 yn mynd ymlaen i ddweud y bydd popeth creedig yn cael ei ysgwyd er mwyn i'r peth diysgog aros.

Cawn ein hatgoffa o bryd i'w gilydd sut y mae pethau sydd wedi eu creu yn sigledig. Mae'r ddaear yn crynu'n llythrennol weithiau mewn daeargryn, gall yr economi grynu a gwegian, fel ein hiechyd a'n bywyd ar y ddaear yn ogystal.

Gall trefn cymdeithas gael ei hysgwyd, gall safonau a gwerthoedd gael eu newid. Yng nghanol yr holl sgytian pryderus yma mae Un yn safadwy – sef Duw'r Tad, y Mab a'r Ysbryd Glân. Oherwydd hynny, mae ei deyrnas hefyd yn ddi-gryn. Gan fod hyn yn wir, fe gawn ni edrych ar dair nodwedd o deyrnas Dduw sydd yn ddiogel:

Gorsedd gadarn

Mae pob llywodraethwr neu frenin yn gwybod y bydd ar ei orsedd am gyfnod yn unig. Gall fod yn gyfnod o ddyddiau neu flynyddoedd, ond dros dro bydd yn para. Mae i bob brenhiniaeth ddaearol ei chyfodiad a'i chwymp. Mae Hebreaid 1:8 yn dyfynnu Salm 45:6 sydd yn cyhoeddi tragwyddoldeb gorsedd a brenhiniaeth Duw. Dywed Salm 46 fod teyrnas Dduw fel dinas gadarn na chaiff ei hysgwyd oherwydd bod Duw yn ei chanol ac yn ei chynorthwyo. Mae'r ddinas yn sad yng nghanol daear symudol, mynyddoedd all ddisgyn, moroedd all ruo a berwi, ac ymysg cenhedloedd terfysglyd a theyrnasoedd sy'n gwegian. Dywed y Beibl y caiff y ddaear ei phlygu fel dilledyn neu sgrôl un diwrnod, ond bydd Duw yn ddigyfnewid. Mae meddwl am lywodraeth a brenhiniaeth sefydlog Duw yn gysur mawr i blant Duw ac i'w bobl. Iddyn nhw mae gorsedd Duw yn orsedd gras, oherwydd maen nhw wedi dod i sefyllfa o ras trwy ymddiried yn Iesu Grist fel eu Harglwydd a'u Gwaredwr. Maen nhw'n cael yr hyn mae Iesu'n ei haeddu, oherwydd eu bod yn credu ei fod Ef wedi derbyn yr hyn roedden nhw'n ei haeddu ar groes Calfaria.

I'r anghredadun bydd gorsedd y nef yn orsedd barn, ac nid oes dianc rhag cyfiawnder Duw yn y pen draw.

Gair diysgog

Dywed yr Arglwydd Iesu y bydd ei eiriau Ef yn para pan fydd y nef a'r ddaear bresennol wedi diflannu. Dywed Eseia fod pob meidrolyn fel glaswellt; mae ei nerth a'i brydferthwch am dymor yn unig, cyn iddo wywo a chrino, tra bod Gair Duw yn sefyll byth (40:6–8).

Mae rhywun wedi cyfrif tri deg mil o addewidion gan Dduw yn y Beibl. Caiff y rhain eu hanrhydeddu bob un; ni all yr un fethu. Maen nhw'n sefyll ar gyfer pob crediniwr ym mhob sefyllfa ac amgylchiad o fywyd, trwy ffydd yng Nghrist.

Ni all y Gair golli ei rym a'i allu i dreiddio i ddyfnder bod dyn, i argyhoeddi, aileni, goleuo, cysuro ac arwain pob un sy'n ei osod ei hun yn ei lewyrch.

Bydd proffwydoliaeth yn sefyll hefyd. Mae'r rhan fwyaf wedi eu cyflawni eisoes yn nyfodiad ein Meseia Iesu; mae eraill heb eu cyflawni eto, ond gallwn ddisgwyl yn hyderus i hynny ddigwydd.

Deiliaid di-sigl

Os yw teyrnas Dduw yn gwbl gadarn, mae Eglwys Dduw yr un mor ddiogel hefyd. Dywed Iesu na wnaiff pyrth uffern ei rhwystro na'i hysgwyd (Mth.16:18). Sylfaen yr Eglwys Gristnogol yw Iesu Grist ei hun, ei berson a'i waith mawr. Os mai Ef yw'r Pen, mae'r corff yn siŵr o sefyll yn gadarn.

Rhaid cofio, serch hynny, y bydd yr Eglwys ar y ddaear bob amser yn gymysgedd o wenith ac efrau fel y maes yn nameg Iesu (Math. 13:24). Er y gall eglwysi ac enwadau, fel sefydliadau daearol, ddod i ben, ni all neb gyffwrdd â gwir Eglwys Dduw, sef y bobl a ddewiswyd, a brynwyd ac a alwyd ganddo.

Fe gaiff yr eglwys allanol ei hysgwyd, a phob rhagrithiwr ei symud, ond mae gwaith a theulu Duw yn dragwyddol. Ni chaiff diafol na phechod y trechaf arnynt, ac ni chaiff neb eu tynnu na'u hysgwyd o afael sicr y Goruchaf.

"Am hynny dywedwn ninnau'n hyderus: 'Yr Arglwydd yw fy nghynorthwywr, ac nid ofnaf; beth a wna pobl i mi?'" **(Heb. 13:6)**

Dyma eiriau calonogol sydd yn ddyfyniad o Salm 118:6. Mae angen help ei Arglwydd ar y Cristion yn barhaus, ac mae'r cymorth angenrheidiol yn cael ei addo yng Ngair Duw. Os ydym am fyw yn effeithiol fel plant Duw yn y byd mae angen help arnom mewn sawl ffordd:

Help i garu brawd

Yn ôl adnod gyntaf y bennod fe ddylai cariad fod yn nodwedd barhaus ar agwedd Cristnogion at ei gilydd. Nid ffrwyth ysbrydol tymhorol yw hwn i fod, ond un sy'n aeddfedu ym mhob tymor a than bob math o amgylchiadau. Dyma orchymyn newydd yr Arglwydd i ni; dyma sydd yn dangos pwy yw ei ddisgyblion dilys.

Mor aml byddwn yn teimlo fel methiant llwyr gyda hyn, ond mor werthfawr yw cofio bod gennym gefnogwr tu cefn i ni.

Help at haelioni

Mae'r ail adnod yn cyfeirio at letygarwch ond mae'n llawer ehangach na hynny, wrth gwrs. Mae'n dweud bod rhai fel Abraham a Gideon wedi lletya angylion yn ddiarwybod iddynt. Mae'r Arglwydd Iesu hefyd yn dweud bod ymweliad, cymwynas neu groeso i un o'i frodyr lleiaf yn gyfystyr â gwasanaeth iddo yntau. Boed i ni bwyso ar gymorth ein Harglwydd i beidio â cholli cyfleoedd i fendithio'n gilydd.

Help i dosturio

Mae'r drydedd adnod yn ein hatgoffa bod gennym frodyr a chwiorydd sydd angen ein cydymdeimlad a'n hempathy. Mae angen i ni eistedd lle maen nhw'n eistedd, a'n rhoi ein hunain, cymaint â phosib, yn eu sgidiau. Mae llawer heddiw yn profi cystuddiau ac erledigaethau, yn agos neu ymhell. Sut mae tosturio wrthyn nhw? Gyda chymorth ein Cynorthwywr mawr!

Help i fod yn bur

Mae Jonsi ar Radio Cymru yn annog ei wrandawyr, a'i dafod yn ei foch, i gadw'u hunain yn bur. Mae'r awdur yn adnod 4 yn atgoffa'r Cristnogion o burdeb Cristnogol mewn perthynas â phriodas a rhywioldeb. Mae angen help mawr yn ein dyddiau ni i sefyll yn erbyn llif anfoesoldeb cnawdol ein dydd.

Help i fod yn ddiddan

Byddwn yn dweud am blentyn bach weithiau sydd yn eistedd yn hapus a bodlon, ei fod yn ddiddan. Dyw e ddim yn sgrechian nac yn wylo bob munud, dyw e ddim yn gwingo nac yn aflonydd o hyd. Dyna'r darlun a gawn yn adnod 5 o berson sydd yn dilyn pethau'r byd. Mae perygl o hyd i ni gael ein tagu gan bleserau'r llawr fel yr had ymysg y drain yn Nameg yr Heuwr.

Help i fod yn sefydlog

Mae'r nawfed adnod yn sôn am y posibilrwydd o gael ein bwrw oddi ar ei hechel gan ddysgeidiaeth ymylol neu eithafol. Mae angen i'n calonnau gael eu sefydlogi yng nghoncrit gras Duw, ei ffafr tuag atom a'i ddigonedd ar ein cyfer. Dylai hynny ein harwain at y Gair, i fwydo arno a'n trwytho'n hunain ynddo.

Sut help yw hwn?

Mae ar gael

Dywed Salm 46 fod cymorth yr Arglwydd yn hawdd ei gael. Dywed y Gair wrthym mai dim ond codi'n golwg, galw a gweiddi ar Dduw sydd ei angen arnom os am brofi ei help mawr. Mae'r wythfed adnod yn ein hatgoffa nad yw ein Harglwydd yn newid; nid yw'n heneiddio o ran ei allu, nid yw'n colli ei olwg i weld ein hamgylchiadau nac yn colli ei glyw rhag clywed ein cri.

Mae'n anfeidrol

Mae cymorth Duw mor fawr â Duw ei hun. Mae'r Arglwydd yn ei ddatguddio'i hun i Abraham yn Genesis 17:1 fel 'Duw Hollalluog.' Mae ganddo bob gallu i weithredu ei ewyllys ac i gynorthwyo'i bobl i fod yn ufudd iddo.

Weithiau fe gewch gymydog sydd yn frwd iawn i'ch helpu ond yn analluog i wneud hyny mewn rhyw sefyllfa arbennig. Mae help dynol yn gyfyngedig i'n doniau a'n gallu ar y gorau, tra bod ein Harglwydd yn *holl*alluog!

Mae'n addas

Mae'r geiriau '*fy* nghynorthwyr' yn werthfawr iawn. Sawl gwaith ydych chi wedi chwilio am ddilledyn mewn siop a chael pob maint ond eich maint chi? Beth yw gwerth dilledyn o'r maint anghywir os yw'n mynd i'ch gwasgu fel croen sych neu'ch boddi fel pabell?

Rwy'n cofio Mam yn sôn am siop yn Llanelli o'r enw 'James y *ready-made*.' Ar un adeg roedd hi'n beth chwyldroadol i gael siwt barod heb i deiliwr eich mesur gyntaf. Wel, mae cymorth yr Arglwydd wedi ei fesur yn union i'n hanghenion personol ni.

Boed i ni gael gras i fyw fel plant y nef trwy bwyso'n drwm bob dydd ar gymorth y nef.

"Peth grymus iawn ac effeithiol yw gweddi'r cyfiawn." (Iago 5:16)

Dyma osodiad pwysig a chadarnhaol i annog Cristnogion i weddïo'n daer ar Dduw ym mhob sefyllfa er mwyn profi nerth a ffyddlondeb yr Arglwydd. Mae Iago'n sôn yn arbennig am weddi dros y claf neu'r sawl sydd mewn adfyd. Fel esiampl o effeithiau rhyfeddol gweddi'r cyfiawn mae'r awdur yn atgoffa'i ddarllenwyr o'r hyn ddigwyddodd yn hanes y proffwyd Elias, hanes fyddai'n gyfarwydd i'r Cristnogion Iddewig.

Dyddiau Elias

Mae un o broffwydi mwyaf yr Hen Destament yn ymddangos yn gyhoeddus yn ystod teyrnasiad Ahab ar ddeg llwyth gogleddol Israel. Ahab oedd y seithfed brenin ar deyrnas y gogledd ers i deyrnas Israel gael ei rhwygo ar ôl marwolaeth Solomon. Roedd pob brenin o Jeroboam hyd at Ahab wedi pechu'n fwy yn erbyn yr Arglwydd, trwy ddefnyddio lloi aur yn yr addoliad, ac yna priododd Ahab â Jesebel, tywysoges baganaidd o Sidon a ledaenodd addoliad y lloi aur trwy'r wlad. Cyflwynodd addoliad Baal gan godi teml iddo yn Samaria, codi llwyni Baal ym mhob man, a phenodi offeiriaid Baal i arwain bywyd crefyddol Israel.

Ein dyddiau ni

Os oedd Elias yn esiampl i ddarllenwyr Iago yn y ganrif gyntaf, mae siŵr o fod yn esiampl addas i ni hefyd. Mae'n cymdeithas ni yn addoli materoliaeth a gwyddoniaeth, sydd yn ddau dduw pwerus a dylanwadol ar hyn o bryd. Yn anffodus ni allwn ddweud fod yr Eglwys Gristnogol yn rhydd o'u dylanwadau chwaith.

Mae Mwslemiaeth hefyd ar gynnydd ym Mhrydain gyda'r nod o ennill y wlad erbyn canol y ganrif bresennol. Dyw'r eglwysi ddim yn dylanwadu'n fawr ar gymdeithas, a'r byd yn aml yn ein gweld fel rhai gwan ac amherthnasol ar y gorau.

Gweddi dyn cyfiawn

Mae rhywun wedi dweud bod y proffwyd mwyaf disglair wedi ei godi yn ystod teyrnasiad y brenin mwyaf tywyll yn Israel. Does dim llawer yn cael ei ddweud am gefndir Elias ond mae ef ei hun yn dweud wrth Dduw mewn gweddi: **"Bûm i'n selog iawn dros Arglwydd Dduw y Lluoedd."** (1 Bren.19:10). Mae'r geiriau hyn yn dweud wrthym fod consyrn ganddo am ogoniant Duw a bod anrhydedd ei enw yn golygu mwy na dim byd iddo.

Beth ddylai Elias ei wneud yn y sefyllfa ysbrydol erchyll oedd o'i gwmpas? Beth allai wneud? Mor aml mae'r diafol yn sibrwd yn ein clustiau nad oes dim byd allwn *ni* ei wneud gan fod amodau ein cymdeithas mor anobeithiol. Gallai wneud un peth, serch hynny, gallai ddefnyddio'r adnodd sydd ar gael i bob enaid gofidus, sef gweddi.

Mae gweddi yn dangos ein cred mewn Duw sydd yn fyw ac yn llywodraethu dros bopeth. Mae gweddi yn apelio at Dduw hollalluog, a gydag Ef nid oes dim yn amhosibl. Mae gweddi yn dangos ein bod yn cydnabod ein gwendid a'r ffaith nad ydym yn ddigonol ynom ni'n hunain, ac felly fod rhaid troi at yr Un sydd yn hollddigonol.

Gweddi a Gair Duw

Er mwyn i'n gweddïau fod yn effeithiol rhaid iddynt fod yn seiliedig ar Air Duw. Pan oedd Elias yn gweddïo am iddi beidio â glawio na gwlitho, yr oedd yn atgoffa Duw o'i Air ei hunan yn Deuteronomium 11:16–17: **"Gwyliwch rhag ichwi gael eich arwain ar gyfeiliorn, a gwasanaethu duwiau estron a'u haddoli. Os felly, bydd dicter yr Arglwydd yn llosgi yn eich erbyn; bydd yn cau'r nefoedd, fel na cheir glaw, ac ni fydd y tir yn rhoi ei gynnyrch."** Dyna'r union sefyllfa oedd yn bodoli yn amser Elias. Pe na bai Duw yn gweithredu byddai'n ymddangos i bawb fel Duw marw nad oedd ei Air yn cyfrif am ddim o gwbl. Mae gwir weddi yn cydio yng Ngair Duw ac yn ei bledio gerbron ein Tad nefol nes iddo weithredu yn ôl ei Air.

Sychder a glaw

Gweddïodd y proffwyd o Thisbe am sychder a chyhoeddodd hynny trwy ffydd i Ahab y brenin. Yn wir fe beidiodd y gwlith a'r glaw ac fe effeithiodd hynny ar bawb, gan gynnwys Elias ei hun.

Ar ôl i Elias wynebu Ahab a phroffwydi Baal ar fynydd Carmel a dileu allor Baal a'r proffwydi niferus, cyhoeddodd y byddai glaw eto. Os oedd achos y sychder wedi ei symud, yr oedd yn siŵr y byddai'r Arglwydd yn rhoi glaw eto. Aeth yn ôl i ben mynydd Carmel a gweddïo seithwaith nes i'w was weld cwmwl bach yn codi o'r gorwel.

Dyn fel ni oedd Elias, yn ôl Iago. Os bu ei weddi ef mor effeithiol, gall ein gweddïau ni gyflawni pethau tebyg, oherwydd yr un Arglwydd gogoneddus a nerthol sydd gennym. Boed i ni gael gras i fynd ar ein gliniau a phrofi eto rym Duw mewn ateb i weddi daer.

"Pedr, apostol Iesu Grist, at y dieithriaid sydd ar wasgar yn Pontus, Galatia, Capadocia, Asia a Bithynia, sy'n etholedigion yn ôl rhagwybodaeth Duw'r Tad, trwy waith sancteiddiol yr Ysbryd, i fod yn ufudd i Iesu Grist ac i'w taenellu â'i waed ef. Gras a thangnefedd a amlhaer i chwi!" **(1 Pedr 1:1–2)**

Dyma eiriau agoriadol yr apostol Pedr yn ei lythyr cyntaf. Mae'n annerch credinwyr gwasgaredig ac yn rhoi disgrifiad arbennig o'r hyn ydyn nhw fel Cristnogion. Mae'n ein hatgoffa nad yw ein hamgylchiadau'n newid ein safle gerbron Duw yn Iesu Grist.

Yr amgylchiadau

Mae Pedr yn ysgrifennu at Gristnogion sydd ar wasgar yn Nhwrci. Maen nhw wedi wynebu gwaradwydd a rhyw fesur o ddioddefaint fel Cristnogion (4:14), ac mae'n debyg bod carchar, colli eiddo, a merthyrdod i ddod i lawer ohonynt yn y dyfodol.

Er bod llawer o Gristnogion wedi profi erlid mawr dros y canrifoedd ac yn y presennol, dydyn ni yn y Gorllewin ddim wedi profi llawer iawn o erledigaeth yn ystod y blynyddoedd diweddar. Erbyn hyn, fodd bynnag, mae llywodraethau, systemau addysg, a'r cyfryngau yn ei chael hi'n hawdd camliwio Cristnogaeth Feiblaidd, tra bod anfoesoldeb a chabledd yn cael eu hybu.

Beth bynnag ddigwydd i ni, dydy'r hyn ydym o flaen Duw ddim yn newid. Mae Pedr yn nodi tair nodwedd ar y Cristion:

Etholedigion

Mae'r teitl yma'n ein hatgoffa o'r hyn a ddywedir am y genedl etholedig, sef Israel. Dewiswyd Israel yn genedl sanctaidd gan Dduw yn bennaf i'r pwrpas o ddod â Gwaredwr i'r byd. Er bod y genedl wedi gwrthryfela ar adegau ac wedi cael ei herlid yn gyson, nid oedd hynny'n newid y ffaith mai cenedl Dduw oedd hi.

Dywedir yn glir hefyd na chafodd ei dewis oherwydd ei bod yn well nac yn fwy na chenhedloedd eraill. Dewiswyd hwy oherwydd cariad Duw a'i addewid a'i gyfamod â'u tadau. (Deut. 7:6–8)

Yn y Testament Newydd, pobl Iesu Grist yw'r etholedigion. Nid am eu bod yn well na neb arall, ond am fod Duw yn ei ragwybodaeth wedi eu neilltuo i fod yn sanctaidd trwy Iesu Grist.

Felly, mae'r ffaith fod person yn Gristion yn dechrau gyda Duw, nid gyda dyn. Nid yw'n cychwyn gyda phenderfyniad unigolyn ond gyda rhagwybodaeth Duw.

Nid yw etholedigaeth yn ôl rhagwybodaeth Duw yn golygu bod Duw wedi rhag-weld pwy fyddai'n credu ynddo beth bynnag, ac yna'u dewis. Os oedd y bobl yna am gredu doedd dim angen eu dewis.

Mae pawb sy'n dymuno dod at Grist yn cael dod. Ni wrthodir neb a ddaw. Ni allwn ddeall dirgelwch etholedigaeth a chyfrifoldeb dyn yn llawn, ond rhaid eu credu. Mae'n bwysig nodi bod etholedigaeth yn darostwng dyn i gofio na fyddai byth wedi dod at Iesu oni bai i'r Tad ei dynnu.

Gwaith sancteiddiol yr Ysbryd

Mae'r gwaith yma'n cael ei osod yn y gorffennol gan Pedr. Mae'n dweud bod yr Ysbryd Glân wedi gosod y Cristion ar wahân ar gyfer Duw. Mae wedi ei neilltuo a'i gysegru, fel petai. Yn yr Hen Destament roedd popeth a oedd ynghlwm wrth waith Duw yn y Deml – megis yr offeiriaid, eu dillad, yr offer a'r anifeiliaid – yn gysegredig.

Roedd y broses o sancteiddio yn golygu eneinio ag olew a golchi â dŵr, yn ogystal â thaenellu â gwaed.

Mae olew a dŵr yn ddelweddau o'r Ysbryd Glân yn y Beibl. Dyma waith yr Ysbryd yn bywhau pechadur trwy ei argyhoeddi o bechod a'i dynnu at Iesu Grist.

Ufudd-dod i Iesu Grist

Dyma nodwedd sylfaenol arall ar Gristion. Mae'n ufuddhau i Grist. Mae'r ufudd-dod cyntaf yn golygu edifarhau am ei bechod a throi mewn ffydd ostyngedig i blygu o dan arglwyddiaeth Iesu Grist ac i geisio maddeuant ganddo. Mae'n golygu ufuddhau i'r alwad i ddod ato ac i gredu ynddo gan ymddiried ei enaid yn llwyr iddo.

Taenellu â'i waed

Unwaith eto mae Pedr yn defnyddio darlun o'r Hen Destament. Dyma a ddarllenwn yn Lefiticus 8:30: **"Yna cymerodd Moses beth o'r olew eneinio ac o'r gwaed oddi ar yr allor, a'u taenellu dros Aaron a'i ddillad, a thros ei feibion a'u dillad hefyd; felly y cysegrodd Aaron a'i ddillad, hefyd ei feibion a'u dillad."**

Mae Pedr yn atgoffa'r Cristnogion gwasgaredig eu bod yn gysegredig i Dduw, beth bynnag eu hamgylchiadau yn y byd. Maen nhw wedi eu gosod ar wahân; maen nhw'n lân gerbron Duw trwy ufudd-dod ffydd yn yr Arglwydd Iesu Grist a'i werthfawr waed.

Boed i'r neges yma fod yn gysur parhaus i ni ynghanol amgylchiadau anodd taith bywyd.

"Gwyddoch nad â phethau llygradwy, arian neu aur, y prynwyd ichwi ryddid oddi wrth yr ymarweddiad ofer a etifeddwyd gennych, ond â gwaed gwerthfawr Un oedd fel oen di-fai a di-nam, sef Crist."
(1 Pedr 1:18–19)

Dyma adnod ryfeddol sydd yn ein hatgoffa o'r pris a dalwyd i brynu pechaduriaid yn rhydd o'u bywyd ofer heb Dduw, i ddod yn blant Duw ac yn etifeddion bywyd tragwyddol.

Nid arian nac aur

Mor aml mae gwerth person yn cael ei fesur yn y byd hwn mewn punnoedd neu ddoleri.

Ar ddechrau 2009 roedd y gantores Cheryl Cole yn trafod gyda chwmni teledu y gost o'i chael fel beirniad ar y rhaglen *X Factor* y flwyddyn honno. Roedd hi'n disgwyl cael £1 filiwn am ymddangos ar y rhaglen – tipyn mwy na beirniaid Eisteddfod yr Urdd sydd yn gweld talent newydd Cymru yn dod ger eu bron.

Fe glywsom yn 2008 fod clwb pêl-droed Manchester City yn fodlon talu £100 miliwn am Ricardo Kakà oedd yn chwarae i glwb AC Milan yn yr Eidal. Ni lwyddwyd i sicrhau cytundeb bryd hynny, gan ei fod yn hapus ym Milan gyda'i gyflog o 6 miliwn Iwro'r flwyddyn.

Yna darllenais am ddarlun gan Gustav Klimt o wraig o'r enw Adele Bloch Bauer a werthwyd mewn ocsiwn Christie yn Efrog Newydd ddiwedd 2006 am $88 miliwn. Cafodd y darlun ei ddwyn oddi ar y teulu Awstriaidd gan y Natsïaid yn ystod yr Ail Ryfel Byd. Yna daeth i'r golwg eto mewn amgueddfa yn Awstria, ac yn Ionawr 2006 cafodd ei ddychwelyd i'r teulu oedd yn ddisgynyddion i Bloch Bauer.

Ein gwerth ni?

Beth yw ein gwerth ni, felly? Does gan y rhan fwyaf ohonom ddim o'r ffactor 'x' arbennig yna gyda dawn canu neu sgil yn y byd chwaraeon. Does gan y rhan fwyaf ohonom ddim darlun sydd yn werth miliynau, na'r gallu i wneud llun o'r fath. Pwy yn y byd fyddai'n ystyried buddsoddi llawer yn y rhan fwyaf ohonom? Oherwydd dyna sydd yn penderfynu gwerth i'r byd yn aml iawn. Mae pawb a phopeth yn werth beth mae rhywun arall yn fodlon talu amdano.

Gwerth y colledig?

Y cwestiwn pwysicaf yw beth yw ein gwerth i'n Creawdwr a'n Duw. Y broblem yw ein bod yn bechaduriaid colledig. Mae Iesu'n disgrifio cyflwr y colledig mewn tair ffordd yn Luc 15:

Dafad golledig. Dyw dafad sydd ar goll o'r praidd ddim yn ddefnyddiol i'r bugail, ond mae'n hynod werthfawr iddo, ni all fforddio'i cholli, ac felly mae'n mynd i chwilio amdani gan adael y naw deg naw arall gyda'i gilydd. Gall ei gwerthu hi neu ei gwlân, neu ei bwyta, neu gael ŵyn ganddi unwaith mae nôl yn ei feddiant.

Darn arian colledig. Eto, dyw'r arian ddim gwerth i'r wraig mewn rhyw gornel tywyll o'r cartref. All hi ddim fforddio ei anghofio chwaith, felly mae'n sgubo'r llawr yng ngolau'r gannwyll gan ei bod yn benderfynol o ddod o hyd iddo. Os caiff afael arno gall ei ddefnyddio i brynu bwyd neu ddillad neu ryw anghenraid arall.

Mab colledig. Tra bod y mab afradlon yn byw mewn gwlad bell ni all y tad fwynhau ei gwmni, ni all ei ddysgu a'i hyfforddi o'i brofiad helaeth. Ni all edrych ymlaen at weld wyrion ac wyresau. Pan mae'n troi am adre caiff ei groesawu'n eiddgar er mwyn adfer y berthynas honno.

Ceisio'r colledig

Dyna ddarluniau da o gyflwr pechadur heb Iesu Grist, ac felly heb berthynas iawn â Duw. Nid ydym yn fuddiol; nac yn ddefnyddiol, nac yn ffrwythlon i Dduw yn ein pechod. Nid ydym mewn perthynas agos er mwyn iddo'n hyfforddi a'n mwynhau.

Dywedodd Iesu'n glir, serch hynny, ei fod wedi dod i geisio ac i achub y colledig. Er nad ydym yn fuddiol i Dduw yn ein cyflwr naturiol, yr ydym yn werthfawr yn ei olwg – mor werthfawr nes iddo roi ei Fab i'n prynu.

Roedd Duw yn fodlon i'r Mab ddod yn ddyn ac wynebu melltith y groes er mwyn ein prynu ni nôl i'w feddiant, gan fod y diafol wedi'n dwyn a'n herwgipio, fel petai.

All neb ohonom roi pris ar waed Mab Duw. Pwy all fesur mewn punnoedd werth bywyd yr Oen di-fai a di-nam? Pwy, felly, all fesur ein gwerth ni yng ngolwg Duw? Rhaid dweud ein bod yn amhrisiadwy. Rhaid hefyd ryfeddu ei fod yn fodlon talu'r fath bris am rai oedd ar goll, ac wedi mynd ar goll o'u bwriad eu hunain hefyd.

Ydy Duw yn rhoi mwy o werth arnom na ni'n hunain? Os oedd Crist yn fodlon talu cymaint i'n prynu o fywyd ofer colledig, oni ddylem neidio at y cyfle i edifarhau am ein pechod a'n rhoi ein hunain yn llwyr yn ei ddwylo grasol a thrugarog?

"Ef ei hun a ddygodd ein pechodau yn ei gorff ar y croesbren, er mwyn i ni ddarfod â'n pechodau a byw i gyfiawnder. Trwy ei archoll ef y cawsoch iachâd." **(1 Pedr 2:24)**

Dyma adnod hyfryd o eiddo Pedr sy'n disgrifio'r hyn a wnaeth Iesu Grist wrth farw ar y groes.

Ef ei hun

Mae rhai ohonom yn well am ddirprwyo gwaith nag eraill. Yn y gwaith o farw dros bechodau'r byd, dim ond un oedd yn ddigon da, dim ond un allai gyflawni'r gwaith, ac roedd yn fodlon ac yn hapus i wneud hynny.

Roedd yn wahanol i offeiriaid yr Hen Destament. Cyflwyno anifail neu fwyd fel offrwm oedd eu gwaith hwy. Gallai fod yn fustach neu'n aderyn, yn afr neu'n oen, ond cyflwyno offrwm heblaw ei hunan a wnâi'r offeiriad.

Nid anfon proffwyd neu lysgennad nac angel wnaeth Iesu Grist. Roedd y rheini'n cynrychioli Duw, yn cyhoeddi neges Duw, yn dod ar ran y nef, fel petai.

Ni allai'r holl foroedd byth olchi fy mriw,
Na gwaed y creaduriaid er amled eu rhyw;
Ond gwaed y Meseia a'i gwella'n ddi-boen:
Rhyfeddol yw rhinwedd marwolaeth yr Oen. *Morgan Rhys*

Dygodd ein pechodau

Pan oeddwn yn blentyn byddwn yn cael y gwaith o gario bagiau rhywun o'n siop ni i'w cartref, yn arbennig os oeddent yn oedrannus. Gwaith arall na fyddwn yn dewis ei wneud yw gwaith y dyn glo sy'n cario sachau trwm o glapiau budron, a'r rheini'n llenwi ei wyneb a'i ddillad â llwch du afiach. Ond rwy'n falch iawn o'r tân pan mae'n oer yn y gaeaf.

Dywed Pedr fod yr Arglwydd Iesu wedi cario budreddi ein pechodau ni i'r groes ar ein rhan. Wrth ddefnyddio'r ymadrodd hwn mae Pedr yn adleisio Eseia ym mhennod 53.

"Ein dolur ni a gymerodd a'n gwaeledd ni a ddygodd." Cawn y syniad o boen a gofid yn yr adnod yma. Mae pechod wedi'n harwain i ddoluriau a gwaeledd. Daeth dioddefaint a marwolaeth i'r byd o ganlyniad i bechod, er i Satan dwyllo Adda ac Efa trwy addo y byddent yn dduwiau. Yng Nghrist y mae gobaith y nef a'r ddaear newydd, lle na fydd pechod yn bresennol, na dim poen na gofid na dagrau. Bydd hyn yn digwydd am fod ein Ceidwad wedi cymryd pechodau ei bobl, y rhai sy'n ymddiried ynddo, i'r groes.

"a rhoes yr Arglwydd arno ef ein beiau ni i gyd." Mae pechod yn fai. Mae anufuddhau i Dduw yn gyfrifoldeb ar bob unigolyn. Ein dewis ni yw peidio â charu Duw a pheidio â charu cyd-ddyn fel ni ein hunain. Ni sydd ar fai. Daeth Iesu Grist, fodd bynnag, i gymryd beiau eraill.

"bydd fy ngwas cyfiawn yn cyfiawnhau llawer, ac yn dwyn eu camweddau." Ni sydd wedi troseddu, ni sydd wedi torri cyfraith Duw. Ni sydd yn haeddu'r ddirwy a'r gosb, sef colled dragwyddol – ond dyna a gymerodd ein Cyfaill mawr ar ein rhan ar Golgotha un prynhawn.

Irena Sendlerowa

Fis Mai 2008 bu farw'r wraig arbennig yma yn Warsaw. Maen nhw'n amcangyfrif ei bod hi wedi arbed bywyd 2,500 o blant Iddewig yn ystod yr Ail Ryfel Byd. Ar ôl i'r Natsïaid feddiannu gwlad Pwyl yn 1939 fe fentrodd ei bywyd i achub y plant. Yr oedd yn cael mynd i'r gwersylloedd fel nyrs ac yna'n smyglo'r plant allan. Roedd hi wedi cario plentyn o dan ei sgert un tro ac wedi cario babanod bach yn ei bag.

Cafodd ei chydnabod gan yr Iddewon â'r wobr a elwir 'Y Cyfiawn Ymhlith y Cenhedloedd.'

Dyna risg er mwyn arbed plant Iddewon! Ond doedd hyd yn oed hynny ddim yn cymharu â menter y groes, a'r Addfwyn Oen yn cario'n pechodau ac yn cael y gosb eithaf (yn gorfforol ac yn ysbrydol) am hynny.

Yn ei gorff

Mae Iesu'n gwybod yn well na'r un ohonom beth yw dioddef. Mae'n deall artaith marwolaeth hir, poenus a chreulon – a hynny heb anesthetig y gwin myrllyd. Mae'n gwybod beth yw tywyllwch duaf yr enaid sydd heb gysur y nef o'i blaid, am fod y Tad, hyd yn oed, wedi troi cefn arno. Ni chafodd farwolaeth urddasol wrth hongian yn noeth ar y sgwâr tu allan i Jerwsalem. Mae'n gwybod beth yw erchylltra anobaith uffern.

I beth?

Mae Pedr yn nodi dau bwrpas i angau Iesu Grist:

1. I ni fod yn gyfiawn. I ni gael iachâd – sef iachawdwriaeth. Mae hyn yn golygu symud melltith pechod a chael bendith Duw, a rhyw ddydd cael bod heb bechod o gwbl a chael corff newydd sbon hefyd.
2. I ni fod yn sanctaidd. I ni ddarfod â phechod. Os oedd ein pechodau ni wedi costio cymaint i Fab Duw, sut gallwn ni lynu wrthynt? Wrth inni fyfyrio ar aberth y groes, sut gallwn anwesu pechod eto?

"Am yr union reswm yma, felly, gwnewch eich gorau glas i ychwanegu rhinwedd at eich ffydd, gwybodaeth at rinwedd, hunanddisgyblaeth at wybodaeth, dyfalbarhad at hunanddisgyblaeth, duwioldeb at ddyfalbarhad, brawdgarwch at dduwioldeb, a chariad at frawdgarwch." **(2 Pedr 1:5–7)**

Dyma Pedr yn annog y saint cynnar yr oedd yn ysgrifennu atynt i dyfu ac i aeddfedu o'u ffydd gychwynnol yng Nghrist i fod yn llawn o ffrwythau ysbrydol melys hefyd, yn arbennig cariad.

Pwrpas a phen draw'r Efengyl

Beth yw diben gwaith yr Efengyl ynom? Beth yw'r nod?
"Diben y gorchymyn hwn yw'r cariad sy'n tarddu o galon bur a chydwybod dda a ffydd ddiffuant." (1 Tim. 1:5) Mae Paul yn dweud mai pen draw'r gorchymyn yw cariad. Beth yw ystyr y gorchymyn yn y cyswllt yma?

1. Y Deg Gorchymyn sydd yn dweud wrthym am garu Duw ac am garu'n cyd-ddyn. **"Dywedodd Iesu wrtho, 'Câr yr Arglwydd dy Dduw â'th holl galon ac â'th holl enaid ac â'th holl feddwl … Câr dy gymydog fel ti dy hun.' Ar y ddau orchymyn hyn y mae'r holl Gyfraith a'r proffwydi yn dibynnu."** (Math. 22:37–40)

2. Yr Efengyl sydd yn rhoi calon newydd i bechadur, calon sydd yn dyheu am ufuddhau i orchmynion Duw. Yr Efengyl sydd yn argraffu deddf Duw ar ein calonnau ac nid ar lechen garreg. Mae gau athrawiaeth yn arwain pobl oddi wrth gynllun achubol Duw, sef ein creu o'r newydd i'w garu Ef ac i garu cymydog.

Beth yw'r canlyniad, felly?

Cariad o galon bur – ac felly nid o gymhellion hunanol; caru Duw er mwyn ei blesio Ef yn unig.
Cariad o gydwybod dda – ac nid o ofn, nid er mwyn osgoi cosb neu gerydd. Nid oes ofn mewn gwir gariad.
Cariad o ffydd ddiffuant – cariad sydd yn credu ac yn ymddiried yn Nuw, yn ei gariad ac yn ei Air.

Sut y daw Cariad Crist i ni?

1. Yr Ysbryd Glân

"A dyma obaith na chawn ein siomi ganddo, oherwydd y mae cariad Duw wedi ei dywallt yn ein calonnau trwy'r Ysbryd Glân y mae ef wedi ei roi i ni." (Rhuf. 5:5) Dwi'n cofio clywed Derek Prince yn sôn am ei brofiad yn gweithio gyda llwyth o Sudan. Doedden nhw ddim yn bobl ddeniadol eu ffordd na'u golwg. Un nos yr oedd yn eiriol drostynt a theimlodd ryw gariad rhyfedd tuag atynt yn disgyn arno ac o ganlyniad bu'n gweddïo'n daer dros eu heneidiau am beth amser. Mewn ychydig amser, ef a gafodd y fraint o arwain y cyntaf ohonynt at y Gwaredwr. Roedd hon yn rhodd arbennig gan yr Ysbryd, ond hefyd rhaid gofyn iddo'n feunyddiol dywallt cariad Duw yng Nghrist ynom.

2. Trwy Air Duw

Mae gwrando, derbyn ac ymateb i Air Duw yn dangos ein cariad at yr Arglwydd: **"Nid yw'r sawl nad yw'n fy ngharu i yn cadw fy ngeiriau i."** (Ioan 14:24). Pwrpas gweinidogaeth Gair Duw yw adeiladu Cristion i fod â ffydd – ac i fod â chariad hefyd. Sut mae Duw yn cynhyrchu cariad ynom?

Trwy ychwanegu rhinwedd, sef cryfder neu nerth neu ragoriaeth. Roedd Mam yn fy annog i yfed dŵr bresych pan ôn i'n blentyn, oherwydd "yn y dŵr mae'r rhinwedd i gyd!" Mae daioni yn treiddio i bob rhan ohonom, felly.

Gwybodaeth, sef gwybodaeth am ewyllys Duw trwy'r Gair.

"Deisyf yr ydym ar ichwi gael eich llenwi, trwy bob doethineb a deall ysbrydol, ag amgyffrediad o ewyllys Duw, er mwyn ichwi fyw yn deilwng o'r Arglwydd a

rhyngu ei fodd yn gyfan gwbl, gan ddwyn ffrwyth mewn gweithredoedd da o bob math, a chynyddu yn eich adnabyddiaeth o Dduw." (Col. 1:9–10)

Hunanddisgyblaeth Rhaid bod yn gymedrol wrth ddefnyddio pethau da y bywyd naturiol megis bwyd, diod, dillad, cwsg, a hamdden. Mae dymuniad gormodol am y rhain yn anghyson â gwir ddymuniad am Dduw a Christ. Disgyblu ein hunain, dal ein hunain yn ôl. Dyna esiampl Paul yn 1 Cor. 9:25–27).

Dyfalbarhad **Trwy lawer o gyfyngderau yr ydym i fynd i mewn i deyrnas Dduw."** (Act. 14:22) Wrth wynebu gorthrymder y byd mae angen y gras o ddyfalbarhad.

Duwioldeb, sef cymeriad sydd o dan lywodraeth yr Ysbryd Glân, person sydd yn cario rhywbeth o Dduw gydag ef ac yn gadael rhywbeth o Iesu Grist ar ei ôl.

Brawdgarwch 'Philadelphia' yw'r gair Groeg. Hoffter tyner at bob cyd-Gristion. Yr un Tad, yr un teulu a'r un cartref sydd gennym.

Cariad: at Gristion, at gymydog a hyd yn oed at elyn. Mae angen ein llenwi â'r cariad yr ydym ni wedi ei brofi, sef cariad at elyn oedd yn caru'r pechadur heb garu'r pechod, trwy farw drosto, eiriol drosto a'i garu at y diwedd.

“Nid yw’r Arglwydd yn oedi cyflawni ei addewid, fel y bydd rhai pobl yn deall oedi; bod yn amyneddgar wrthych y mae, am nad yw’n ewyllysio i neb gael ei ddinistrio, ond i bawb ddod i edifeirwch.” **(2 Pedr 3:9)**

Dyma adnod bwysig iawn gan yr apostol Pedr wrth i ni feddwl am ailddyfodiad Crist a’i farn ar bechaduriaid.

Cwestiynau coeglyd

Mae Pedr yn helpu Cristnogion i ddelio â phobl sydd yn holi’n wawdlyd am ddyfodiad Crist i farnu’r byd. Anghredinwyr yw’r rhain sydd yn gweld bod popeth yn parhau’r un fath ag erioed. Mae Pedr yn dweud bod Duw wedi ymyrryd yn hanes o’r blaen pan foddodd y byd yn amser Noa ac y bydd yn ymyrryd eto trwy dân ar ddiwedd y byd.

Rhag i Gristnogion feddwl na fydd Duw yn barnu’n gyfiawn, mae’n eu hannog i gofio bod Duw yn dal yn ôl rhag barnu’n fyd-eang er mwyn rhoi cyfle i bawb edifarhau a chredu’r Efengyl ac osgoi condemniad tragwyddol.

Oes barn mewn llifogydd?

Yn ystod Gorffennaf 2007 ymddangosodd gosodiadau yn y wasg gan esgobion eglwysi Anglicanaidd yn dweud mai barn Duw oedd wedi dod â’r llifogydd diweddar i ardaloedd yn Lloegr.

Dywedodd y Gwir Barchedig Graham Dow, esgob Carlisle, yn y *Sunday Telegraph* ar Orffennaf y 1af, ei fod yn credu bod “cyfreithiau sy’n tanseilio priodas, gan gynnwys deddfwriaeth o blaid hoywon, wedi cythruddo Duw i weithredu trwy anfon y stormydd sydd wedi gadael miloedd yn ddigartref.” Mae’n debyg bod James Jones, esgob Lerpwl, wedi dweud rhywbeth tebyg ar yr un pryd hefyd.

Corddi

Yn amlwg roedd y geiriau hyn wedi ennyn ymateb a thrafodaethau brwd. Roedd llawer o bobl yn credu bod yr esgobion yn targedu un math o bechod yn unig tra bod nifer fawr o bechodau eraill yn yr ardaloedd hynny. Pam y byddai Duw yn targedu un ardal pan mae llawer o bechodau ym mhob ardal?

Beth am y Beibl?

Gwelais un ymateb yn nodi bod Duw wedi anfon y dilyw, deg pla’r Aifft, newyn yn amser Elias ac Eliseus, storm fawr yn amser Jona a digwyddiadau eraill ym myd natur. Daeth y dilyw yn amser Noa ar bawb heblaw'r wyth aelod o'i deulu.

Gyda'r deg pla, effeithiwyd ar yr Eifftiaid i gyd, nid rhai yn unig, a hynny oherwydd triniaeth Pharo o bobl Dduw.

Yn amser Elias, daeth y newyn ar bobl Dduw oherwydd pechodau brenin oedd i fod yn dduwiol. Yn amser Eliseus daeth y newyn ar wlad yr addewid.

Yn hanes Jona daeth y storm i rwystro'r proffwyd rhag dianc oddi wrth Dduw.

O'r digwyddiadau hyn fe welwn fod Duw yn anfon barn neu gerydd, yn gyffredinol ar bawb o'r di-gred (hanes Noa) oherwydd eu holl bechodau. Bryd arall roedd Duw yn dangos i'r Eifftiaid na allai Pharo barhau i frwydro yn ei erbyn ac ennill. Mae'r achosion eraill a nodwyd yn dangos barn neu gerydd Duw ar ei bobl ei hun, ac mae llawer o enghreifftiau o hynny yn yr Hen Destament.

Beth a ddywedai Iesu?

Mae un hanesyn yn Luc 13:1–5 am rywrai yn dod at Iesu ac yn dweud wrtho am y Galileaid a laddwyd gan Peilat wrth iddynt gyflwyno aberthau (yn Jerwsalem). Mae Iesu hefyd yn sôn am ddamwain pan laddwyd deunaw o bobl Jerwsalem wrth i dŵr Siloam syrthio arnynt.

Nid cosb uniongyrchol am bechodau arbennig

Mae Iesu'n dweud yn blaen *nad* oedd y rhai a fu farw yn yr achosion hyn yn fwy o bechaduriaid na neb arall. Mae'n rhaid bod y rhai a gariodd yr hanes am Peilat yn credu hynny.

Felly, doedd pobl Swydd Efrog a'r ardaloedd a effeithiwyd gan y llifogydd ddim yn fwy o bechaduriaid na neb arall ym Mhrydain neu'r byd. Hefyd gallwn ddweud nad oedd y llifogydd yn gosb uniongyrchol am bechodau arbennig.

Rhybudd i edifarhau

Er mai canlyniad byw mewn byd amherffaith a syrthiedig yw trasiedi a damwain, dywed Iesu fod rhybudd i bawb mewn digwyddiadau o'r fath. Dywed y bydd y sawl nad yw'n edifarhau yn darfod amdano mewn ffordd debyg. Ystyr hynny yw bod hyd yn oed gwaeth trasiedi i'w gael na'r math yma, o beidio ag edifarhau, sef colledigaeth dragwyddol.

Felly mae pob digwyddiad o'r math yma yn rhybudd i ni ein holi ein hunain ble rŷn ni'n sefyll gerbron Duw, ac ystyried a fyddem yn barod i ymddangos ger ei fron petai rhywbeth yn digwydd i ni. Pwrpas amynedd Duw yw nid ein harwain i gredu na ddaw barn, ond i lynu wrth Grist tra galler ei gael. Ef

Wyt ti wedi manteisio ar amynedd Duw trwy gredu yn Iesu Grist cyn iddi fynd yn rhy hwyr?

"Fe ddaw Dydd yr Arglwydd fel lleidr, a'r Dydd hwnnw bydd y nefoedd yn diflannu â thrwst, a'r elfennau yn ymddatod gan wres, a'r ddaear a phopeth sydd ynddi yn peidio â bod." **(2 Pedr 3:10)**

Dyma ddarlun byw iawn o ailddyfodiad yr Arglwydd Iesu mewn perthynas â'r rhai oedd, a sydd, yn gwawdio'r holl syniad. Fel y mae lleidr yn dod yn hollol annisgwyl a dirybudd, felly y bydd dyfodiad Crist yn ei ogoniant i lawer iawn o bobl.

Gwatwarwyr

Dyma bobl sydd yn gwawdio'r Efengyl a Gair Duw. Dyma bobl, oddi mewn neu oddi allan i'r Eglwys, sydd yn tybio bod sôn am bethau fel yr ailddyfodiad yn abswrd. Dyma un o nodweddion y dyddiau diwethaf, medd Pedr, sef y dyddiau rhwng esgyniad a dyfodiad olaf yr Arglwydd.

Mae'r salm gyntaf yn ein rhybuddio i beidio â'n huniaethu'n hunain â'r annuwiol, y pechaduriaid a'r gwatwarwyr. Mae Pedr yn ein hatgoffa o'u bodolaeth ac yn ein paratoi ar gyfer eu gwawd.

Eu cymeriad

Mae'n dweud hefyd sut bobl ydyn nhw. Maen nhw'n byw yn ôl eu chwantau eu hunain. Dydyn nhw ddim am fyw yn ôl Gair Duw na than Arglwyddiaeth Iesu Grist, ond i'w dibenion eu hunain. Os nad ydy rhywbeth yn ffitio i'w bwriad a'u hamcan a'u dymuniad nhw, rhaid ei wrthod. O safbwynt yr Efengyl, rhaid gwawdio honno hefyd. Yna mae'n dweud eu bod yn siarad yn goeglyd ac yn sarcastig.

Eu neges

O'u safbwynt nhw mae sôn am ailddyfodiad yn chwerthinllyd oherwydd bod popeth wedi parhau'r un fath yn hanes y byd erioed. Felly, does dim rheswm hanesyddol i ddisgwyl unrhyw newidiaeth eto chwaith.

Mae Pedr yn ateb hyn trwy ddweud bod newid syfrdanol wedi digwydd unwaith yn hanes ein planed, sef y dilyw. Ymyrrodd Duw yn hanes ein daear bryd hynny trwy ei boddi a dod â rhywbeth newydd gwahanol i fod, er yn debyg. Os yw Duw wedi gwneud hynny o'r blaen, sut gallwn ddweud na wnaiff hynny eto trwy ddull gwahanol, sef trwy dân.

Mae'r bobl yma hefyd yn bwrw amheuaeth ar eirwiredd Duw, a'i allu i gadw addewid. Maen nhw'n dibrisio geiriau'r Arglwydd Iesu ei hunan: **"A'r pryd hwnnw ymddengys arwydd Mab y Dyn yn y nef; y pryd hwnnw**

bydd holl lwythau'r ddaear yn galaru, a gwelant Fab y Dyn yn dyfod ar gymylau'r nef gyda nerth a gogoniant mawr." (Math. 24:30).

Yna roedd addewid yr angylion adeg yr esgyniad: **"Yr Iesu hwn, sydd wedi ei gymryd i fyny oddi wrthych i'r nef, bydd yn dod yn yr un modd ag y gwelsoch ef yn mynd i'r nef."** (Act.1:11)

Neges Pedr

Mae Pedr yn gwrthsefyll geiriau'r gwatwarwr gyda nifer o bwyntiau pwysig:

Fel y dywedwyd eisoes, yr oedd Duw wedi peri newid syfrdanol i'r blaned o'r blaen yn nyddiau Noa, ac felly gall wneud hynny eto.

Dydy Duw ddim yn anghofio'i addewidion. Mae ei amserlen Ef yn wahanol i'n dyddiadur ni. Yn nhermau tragwyddoldeb mae cyfnodau maith yn ymddangos fel eiliadau.

Mae 'na reswm pam na ddaw dyfodiad yr Arglwydd un eiliad yn gynt nag sydd raid. Mae'n rhaid i gymaint â phosib cael cyfle i glywed ac i ymateb i Efengyl Iesu Grist. Fe fydd llawer yn ei chlywed droeon cyn ufuddhau trwy edifeirwch a ffydd. Felly, mae Duw fel petai'n gohirio barn er mwyn rhoi pob cyfle posib i ddyn fod yn rhan o deyrnas fendigedig Crist.

Anogaeth Pedr

Mae'r apostol nid yn unig yn ateb y gwawdwyr, mae hefyd yn rhoi anogaeth frwd i'r credinwyr:

Rhaid byw yn sanctaidd a duwiol. Mae wedi ein hatgoffa y daw Crist â barn. Fel y bydd elfennau'r greadigaeth yn toddi, bydd tân ei ddigofaint yn llosgi yn erbyn yr anghredinwyr anedifeiriol, y rhai sydd wedi dewis parhau ar lwybr pechod a gwrthryfel yn erbyn Duw. Bydd y tân yna yn dinistrio dynion annuwiol.

Rhaid byw yn lân fel rhai sydd yn disgwyl dyfodiad yr Arglwydd. Mae'n bosib colli golwg ar ei ddyfodiad a mynd i ymddwyn yn anghywir fel y gwas oedd yn cam-drin ei gydweision tra bod y meistr i ffwrdd yn nameg Iesu (Math. 24:45–51).

Rhaid cadw'n golwg ar y pethau na welir, y pethau ysbrydol. Yr ydym yn disgwyl nef a daear newydd lle mae cyfiawnder gwirioneddol yn cartrefu. Gan fod y ddaear a'r nefoedd yn eu ffurf bresennol yn pasio heibio, rhaid i ni beidio â rhoi gormod o'n bryd a'n calon ar y pethau fydd yn darfod. Rhaid peidio â gwneud eilunod ohonynt. Rhaid ceisio teyrnas Dduw, heddwch, cyfiawnder, haelioni a thegwch, yn hytrach na chyfoeth a grym tymhorol.

"Dyma sut yr ydych yn adnabod Ysbryd Duw: pob ysbryd sy'n cyffesu bod Iesu Grist wedi dod yn y cnawd, o Dduw y mae, a phob ysbryd nad yw'n cyffesu Iesu, nid yw o Dduw." **(1 Ioan 4:2–3)**

Mae'r apostol Ioan yn ein helpu yn yr adnodau hyn i wybod pa fath o ysbryd sydd ar waith yn ein heglwysi ac mewn pobl amrywiol. Mae'n ein rhybuddio bod ysbrydion drwg a gau-broffwydi yn broblem ac yn boen barhaus i Eglwys Iesu Grist.

Mae'n amlwg bod pobl, ac arweinwyr yn arbennig, yn nyddiau'r Eglwys Fore, yn gwadu fod Iesu Grist, Mab Duw, wedi dod mewn cnawd. Wrth ddefnyddio'r teitl llawn 'Iesu Grist' mae Ioan yn dangos ei fod yn meddwl am y Duw-ddyn, Iesu'r Meseia.

Mae unrhyw ddysgeidiaeth sy'n proffesu dyndod a duwdod Iesu Grist wedi ei wreiddio yn Nuw. Ar y llaw arall, ni allwn dderbyn unrhyw 'athro' sydd yn gwadu dyndod neu dduwdod ein Harglwydd a'n Gwaredwr.

Felly, pan mae ystyriaeth a meddwl person o'r gwir Iesu yn cynyddu mae'n brawf sicr fod Ysbryd Duw ar waith. Y gwir Iesu yw'r un a anwyd o'r wyryf Fair, a groeshoeliwyd y tu allan i furiau Jerwsalem, a atgyfodwyd y trydydd dydd, a esgynnodd at ddeheulaw'r Tad, ac a ddaw eto mewn ysblander gogoneddus, Mab Duw a Gwaredwr dynion.

Cyffesu

Mae'r 'cyffesu' yma'n fwy na chydnabod bod person o'r enw Iesu wedi ymddangos yn Israel ac wedi gwneud a dioddef y pethau mae'r Beibl yn sôn amdanynt. Mae'n golygu cyffesu mai Ef yw Mab Duw, Arglwydd a Gwaredwr y byd. Dyma mae Ioan yn ddweud yn adnod 15: **"Pwy bynnag sy'n cyffesu mai Iesu yw Mab Duw, y mae Duw yn aros ynddo, ac yntau yn Nuw."**

Mae'r gair cyffesu yn fwy na 'chyfaddef' rhywbeth am rywun. Yn y Testament Newydd mae'n golygu gwybod rhywbeth yn sicr a pharodrwydd i'w gyhoeddi mewn mawl a chariad. Dyma rai enghreifftiau:

"ac y cyffesai pob tafod fod Iesu Grist yn Arglwydd, er gogoniant Duw Dad." (Phil. 2:11) Dyma gydnabod gostyngedig pob enaid i Frenhiniaeth ac Arglwyddiaeth absoliwt Iesu Grist pan fydd yn ymddangos yr ail waith.

"Pob un fydd yn fy arddel i gerbron dynion, byddaf finnau hefyd yn ei arddel ef gerbron fy Nhad, yr hwn sydd yn y nefoedd." (Math. 10:32) Gyda'r gair 'arddel' cawn y syniad o berthynas agos, a'r parodrwydd i'w harddel yn gyhoeddus yn hytrach na'i gwadu neu gadw'n dawel amdani.

"Fel y mae'n ysgrifenedig: 'Oherwydd hyn, clodforaf di ymysg y Cenhedloedd, a chanaf i'th enw.'" (Rhuf. 15:9) Dyma'r syniad o gyffesu gyda chariad ac addoliad. Gyda hyn hefyd daw'r ystyr o'i gymeradwyo i eraill, hyd yn oed rhai sydd yn ddieithr iddo ar hyn o bryd.

Yr Ysbryd ar waith

Felly, pan mae pobl yn cael eu perswadio o'u hangen am Grist ac yn cael eu harwain ato; pan mae eu cred yn ei ddyfodiad hanesyddol yn cael ei gryfhau; pan maen nhw'n fwy argyhoeddedig nag erioed mai ef yw Mab Duw a anfonwyd i achub pechaduriaid; pan maen nhw'n cydnabod mai Ef yw'r unig Waredwr a bod ei angen Ef arnynt ar frys; pan maen nhw'n ei werthfawrogi yn fwy nag o'r blaen, ac yn ei garu hefyd – pan mae hyn yn wir, gallwn ddweud yn hyderus fod Ysbryd Glân Duw ar waith, er nad yw pob un wedi dod i ffydd achubol eto, o bosib.

Dim ond yr Ysbryd Glân all roi tystiolaeth i'r gwir Iesu neu arwain pobl ato. Mae gau broffwydi yn sôn am eu Crist eu hunain, ac mae rhai yn dal i wneud hynny yng Nghymru heddiw, Crist sydd yn ffitio i fframwaith dynol ac agenda ddynol, nid Iesu Grist yr Ysgrythur.

Mae gelyniaeth chwerw yn dal i fod gan y diafol tuag at Iesu Grist, yn enwedig fel Gwaredwr. Mae'n casáu hanes a dysgeidiaeth y brynedigaeth ar y pren. Nid yw'n bwriadu i ddynion gael meddyliau anrhydeddus am Iesu a gwerthfawrogi ei orchmynion. Does ganddo ddim diddordeb mewn troi calonnau dynion at 'had y wraig' na Michael, tywysog yr angylion.

Prawf diogel

Pan fyddwn yn clywed am ryw athrawiaeth newydd, efallai o dan y teitl 'radical' neu 'chwyldroadol', neu pan fydd rhywun yn honni bod Duw ar waith mewn ffordd ryfeddol yn ei weinidogaeth, rhaid gosod y prawf yma. Dyma'r cwestiwn pwysicaf i'w ofyn mewn gwirionedd; 'Ydy pobl yn dod i werthfawrogi, i garu, i anrhydeddu a mawrhau Iesu Grist y Beibl yn fwy nag erioed?'

O am weld mwy a mwy o dystiolaeth o hyn yn ein plith!

"Blant, yr ydych chwi o Dduw, ac yr ydych wedi eu gorchfygu hwy; oherwydd y mae'r hwn sydd ynoch chwi yn gryfach na'r hwn sydd yn y byd. I'r byd y maent hwy'n perthyn, ac o'r byd, felly, y daw'r hyn y maent yn ei ddweud; ac y mae'r byd yn gwrando arnynt hwy." **(1 Ioan 4:4–5)**

Dyma Ioan yn dangos arwydd arall o waith yr Ysbryd Glân, sef buddugoliaeth dros Satan, tywysog y byd hwn. Mae'n cyfeirio nôl at y gau broffwydi oedd yn creu eu Crist eu hunain. Roedd y rhain yn perthyn i'r Anghrist, sef Diafol. Mae plant Duw, fodd bynnag, yn ennill buddugoliaeth arnynt trwy Ysbryd Duw, sydd yn gorchfygu Ysbryd Anghrist.

Dau ysbryd

Mae Ioan yn cymharu dau ysbryd yn yr adnodau hyn. Mae'r naill yn Ysbryd gwirionedd sydd yn gogoneddu Iesu Grist, y Person a'i waith sydd yn cael ei gyflwyno i ni yn yr Ysgrythur, mae'r llall yn ysbryd ffalster sydd yn gwadu elfennau sylfaenol am Grist.

Mae'r Ysbryd Glân o Dduw, ac felly'n gorchfygu'r byd, tra bod yr ysbryd aflan yn hybu pethau'r byd ac yn eu caru. Mae'r diafol yn cael ei alw yma, **"yr hwn sydd yn y byd."** Dywedodd yr Arglwydd Iesu nad oedd ei deyrnas o'r byd hwn, tra bod Satan yn cael ei enwi fel 'duw'r byd hwn.'

Y byd

Beth yn union mae Ioan yn ei feddwl wrth y term yma? Mae'n ei esbonio'i hun yn yr ail bennod o'r epistol: **"Peidiwch â charu'r byd na'r pethau sydd yn y byd... trachwant y cnawd, a thrachwant y llygaid a balchder mewn meddiannau."** (ad.15–16) Mae'n amlwg felly, nad sôn am greadigaeth Duw y mae Ioan, ond am 'fyd' ysbrydol sydd yn gwasanaethu'r Hunan. Dyma'r deyrnas y mae'r diafol yn ben arno.

Buddugoliaeth

Sut mae Ysbryd y byd yn cael ei goncro, felly?

Pan mae cariad dynion at bleserau, elw ac anrhydedd cnawdol, hunanol, yn cael ei oeri; pan mae dynion yn cael eu diddyfnu rhag sychedu am y pethau hyn; pan ddaw consyrn am dragwyddoldeb a hapusrwydd yr Efengyl yn amlwg; pan fydd dynion yn ceisio yn gyntaf deyrnas Dduw a'i gyfiawnder; pan fydd dynion yn gweld pa mor hyll yw pechod, a'i fai, yn ogystal â'r gwagedd a diflastod a ddaw ar ei ôl.

Bryd hyn gallwn fod yn siŵr fod Ysbryd Glân Duw ar waith.

Nid yw Satan yn deffro pobl fel hyn. Mae ef yn gadael i bobl gysgu yn eu bydolrwydd, gan feddwl y bydd eiddo a meddiannau, anrhydedd ac enillion y byd hwn yn bopeth ac yn ddigon i enaid dyn.

Yr Ysbryd Glân sydd yn deffro'r gydwybod i weld oferedd pethau'r cnawd, i weld fod hyn yn eilunaddoliaeth – trwy roi'r Hunan yn lle Duw. Ysbryd Duw sydd yn peri i ddynion ofidio am bechodau'r gorffennol, i weld eu bod yn euog o flaen eu Creawdwr. Yr Ysbryd Sanctaidd sydd yn rhoi dyhead am lendid a phurdeb yn y galon ddynol.

Cafodd Iesu Grist ei gyhuddo o wneud rhyfeddodau trwy nerth Beelsebwl, ond esboniodd ein Harglwydd na all Satan fwrw allan Satan. Mae person sydd yn effro i'w bechod ei hun yn llawer llai tebygol o gael ei dwyllo na'r sawl sy'n cerdded yn dalog mewn hunangyfiawnder.

Buddugoliaeth trwy glwyf

Dywedwyd wrth Jacob ym Mhenuel ei fod wedi gorchfygu yn ei ymdrech gyda Duw a dynion ac mai dyna oedd arwyddocâd yr enw newydd Israel. Sut roedd Jacob wedi gorchfygu? Fe sicrhaodd fendith gan y gŵr oedd yn reslo gydag ef pan gafodd ei glwyfo yn ei glun. Ar ôl hynny, nid oedd yn fodlon gollwng ei Wrthwynebwr nes iddo'i fendithio. Dyma sut mae dyn yn gorchfygu'r Hunan – trwy gael ei glwyfo a'i dorri o'i falchder a'i frwydr yn erbyn Duw.

Mae person ar y ffordd i fuddugoliaeth ac iachawdwriaeth ysbrydol pan fydd yn gweld pa mor ddrwg ac afiach yw pechod mewn gwirionedd; pan fydd yn gweld pa mor ddig yw Duw at ei bechod a'i wrthryfel haerllug; pan wêl ei fod yn golledig yn ei bechod; pan fydd yn sylweddoli ei angen personol am achubiaeth Duw, am drugaredd a chymorth dwyfol yn ei fywyd; pan fydd yn gweld bod rhaid iddo wneud beth mae Duw yn ei ddweud wrtho er mwyn cael iachawdwriaeth.

Boed i ni weld Ysbryd Duw ar waith yn nerthol yn ein gwlad unwaith eto, yn deffro ac yn argyhoeddi dynion trwy ddangos iddynt eu pechod, cyfiawnder Duw a'r Farn i ddod. Boed i ni weld llawer yn cael eu harwain i wir edifeirwch, ac yna i ffydd yn Iesu Grist a'i aberth ar y groes, ei nerth a'i allu Ef i achub i'r eithaf y pechaduriaid mwyaf.

“O Dduw yr ydym ni; y mae’r hwn sy’n adnabod Duw yn gwrando arnom ni, a’r hwn nad yw o Dduw, nid yw’n gwrando arnom ni. Dyma sut yr ydym yn adnabod ysbryd y gwirionedd ac ysbryd cyfeiliornad.” **(1 Ioan 4:6)**

Yn yr adnod hon mae Ioan yr apostol yn ein hatgoffa o ddau beth pwysig ynglŷn â gwaith yr Ysbryd Glân. Mae’n arwain dynion i wrando ar yr Ysgrythur ac i lynu wrthi, ac mae’n cadw pobl yng ngoleuni gwirionedd Duw sydd i’w gael yn y Beibl.

Gair yr apostolion

Wrth ddweud eu bod o Dduw, mae Ioan yn dweud mai nhw oedd yr apostolion a anfonwyd gan Dduw i ddysgu ei athrawiaethau a’i orchmynion i’r byd. Mae hyn yn cynnwys holl apostolion a phroffwydi Duw a benodwyd i roi i’w Eglwys reol ffydd a gweithred. Iddyn nhw, sef sylfaen Eglwys Crist, yr ymddiriedwyd y gwaith o ysgrifennu’r Testament Newydd.

Dyma sut y gallai pobl yr Arglwydd yn y dyfodol aros ynddo Ef er mwyn dwyn llawer o ffrwyth. Dyma sut y gallent ddysgu a dangos eu cariad tuag ato, trwy gadw ei Air. Dyma sut y byddai saint yr oesoedd yn profi cariad y Tad, a bod y Tad a’r Mab yn trigo gyda nhw, oherwydd eu bod yn ufuddhau i’w Air.

Fyddai ysbryd cyfeiliornad ddim yn arwain dynion i barchu, i ddarllen a glynu wrth yr Ysgrythurau Sanctaidd. Ysbryd Crist sydd yn annog ac yn cymell yr enaid i chwilio’r Ysgrythurau. Bwriad y diafol yw cadw dynion mor bell â phosib oddi wrthynt. Dyna ffordd ddiogel o gadw pobl mewn tywyllwch a dallineb ysbrydol sy’n siŵr o arwain i ddamnedigaeth. Anogaeth y nef yw i ni wrando arno Ef, tra bod y sarff yn annog Efa i beidio â gwrando ar rybudd Duw a fyddai’n arwain at farwolaeth.

Y cleddyf llym daufiniog

Dyma arf Ysbryd Duw. Dydy Satan bron byth yn ei ddefnyddio, heblaw i’w droi a’i wyro er mwyn baglu a hudo pobl i bechod. Dyma a wnaeth gyda’r Arglwydd ei hun yn ei demtiad yn yr anialwch. Ni fydd yn arwain neb i blygu i awdurdod y Gair a gadael iddo’i arwain i oleuni llawn Haul Cyfiawnder a’r Seren Fore Eglur. Nid yw’n poeni cymaint o weld y Gair yn cael ei ddarostwng gan feddwl dynion, neu yn destun dadl frwd nad yw’n cyffwrdd â bywyd na chalon neb.

Mae’r cleddyf yn arf werthfawr i’r Cristion yn y frwydr yn erbyn drygioni a thywysogaethau ac awdurdodau’r tywyllwch. Mae’n un o arfau mwyaf effeithiol y Marchog gwyn, Ffyddlon a Gwir, neu Frenin Brenhinoedd ac Arglwydd Arglwyddi er mwyn sefydlu teyrnas cyfiawnder.

Gallwn fod yn siŵr, felly, fod Ysbryd Glân Duw ar waith pan mae'r Beibl yn cael parch ac anrhydedd, ac yn arbennig awdurdod ac effaith ymarferol ar fywydau dynion.

Gwirionedd a chyfeiliornad

Dyma sut mae Ioan yn gwahaniaethu rhwng yr Ysbryd Glân ac ysbryd yr Un drwg, sydd yn ceisio'i ddynwared a chopïo'i waith.

Os yw person yn cael ei arwain i wirionedd y Gair ac yn dod yn argyhoeddedig ohono, gallwn fod yn siŵr mai'r Ysbryd Glân sydd wrthi. Os daw ymwybyddiaeth gynyddol o fodolaeth Duw, a'i fod yn Dduw anfeidrol a sanctaidd sydd yn gwrthwynebu pechod, mae'n dystiolaeth o ddylanwad Ysbryd y Gwirionedd. Prawf arall o hyn yw gweld pobl yn sylweddoli pa mor frau a bregus yw bywyd ar y ddaear, a bod angen paratoi ar gyfer tragwyddoldeb oherwydd bod yr enaid yn anfarwol.

Pan fydd yr Ysbryd Glân yn chwythu, daw ymwybyddiaeth o lygredd y galon ac arswyd rhag gorfod wynebu Crist a rhoi cyfrif am eu bywyd. Ôl ei law Ef yw bod pobl yn gweld eu bod yn analluog i'w hachub eu hunain a bod angen Gwaredwr nerthol arnynt.

Fe ddywedodd yr Arglwydd Iesu mai tad y celwyddau yw diafol, lladdwr dynion nad yw'n sefyll yn y gwirionedd. Awdurdod y tywyllwch oedd ei awdurdod wrth arwain dynion i groeshoelio Oen Duw. Gafael dywyll sydd ganddo ar ddynion, nes iddynt gael eu trosglwyddo i deyrnas annwyl Fab Duw, sydd yn oleuni ac yn fywyd.

Dywedodd yr Arglwydd Iesu mai Ef yw goleuni'r byd. Pwrpas ei ddyfodiad oedd taflu disgleirdeb y nef ar dywyllwch y ddaear. Daeth i egluro Cyfraith Moses oedd wedi cael ei dywyllu a'i ddrysu gan draddodiad yr esbonwyr Iddewig.

Daeth i ddangos cariad Duw a disgleirio llifoleuadau arno, a hynny trwy gymryd ein lle a chosb ein pechod ar groes Calfaria. Dangosodd yn glir ei fod yn abl ac yn fodlon bod yn Fugail Da, i arwain, porthi a diogelu ei braidd am byth.

Dyma ffocws yr Ysbryd Glân, sef ein harwain at oleuni Gair ysgrifenedig Duw a'r Gair a wnaethpwyd yn gnawd.

"Gyfeillion annwyl, gadewch i ni garu ein gilydd, oherwydd o Dduw y mae cariad, ac y mae pob un sy'n caru wedi ei eni o Dduw, ac yn adnabod Duw. Y sawl nad yw'n caru, nid yw'n adnabod Duw, oherwydd cariad yw Duw." **(1 Ioan 4:7–8)**

Mae llawer ohonom wedi dechrau dysgu'r Ysgrythur ar ein cof gyda'r cymal olaf o adnod 8 yng nghyfieithiad William Morgan: **"oblegid Duw, cariad yw."** Mae Ioan yn dal i feddwl am nodweddion a ffrwyth Ysbryd Duw yn hytrach nag ysbryd drwg. Mae gwir gariad at Dduw a dynion yn ffrwyth sicr o waith a gweinidogaeth yr Ysbryd Glân.

Mae hyn yn amlwg yn adnodau 12–13 o'r bennod hon: **"Nid oes neb wedi gweld Duw erioed; os ydym yn caru ein gilydd, y mae Duw yn aros ynom, ac y mae ei gariad ef wedi ei berffeithio ynom ni. Dyma sut yr ydym yn gwybod ein bod yn aros ynddo ef, ac ef ynom ninnau: am iddo ef roi inni o'i Ysbryd."** Wrth ddarllen geiriau Ioan yn ofalus gwelwn ei fod yn uniaethu presenoldeb Duw'r Ysbryd ynom â'i gariad sydd ynom. Hynny yw, os nad oes gennym wir gariad at Dduw a dynion, dyw ei Ysbryd ddim yn trigo ynom. Mae hyn, wrth gwrs, yn cyd-fynd yn llwyr â dysgeidiaeth yr apostol Paul yn Rhufeiniaid 5:5 sydd yn dweud: **"oherwydd y mae cariad Duw wedi ei dywallt yn ein calonnau trwy'r Ysbryd Glân y mae ef wedi ei roi i ni."**

Cariad at Dduw

Yn adnodau 16b–18, mae Ioan yn ysgrifennu am gariad plant Duw ato Ef. Oherwydd bod Duw wedi plannu ei gariad ynom ni, yr ydym ni yn ei garu Ef ac yn caru ein gilydd hefyd.

Nodweddion ein cariad at Dduw yw:

Hyder yn Nydd y Farn

Dyma arwydd o gariad Duw sydd wedi aeddfedu yn ei blant, sef hyder megis plentyn gyda'i dad, hyd yn oed wrth feddwl am y Farn. Canlyniad cariad Duw yn yr Efengyl yw dod â phechadur i berthynas o gariad â'i Greawdwr. Yn hytrach na ffoi oddi wrtho oherwydd arswyd ei gyfiawnder fel Barnwr sanctaidd, cawsom faddeuant a'n mabwysiadu yng Nghrist yn blant iddo, a phob anogaeth i nesáu ato mewn llawn hyder ffydd. Yn yr un modd ag yr ydym yn dod gerbron gorsedd gras nawr gyda hyder gostyngedig i dderbyn gras a thrugaredd, byddwn yn sefyll yn y Farn hefyd trwy ein Harchoffeiriad mawr, Iesu.

Copïo Crist

Mae pawb yn dynwared y bobl maent yn eu caru ac yn meddwl yn fawr ohonynt. Mae plant yn efelychu rhieni; mae pobl ifanc yn dynwared eu harwyr; weithiau mae pregethwyr yn dynwared pregethwr hŷn sydd wedi bod o help arbennig iddynt.

Gan fod Crist wedi dangos y fath gariad atom ni yn ei fywyd a'i waith achubol, mae ei bobl yn ei ddynwared yn eu cariad at ei gilydd ac at eraill.

Dim ofn

Mae dwy ystyr i ofn yn y Beibl: parchedig ofn neu ddychryn arswydus. At y cyntaf mae Ioan yn cyfeirio fan hyn. Mae gan y Cristion barchedig ofn at Dduw oherwydd ei fod yn ei garu, ond nid yw'n swatio mewn cornel. Nid agwedd y plentyn sy'n cael ei gam-drin sydd gan y Cristion, ond agwedd y plentyn sy'n hyderus i ddod at ei dad ac eistedd ar ei lun. Mae'r crediniwr sydd mewn cymod â Duw trwy Iesu Grist yn rhydd o ofn cosb. Mae'n gwybod bod Crist wedi cymryd ei gosb haeddiannol ar y groes. Felly, ni fydd Duw yn ei gosbi neu byddai gwaith aberthol Iesu Grist yn anghyflawn. Mae'r Tad yn ei gywiro, yn ei ddisgyblu ac yn ei geryddu, ond mae byd o wahaniaeth rhwng hynny a derbyn ei gosb.

Cariad at ein gilydd

All neb garu cyd-ddyn heb garu Duw. Heb dderbyn cariad Duw yn ein calonnau ni fydd gennym yr adnoddau i garu eraill, yn arbennig rhai gwahanol a gwrthwynebus i ni. Serch hynny, mae Ioan hefyd yn dangos yn glir nad yw honni caru Duw yn golygu dim heb gariad ymarferol at eraill.

Oherwydd bod Duw yn anweledig, mae'n anodd dangos ein cariad tuag ato yn ymarferol. Prawf sicr o'r cariad yma, medd Ioan, yw caru'r cyd-ddyn y gall pawb ei weld. Caru'r person annymunol a lletchwith, caru'r gelyn sydd yn ymosodol a chreulon.

Caru brawd

Mae hyn yn golygu ystyried cymydog yn frawd er gwaethaf ei nodweddion anodd a diflas. Dyma'r prawf fod cariad Duw ynom. Sut gariad ddangosodd Duw atom ni? Cariad at bechadur gwrthryfelgar, annuwiol, diymadferth a gelyniaethus. Os daeth y cariad hwn i'n profiad ac i'n calon trwy'r Ysbryd Glân, fe ddaw allan yn ein hymwneud ag eraill.

"A hwn yw'r hyder sydd gennym ger ei fron ef: y bydd ef yn gwrando arnom os gofynnwn am rywbeth yn unol â'i ewyllys ef. Ac os ydym yn gwybod ei fod yn gwrando arnom, beth bynnag y byddwn yn gofyn amdano, yr ydym yn gwybod bod y pethau yr ydym wedi gofyn iddo amdanynt yn eiddo inni." (1 Ioan 5:14–15)

Mae'r rhain yn eiriau rhyfeddol gan Ioan sy'n sôn am sicrwydd o ateb gweddi ymlaen llaw i'r Cristion ar adegau arbennig.

Darlun yr archeb

Dwi ddim yn siŵr os ydych chi wedi archebu rhywbeth dros y ffôn neu ar y we, ond mae'n weddol hawdd gwneud hynny.

Yn gyntaf mae'n rhaid cofrestru gyda'r cwmni trwy roi manylion syml eich enw a'ch cyfeiriad a'ch banc, a rhyw air cyfrinachol i chi fynd at yr archeb. Yna mae'n rhaid gosod eich archeb a chael gwybod os yw'r eitemau hynny mewn stoc. Yna caiff yr archeb ei phrosesu a chewch rif archeb arbennig a dyddiad pryd y gallwch ddisgwyl yr eitemau.

Mae hon yn eglureb o neges yr adnodau uchod.

Yr hyder sydd gennym yw ein bod wedi'n 'cofrestru' fel pobl yr Arglwydd.

Yr ydym yn gofyn mewn gweddi fel person sy'n gosod archeb.

Cawn wybod os yw mewn stoc wrth wybod os ydym yn gofyn yn ôl ewyllys Duw.

Y mae Ef yn gwrando arnom fel y sawl sy'n derbyn ac yn prosesu ein harcheb.

Yr ydym yn gwybod bod yr ateb yn eiddo i ni, yn yr un modd ag yr ydym yn disgwyl y postmon gyda'r eitemau oddi ar y we.

Amodau'r addewid

O edrych yn ofalus ar y geiriau hyn, fe welwn nifer o amodau sy'n perthyn i'r addewid hyfryd yma:

Mae'n addewid i'r Cristion

Fel y mae angen cofrestru gyda chwmni er mwyn gosod archeb ar y we, rhaid i ni adnabod yr Arglwydd a chael ein hadnabod ganddo er mwyn gallu gweddïo'n hyderus arno. Ar ddiwedd Dameg y Drws Cul (Luc 13), mae Iesu'n sôn am bobl fydd yn meddwl eu bod yn ei adnabod ac yn disgwyl derbyniad i'w deyrnas heb fynd trwy'r drws cul. Ei ateb iddynt fydd nad yw yn eu hadnabod. Y ffordd i gael ein cofrestru yn y nef yw trwy edifarhau a chredu yn Iesu Grist.

Mae'n addewid yn ôl ei ewyllys

Does dim addewid o ateb i unrhyw gais sydd yn groes i ewyllys Duw. Petai'r Arglwydd yn ateb gweddi nad oedd mewn harmoni â'i ewyllys fe fyddai'n anghyson ag Ef ei hunan, sydd yn amhosibl.

Ewyllys Duw

Mae'n amlwg mai hon yw un o'r amodau allweddol i weddi hyderus a disgwyliad hyderus am ateb. Y cwestiwn yw, sut gallwn wybod ewyllys Duw mewn mater? Ein ffynhonnell ni i ddarganfod ewyllys Duw yw Gair Duw. Dyma lle mae Duw wedi siarad, a mynegi ei ewyllys i ni. Er enghraifft:

Yr ydym yn gwybod ein bod oddi mewn i ewyllys Duw wrth inni weddïo i'n cymdogion a'n teuluoedd gael eu hargyhoeddi o bechod oherwydd Ioan 16:7–8, lle mae Iesu'n addo'r Ysbryd Glân i argyhoeddi'r byd.

Rŷn ni'n gwybod bod ein gweddi mewn cytgord â'r nef wrth inni weddïo am achubiaeth pob math o bobl oherwydd 1 Tim. 2:1–4 sy'n dweud bod Duw yn dymuno i ni wneud hynny, am ei fod am weld pob math o bobl yn dod i'r gwirionedd yng Nghrist.

Mae'r weddi dros sancteiddhad y Cristion yn siŵr o gael ei hateb oherwydd yn 1 Thes. 4:3 mae Paul yn nodi'n benodol mai ewyllys Duw ar ein cyfer yw i ni gael ein gwahanu oddi wrth bechod.

Gallwn weddïo'n gwbl hyderus am ddoethineb yn unrhyw sefyllfa oherwydd yr addewid yn Iago 1:5 nad yw Duw yn gybyddlyd wrth roi pethau da i'w blant.

Mae'r weddi am weithwyr i gynhaeaf yr Efengyl yn cyd-fynd yn llwyr â gorchymyn yr Arglwydd i ni i'r perwyl hwnnw yn Mathew 9:38.

Mae rhai materion nad oes addewid penodol amdanynt yn y Beibl. Weithiau mae angen arweiniad mewn materion ymarferol yn ein bywydau. Beth ddylem ei wneud bryd hynny?

Mae hawl gennym fynegi ein dymuniad i'r Arglwydd. Fe ofynnodd ein Gwaredwr mawr i gwpan chwerw'r groes basio heibio os oedd hynny'n bosib. Ychwanegodd yn syth, serch hynny, fod yn well ganddo ewyllys Duw oedd yn groes i'w ddymuniad na chael dymuniad oedd yn groes i ewyllys Duw.
Gallwn roi ein cais gerbron ein Tad nefol a'i adael gydag Ef, gan wybod na chawn ni fyth gam ganddo.

Gallwn hefyd ddisgwyl tangnefedd Duw trwy'r Ysbryd Glân i lywodraethu yn ein calonnau. Os ydym yn colli'n tangnefedd Cristnogol, dylai hynny fod fel larwm neu olau coch i'n rhybuddio ein bod yn dilyn y trywydd anghywir.

"I'r hwn sydd yn ein caru ni ac a'n rhyddhaodd ni oddi wrth ein pechodau â'i waed, ac a'n gwnaeth yn urdd frenhinol, yn offeiriaid i Dduw ei Dad, iddo ef y bo'r gogoniant a'r gallu byth bythoedd! Amen." **(Dat. 1:5–6)**

Dyma gân hyfryd o fawl i'r Arglwydd Iesu gan Ioan wrth iddo gyfarch derbynwyr ei lythyr oedd yn cynnwys Datguddiad Iesu Grist.

Cyfarchion y Drindod

Yn yr adnod flaenorol mae Ioan wedi dwyn cyfarchion o ras a thangnefedd oddi wrth Dduw'r Tad, yr Ysbryd a'r Mab. Ffafr Duw i rai sydd heb unrhyw haeddiant yw gras. Tangnefedd yw adlewyrchiad gwên Duw yng nghalon y crediniwr sydd wedi cael cymod â Duw, a chanlyniad ei ras.

Y Tad tragwyddol Wrth ddisgrifio'r Tad fel yr hwn sydd a'r hwn oedd a'r hwn sydd i ddod (neu sydd *yn* dod) cawn ein hatgoffa o'r enw a ddatguddiodd Duw i Moses yn Horeb, sef **"Ydwyf yr hwn ydwyf".**

Y saith ysbryd Mae'r disgrifiad hwn o'r Ysbryd Glân yn ein taro'n rhyfedd i gychwyn, efallai. Mae saith yn rhif am gyflawnder yn y Beibl, wrth gwrs, ac mae'n cyfleu gwaith cyflawn a gweithredoedd amrywiol yr Ysbryd. Hefyd mae adlais o weinidogaeth seithblyg Ysbryd yr Arglwydd fyddai'n gorffwys ar y Meseia yn Eseia 11:2: **"bydd ysbryd yr Arglwydd yn gorffwys arno, yn ysbryd doethineb a deall, yn ysbryd cyngor a grym, yn ysbryd gwybodaeth ac ofn yr Arglwydd".**

Iesu Grist Mae'r tri disgrifiad o'r Arglwydd yn dangos ei weinidogaeth driphlyg fel:
proffwyd (tyst ffyddlon). Dyma weinidogaeth ddaearol Iesu Grist; yn dwyn tystiolaeth iddo'i Hunan a gwirioneddau nefol.
offeiriad (cyntaf-anedig oddi wrth y meirw). Mae'r teitl yma'n adlewyrchu disgrifiad Paul ohono yn 1 Corinthiaid 15:20 fel **"blaenffrwyth y rhai sydd wedi huno".** Dyma atgyfodiad Crist, a'i weinidogaeth yn dilyn hynny fel Archoffeiriad ac Eiriolwr yn y nef.
brenin (llywodraethwr brenhinoedd). Dyma'r concwerwr mawr sydd wedi sefydlu teyrnas Dduw. Cyn hir fe welwn bawb a phopeth wedi eu darostwng iddo.

Trefn y tabernacl

Mae'n siŵr bod y darllenwyr yn sylwi bod trefn y Drindod yma yn wahanol i'r drefn arferol o'r Tad, y Mab a'r Ysbryd Glân. Mae'n debyg mai'r rheswm am hyn yw bod Duw yn cael ei ddarlunio yma yn ei dabernacl nefol.

Roedd y Tad yn trigo uwchben arch y cyfamod yn y cysegr mwyaf sanctaidd; roedd yr Ysbryd yn cael ei gynrychioli gan y canhwyllbren â'i saith lamp yn y lle sanctaidd; roedd aberth iawnol Iesu Grist yn cael ei ddarlunio gan y gwaed ar allor y poethoffrwm yn y llys.

Mawl gwirfoddol

Mae crybwyll Iesu Grist yn arwain Ioan i ganu cân o fawl digymell i'w Arglwydd. Y rheswm arbennig am y mawl yw'r hyn y mae Crist wedi ei wneud dros ei bobl. Mae Ioan yn nodi tri gweithgaredd arbennig:

Carodd. Mae enw Iesu Grist yn ennyn cynhesrwydd yng nghalon Ioan, fel pob Cristion arall, oherwydd ei fod wedi ein caru cymaint. Yng ngeiriau Paul: **"yr hwn a'm carodd i ac a'i rhoes ei hun i farw trosof fi."** (Gal. 2:20) Syndod i bob pechadur yw deall a phrofi cariad Mab Duw tuag ato er gwaethaf ei bechod.

Rhyddhaodd. Daeth Mab Duw yn ddyn i ryddhau dynion rhag euogrwydd a chondemniad pechod. Mae pechadur fel troseddwr sy'n euog am iddo dorri'r gyfraith. Ar ôl cael ei ddarganfod yn euog, mae o dan gondemniad y goron ac yn disgwyl dedfryd. Mae fel troseddwyr America sydd ar 'Death Row' yn disgwyl am gyflawni'r gosb. Oherwydd iddo roi ei fywyd glân drosom ar y groes, caiff pawb sy'n edifarhau ac yn credu yn Iesu Grist bardwn a rhyddhad rhag y gosb a'r ddedfryd.

Gwnaeth. Cawsom ein gwneud yn iawn ac yn offeiriadaeth. Trwy ras Duw cawn deyrnasu gyda Christ a bod yn offeiriaid i'n gilydd. Yn nerth Crist cawn deyrnasu ar bechod a diafol. Cawn weddïo ac eiriol dros eraill hefyd gerbron gorsedd gras Duw.

Iddo Ef

Mae nifer o ganiadau mawl tebyg yn Llyfr y Datguddiad. Maent yn rhoi gogoniant i Dduw ac i'r Arglwydd Iesu Grist. Maen nhw'n canolbwyntio ar ei deilyngdod i dderbyn pob gogoniant, mawredd ac anrhydedd gan yr holl greadigaeth. Mae sawl rheswm am hyn. Mae Duw yn teilyngu addoliad a mawl am ei waith fel Creawdwr, fel Rhoddwr Bywyd. Mae teilyngdod Iesu Grist yn codi o'i waith fel Prynwr. Bu farw i dalu'r pris i ryddhau pechadur a'i brynu nôl i ryddid ac i feddiant Duw. Hefyd y mae wedi ennill, ac fe fydd yn ennill buddugoliaeth ar bob gelyn i ddaioni, cyfiawnder a sancteiddrwydd, ac am hynny hefyd y mae'n deilwng.

Boed i'n calonnau, ein gwefusau a'n bywydau ymuno yn y gân!

"ac yng nghanol y canwyllbrennau un fel mab dyn, a'i wisg yn cyrraedd hyd ei draed, a gwregys aur am ei ddwyfron." **(Dat. 1:13)**

Yn yr adnod hon mae Ioan yn dechrau disgrifio'r weledigaeth a gafodd o Iesu Grist pan oedd ar ynys Patmos. Mae adnodau 12–20 o'r bennod hon yn help mawr i ni gael darlun cywir o'n Harglwydd yn ei gyflwr presennol. Gobeithio bydd edrych arno yn y myfyrdod bach hwn yn galondid ac yn oleuni i ni.

Datguddiad i'r teulu

Mae Ioan yn ei ddisgrifio'i hun fel brawd i'r rhai yn saith eglwys Asia fyddai'n derbyn cynnwys Llyfr y Datguddiad am y tro cyntaf. Wrth wneud hyn mae Ioan yn dangos ei fod yn gyd-was â'r saint cynnar, ac mae'n dweud ei fod yn rhannu'r un bererindod ysbrydol â nhw. Mae'n nodi tair agwedd ar y bywyd Cristnogol yn y byd:

Gorthrymder Er bod erledigaeth yr Eglwys Fore yn eithaf llym ar y pryd, mae Paul yn dweud wrthym mai **"eu herlid a gaiff pawb sydd yn ceisio byw bywyd duwiol yng Nghrist Iesu."** (2 Tim. 3:12). Wrth ysgrifennu at yr Effesiaid mae'n eu hatgoffa nhw a ninnau ein bod mewn brwydr ysbrydol. Mae hyn yn golygu gorthrymder pan mae pwysau'n dod arnom wrth inni ymgodymu â'r diafol, cnawd a byd.

Brenhiniaeth Serch y gorthrymder, mae Iesu Grist wedi'n gwneud yn frenhinoedd (ac yn offeiriaid). Os ydym yn frenhinoedd, nid yw'r gorthrymderau i fod i'n concro ni, ond i'r gwrthwyneb. Mae gennym enw Iesu i roi buddugoliaeth i ni, ac mae Ysbryd Crist yn trigo ynom hefyd, fel y gallwn fod yn fwy na choncwerwyr trwyddo Ef.

Dyfalbarhad Mae'r bywyd Cristnogol i'r mwyafrif llethol ohonom yn farathon, nid yn ras canllath. Mae angen dyfalbarhad a dycnwch i redeg yr yrfa i'r diwedd. Wedi'r cyfan, y sawl sydd yn dyfalbarhau tan y diwedd fydd cadwedig. Dyma un arwydd sicr o gredinwyr dilys y mae Ysbryd Duw wedi cydio ynddynt, sef eu bod yn pasio prawf amser.

Iesu gogoneddus

Er nad ydym yn gweld pawb a phopeth wedi eu darostwng iddo, mae'r darlun o Iesu'r presennol yn ogoneddus. Er ei fod yn y nef, fe ddywedir wrthym ei fod yng nghanol yr eglwysi, sef y saith ganhwyllbren aur. Mae ganddo'r arweinwyr eglwysig (y sêr) yn ei law hefyd. Mae'n gweld ein heglwysi, mae'n ymwybodol o'n cyflwr, ac mae ganddo neges i ni. Rhaid i ni gadw'n golwg arno Ef ac ystyried a ydym yn ei blesio neu beidio. Mae Ioan yn nodi wyth gymhariaeth wrth geisio disgrifio'r weledigaeth o Iesu, yr un y bu'n pwyso ar ei fynwes yn ystod y Swper Olaf:

Fel mab dyn Nid rhyw greadur annaearol, arallfydol a welodd Ioan. Mae adlais o Daniel 7 sydd yn cynnwys gweledigaeth nefol a Mab y Dyn yn derbyn **"arglwyddiaeth a gogoniant a brenhiniaeth, i'r holl bobloedd o bob cenedl ac iaith ei wasanaethu. Yr oedd ei arglwyddiaeth yn dragwyddol a digyfnewid."** (ad.14)

Fel gwlân ac eira Dyma'r disgrifiad o'r pen a'r gwallt. Mae'r gwallt gwyn yn cyfleu oed, er nid heneiddio. Mae hyn yn cyd-fynd â geiriau Paul amdano, ei fod cyn pob peth. Mae gwynder gwlân ac eira'n cyfleu purdeb sancteiddrwydd yn yr Hen Destament: **"Pe bai eich pechodau fel ysgarlad, fe fyddant cyn wynned â'r eira; pe baent cyn goched â phorffor, fe ânt fel gwlân."** (Eseia 1:18)

Fel fflam tân Dyma'r llygaid. Ar ddechrau 2009 bu tanau mawr yn Awstralia. Cafodd llawer iawn o eiddo ei ddifa a chollodd cannoedd eu bywydau. Eto, mae hyn yn cyfleu sancteiddrwydd Crist, fel tân ysol. Mae hefyd yn gweld trwy bawb a phopeth yn well na phelydr x neu'r sgan cryfaf.

Fel wedi ei buro mewn ffwrnais Mae'r traed yn bres gloyw. Gall y gair a ddefnyddir olygu 'pres Lebanon' neu 'bres gwyn'. Mae cyfeirio at y traed yn ein hatgoffa o'r adnodau sydd yn sôn am y Meseia yn sathru ei elynion dan draed.

Fel sŵn llawer o ddyfroedd Efallai fod Ioan yn cymharu'r llais â'r môr oedd o gwmpas yr ynys. Mae'n awgrymu sŵn cryf a nerthol, yr oedd yn rhaid gwrando arno a chymryd sylw ohono.

Fel haul yn ei anterth Dyma ddisgrifiad gwych o ddisgleirdeb wyneb Crist. Mae'n beryglus edrych ar yr haul ganol dydd â'r llygad noeth, ac yn yr un modd mae gogoniant Mab y Dyn yn rhy lachar i ni ei astudio a'i gwmpasu'n iawn â'n llygaid meidrol.

Diolch am ddarlun cyfredol o Iesu disglair a gogoneddus. Ni ddylai hyn ddychryn y Cristion does dim angen ofni, dim ond ei addoli a'i wasanaethu gan ddiolch ei fod yn Geidwad inni.

"At angel yr eglwys yn Effesus, ysgrifenna: 'Dyma y mae'r hwn sy'n dal y saith seren yn ei law dde, ac yn cerdded yng nghanol y saith ganhwyllbren aur, yn ei ddweud." **(Dat. 2:1)**

Dyma'r cyntaf o saith llythyr Crist at eglwysi Asia. Er mai Crist yw'r anfonwr, Ioan yw'r un sydd wedi ysgrifennu'r geiriau i lawr.

Effesus

Roedd hon yn ddinas gyfoethog, lwyddiannus a gwych, yn enwog am ei theml i'r dduwies Diana. Roedd hi ar arfordir gorllewinol Asia Leiaf ac yn hawdd ei chyrraedd ar gwch neu long. Ar yr un pryd yr oedd yn hawdd ei chyrraedd dros y tir hefyd; roedd priffyrdd yn ei chysylltu â dinasoedd pwysicaf y dalaith.

Roedd teml Diana yn drysorfa, yn amgueddfa ac yn noddfa i ddrwgweithredwyr. Roedd yn sicrhau gwaith i lawer, fel y gofaint arian oedd yn gwneud y delwau o Diana.

Daeth Paul yma gyntaf ar ei ffordd o Gorinth i Jerwsalem (Act. 18:19–21). Gadawodd Priscila ac Acwila yma ac yna daeth Apolos i ddysgu â'i sêl fawr. Ar ei drydedd daith treuliodd Paul dair blynedd yma, a gwelodd fendith fawr ar y gwaith yn Effesus a'r cyffiniau bryd hynny. Anfonodd ei lythyr atynt o garchar yn Rhufain, ac yn nes ymlaen gadawodd Timotheus yn weinidog yno (1 Tim. 1:3). Ychydig flynyddoedd yn ddiweddarach daeth yr apostol Ioan yn weinidog ar yr Effesiaid. Felly roedd Ioan yn cofnodi llythyr ato fe'i hunan a'r eglwys oedd yn ei ofal, er ei fod yn alltud ar ynys Patmos ar y pryd.

Cyfarchiad

Ym mhob llythyr cawn gyfarchiad gan Iesu Grist a disgrifiad ohono sydd yn berthnasol i'r llythyr a'r eglwys sy'n ei dderbyn. Mae sawl disgrifiad o'r Arglwydd dyrchafedig yn dod o'r weledigaeth ohono ym mhennod gyntaf y Datguddiad. Mae Crist yn ei ddisgrifio'i hun fel un yn dal y saith seren yn ei law ac yn cerdded ymhlith y saith ganhwyllbren.

Mae'r esboniad i hyn i'w weld yn 1:20: Y saith seren yw angylion y saith eglwys, sef eu gweinidogion. Yn yr un modd ag yr oedd angylion yn dod â neges Duw i'w bobl, rhaid i weinidogion ddwyn y gair hefyd. Rhaid iddynt fod gyda'r bobl a'u cynrychioli gerbron Duw mewn gweddi, fel yr angylion oedd yn esgyn ac yn disgyn ym Methel. Mae'n dal y saith seren yn ei law – yn ddiogel, gan fod yr eglwys wedi cael ei phoeni gan apostolion ffals.

Y saith eglwys yw'r canwyllbrennau, ac mae Ef yn ben arnynt i wneud â nhw fel mae'n gweld yn dda.

Cymeradwyaeth

Mae'r saith llythyr yn bwysig iawn i ni gan eu bod yn dweud wrthym beth sy'n dderbyniol ac yn annerbyniol yng ngolwg ein Harglwydd.

Mae'r Arglwydd yn gwybod popeth am bob eglwys, a'i asesiad ef ohonynt yw'r unig un sydd yn cyfrif. O ran Effesus, mae'n cael ei blesio gan ei gwaith caled, ei dyfalbarhad a'i chywirdeb athrawiaethol. Mae'n fodlon ar barodrwydd yr eglwys i ysgwyddo beichiau'r ffydd Gristnogol heb wegian o dan bwysau'r baich hwnnw.

Mae'n canmol eglwys Effesus am fod yn anoddefgar. Roedd yr eglwys wedi pwyso a mesur yr apostolion honedig oedd wedi dod i'w plith ac wedi eu cael yn ffals. Ar sail hynny yr oeddent wedi eu gwrthod. Dywedodd yr Arglwydd Iesu yn y Bregeth ar y Mynydd y byddai'n rhaid gwylio rhag gau broffwydi. Rhaid oedd edrych yn ofalus ar eu ffrwythau – ffrwyth eu gwefusau, o ran eu dysgeidiaeth, a ffrwyth eu bywydau, sef buchedd oedd yn cyd-fynd ag Efengyl Crist.

Mae'r Effesiaid wedi gwrthwynebu'r Nicolaiaid. Er na wyddom yn iawn pwy oeddent, mae'n bur debyg mai dyma'r bobl oedd yn annog credinwyr i fynychu gwleddoedd paganaidd anfoesol eu dinasoedd.

Cerydd

Roedd yr eglwys dros ei phedwar deg oed erbyn hyn, ac wedi colli brwdfrydedd dwys a defosiwn tanbaid y dyddiau cynnar. Dyma'r credinwyr oedd wedi cefnu ar eilunod Diana ac wedi llosgi pob llyfr yn ymwneud â dewiniaeth.

Er ei bod yn ffyddlon ac yn gywir, nid yw'r cariad oedd y tu ôl i'r gweithredoedd cynnar yna yn bresennol i'r un graddau. Mae Crist yn eu hannog i fynd nôl ac ailddarganfod y serch cyntaf yna.

Rhybudd ac addewid

Yna daw rhybudd i'r eglwys: os nad yw'n edifarhau fe fydd ei lamp yn cael ei diffodd, fel petai. Yn wir, does dim eglwys yn Effesus heddiw. Er bod cywirdeb athrawiaethol yn hynod bwysig, rhaid cael cariad hefyd, at Dduw, at ein gilydd ac at ein cymydog.

Caiff yr eglwys addewid i fwyta o bren y bywyd, y ffrwyth a gollwyd gan Adda ac Efa, ond sy'n dod yn eiddo i ni eto yng Nghrist (Dat. 22:2,14). Mae pren y bywyd yn ffrwytho drwy'r flwyddyn yn ddi-baid. Dyma ffrwythau'r Ysbryd, wrth gwrs, a'r cyntaf a'r mwyaf ohonynt – yw cariad!

“Ac at angel yr eglwys yn Smyrna, ysgrifenna: ‘Dyma y mae’r cyntaf a’r olaf, yr hwn a fu farw ac a ddaeth yn fyw, yn ei ddweud.” **(Dat. 2:8)**

Dyma’r ail o’r saith llythyr a anfonwyd gan Iesu Grist at eglwysi Asia trwy law yr apostol Ioan.

Cefndir Smyrna

Izmir yw enw presennol y ddinas oedd yn cael ei hadnabod fel Smyrna yn amser y Testament Newydd, ac roedd yn cystadlu ag Effesus am fawredd a bri. Roedd yn ei gweld ei hun fel ‘dinas flaenaf Asia mewn maint a mwynder’, a chodai ar lethr o lan y môr. Roedd nifer o adeiladau cyhoeddus ar ben copa crwn y bryn Pagos oedd yn cael eu galw yn ‘goron Smyrna’. Câi’r ddinas ei hadnabod fel cyfaill ffyddlon a thriw i Rufain.

Mae’n debyg bod Paul yn allweddol yn sefydliad yr eglwys yn ei gyfnod estynedig o ddwy flynedd yn Effesus: **“nes i holl drigolion Asia, yn Iddewon a Groegiaid, glywed gair yr Arglwydd.”** (Act.19:10) Mae’n bosib bod Polycarp y merthyr yn esgob ar yr eglwys bryd hynny, ac roedd yn ddisgybl i Ioan a chafodd ei losgi yn OC 155.

Cyfarchiad

Y tro hwn mae Crist yn ei ddisgrifio’i hun fel y cyntaf a’r olaf, a’r un a fu farw ac a ddaeth yn fyw. Mae’r disgrifiad hwn yn dod o 1:17.

Mae’r cyntaf a’r olaf hefyd yn adleisio 1:8 pan mae’r Arglwydd yn dweud mai Ef yw’r Alffa ac Omega, sef llythyren gyntaf ac olaf yr wyddor Roeg. Mae hyn yn ein hatgoffa o’r llyfrau ‘A-Z’ sydd ar gael yn Saesneg ar amryw bynciau. Yr awgrym ydy bod y gair olaf ar y pwnc yn y gyfrol honno. Yr Arglwydd Iesu Grist sydd â’r gair olaf arnom ni fel ei bobl a’i eglwysi. Ef biau’r Eglwys, a rhaid i’w air ef fod yn derfynol.

Y mae hefyd wedi concro angau. Gallwch ddeall y cymal fel hyn: ‘euthum yn farw ac roeddwn yn fyw’ sydd yn awgrymu ei fod yn fyw trwy’r amser, ac mae hynny’n clymu ag 1:17 sy’n dweud: **“ac wele, yr wyf yn fyw byth bythoedd, ac y mae gennyf allweddau Marwolaeth a Thrigfan y Meirw.”** Yn sicr, does dim angen i’r sawl sydd yn wynebu erlid at farw ofni.

Cymeradwyaeth

Mae Smyrna yn un o ddwy eglwys sydd yn cael eu cymeradwyo heb dderbyn cerydd na chondemniad.

Dywed yr Arglwydd ei fod yn gwybod am eu tlodi enbyd. Yn aml roedd

Cristnogion yn yr ardal hon yn colli eu gwaith o ganlyniad i'w tröedigaeth. O safbwynt daearol, roedd dod yn Gristion yn aberth fawr o'r cychwyn. Gallai olygu tlodi, newyn, carchar a hyd yn oed angau wrth y stanc neu trwy anifeiliaid gwylltion.

Er y tlodi materol, maen nhw'n gyfoethog yn yr Arglwydd Iesu Grist. Mae ganddyn nhw bob bendith ysbrydol yn y nefoedd ynddo Ef. Yng Nghrist mae'r cyfoeth sydd yn para byth, ac ni allwn fyth golli hwnnw.

Mae'n gwybod hefyd am synagog Satan. Roedd yr Iddewon yma, mae'n debyg, yn byw yn Smyrna oherwydd ei bod yn ganolfan fasnach bwysig. Roedden nhw'n gwrthwynebu Iesu fel Meseia ac yn fodlon cyhuddo Cristnogion gerbron tribiwnlys Rhufeinig. Er y bydden nhw'n ei disgrifio'u hunain fel 'synagog Duw', mae Crist yn dweud yn glir mai eiddo'r Gwrthwynebwr ydynt.

Mae'r frwydr ysbrydol yn mynd i boethi. Daw pwysau trwm am gyfnod. Ni allwn gymryd y deg diwrnod yn llythrennol, ond mae'n gyfnod penodol gyda therfyn iddo, faint bynnag y bo. Tu ôl i bob gwrthwynebiad a gorthrymder mae'r diafol, wrth gwrs.

Tra bod Satan yn gwneud hyn er mwyn eu difa nhw a'u ffydd, mae'r Arglwydd yn ei ganiatáu fel prawf, fel rhan o'r broses o'u profi megis trwy dân.

Polycarp

Dyma a ddigwyddodd i Polycarp yn nes ymlaen. Cafodd ei dynghedu i felltithio Crist neu farw. Dyma ran o'i ateb: "Fe'i gwasanaethais bellach ers wyth deg chwech o flynyddoedd ac ni wnaeth gam â mi. Sut y gallaf gablu fy Mrenin a'm hachubodd?" Mae'r cofnodwr yn mynd ymlaen i ddisgrifio'r dyrfa'n casglu coed tân i'w losgi ac yn dweud: " Yr oedd yr Iddewon, yn ôl eu harfer, yn fwy brwdfrydig na neb wrth y gwaith." (*Ffynonellau Hanes yr Eglwys*, gol. R.Tudur Jones)

Annog ac addo

Daw anogaeth i ffyddlondeb gan yr un a'n carodd i'r diwedd ar groes Calfaria. Daw'r addewid o goron y bywyd gan goncrwr bedd ac angau. Dyma ddarlun o fyd y gêmau Groegaidd, gyda'r buddugwr yn derbyn torch lawryf ar ei ben. Dyma wobr sy'n rhagori ar unrhyw fedal aur Olympaidd!

Dyw profi marwolaeth greulon o blaid y Ffydd yn ddim o'i gymharu â marwolaeth dragwyddol uffern i elynion Crist – sef yr ail farwolaeth.

"Ac at angel yr eglwys yn Pergamus, ysgrifenna: 'Dyma y mae'r hwn sydd â'r cleddyf llym daufiniog ganddo yn ei ddweud..." **(Dat. 2:12)**

Dyma'r trydydd o'r saith llythyr a anfonwyd at eglwysi Asia gan Iesu Grist, trwy law yr apostol Ioan a gafodd weledigaeth ar ynys Patmos.

Cefndir y ddinas

Roedd Pergamus wedi cael ei hadnabod fel prifddinas Asia ers tri chan mlynedd erbyn cyfnod y Testament Newydd, ac roedd hi'n bwysig iawn o ran ei hanes:

Roedd ganddi lyfrgell arbennig oedd yn dal dau gan mil o gyfrolau. Yn wir, mae'r gair Saesneg 'parchment' yn dod o'r enw 'Pergamenos'.

Roedd y ddinas hefyd yn enwog fel canolfan addoli Askepios, duw Groegaidd (ac yna Rhufeinig) oedd yn cael ei gysylltu'n arbennig â iachâd. Byddai cleifion a dioddefwyr yn dod o bob cwr i geisio cael eu gwella. Emblem y duw hwn oedd sarff, symbol o Satan i ni.

Yna roedd mynydd y tu ôl i Pergamus yn llawn temlau i lawer o dduwiau paganaidd, ac yn arbennig Zeus ac Athene, dau o dduwiau mwyaf y Groegwyr. Roedd teml Athene hanner ffordd i fyny'r mynydd, ac allor Zeus yn sefyll o'i blaen.

Roedd Pergamus hefyd yn ganolfan addoli Cesar. Felly roedd bywyd yn anodd i Gristion gydol y flwyddyn yn y brifddinas Asiaidd hon.

Cyfarchiad

Y tro hwn mae'r Arglwydd yn cyfeirio at y cleddyf llym daufiniog sydd yn dod allan o'i enau. Mae hyn yn cyfleu Gair Duw, wrth gwrs. Mae'n ein hatgoffa o gleddyf y Cristion yn y frwydr yn erbyn drygioni, ac o Hebreaid 4 sydd yn sôn am Air Duw yn trywanu enaid dyn, rhwng yr esgyrn a'r mêr. Mae Gair Duw yn trywanu ac yn datgelu, felly. Gall gael ei ddefnyddio i geryddu Cristnogion yn ogystal ag i argyhoeddi'r di-gred (ad.16).

Dywed yr Arglwydd ei fod yn gwybod lle mae'r saint yn trigo, sef lle mae eu cartref sefydlog. Nid pasio trwodd y maen nhw ond gorfod byw gyda thensiynau Pergamus. Nid dianc rhag eu sefyllfa yw eu hateb ond bod yn fuddugol ynddo.

Mae'n bosib bod gorsedd Satan yn cyfeirio at y deml fawr ar fynydd Pergamus, heb sôn am ganolfan addoli Cesar. Cymaint o gysur yw gwybod bod ein Harglwydd yn hollol ymwybodol o'n sefyllfa.

Cymeradwyaeth

Mae Crist yn falch iawn o'u hymlyniad wrtho mewn amser anodd. Doedden nhw ddim wedi gwadu eu ffydd yn ei enw ardderchog. Mae'n amlwg bod rhyw brawf mawr wedi bod, ond sefyll yn gadarn wnaeth saint Pergamus. Hyd yn oed pan laddwyd Antipas, doedden nhw ddim am blygu. Mae 'na draddodiad sy'n dweud y cafodd y merthyr hwn ei rostio'n fyw mewn tarw pres. Mae'n cael ei alw'n dyst, sef 'martus' yn Groeg, y gair sydd wedi rhoi 'merthyr' i ni.

Cerydd

Mae'r cyfeiriad at athrawiaeth Balaam yn mynd â ni nôl i'r amser pan oedd Israel yn yr anialwch, yn Sittim. Roedd Balaam wedi dweud wrth ferched Moab am ddenu dynion Israel i odineb. Roedd y gwragedd wedyn yn eu gwahodd i seremonïau a gwleddoedd i addoli ac aberthu i'w duwiau.

Mae'n amlwg fod pobl ddylanwadol yn eglwys Pergamus yn annog Cristnogion i fynd i wleddoedd paganaidd. Byddai addoli duwiau'n digwydd yno, ynghyd â offrymu iddynt, a llawer o anfoesoldeb rhywiol. Roedd bod ynghlwm wrth addoliad paganaidd yn golygu godineb ysbrydol ac roedd cymryd rhan mewn anlladrwydd rhywiol yn golygu godineb cnawdol.

Roedd rhai yn cymell Cristnogion i fynd, rhag colli eu statws cymdeithasol, ac efallai dan yr esgus o ddod i adnabod ein gelyn yn well.

Rhybudd ac addewid

Mae'r Arglwydd yn bygwth troi ei Air yn Air condemniol a dinistriol yn eu herbyn oni bai eu bod yn edifarhau. Mae'n cyfeirio at ddau beth penodol yn ei addewid:

Mae'r manna cuddiedig yn gyfeiriad at Iesu Grist wrth gwrs. Ef oedd y gwir fara a ddaeth o'r nef, i'n bodloni â bywyd tragwyddol. Mae'n guddiedig yn yr ystyr ei fod yn ysbrydol, ac i'w fwynhau trwy ffydd, a thrwy ymwrthod â themtasiynau'r cnawd.

Mae nifer o awgrymiadau ynglŷn ag ystyr y garreg wen a'r enw newydd arni:

Pan fyddai rheithgor yn pleidleisio roedd carreg wen yn golygu 'dieuog'.

Roedd cerrig gwyn yn cael eu defnyddio fel cownteri – a bod Duw yn ein cyfrif yn gyfiawn yng Nghrist.

Dyma fyddai'r tocyn i gael bara neu i fynd i'r arena.

Mae'n symbol o'r Cristion (fel llwythau Israel a deuddeg carreg yr Archoffeiriad).

Yr enw newydd yw enw newydd y crediniwr buddugol, gweler Eseia 62 a Hosea 1–2.

Ei bod yn symbol o'r Cristion ond mai enw newydd Crist yw'r enw, cymh. Dat.19:12.

Rwy'n ffafrio un o'r ddau olaf. Beth bynnag yr arwyddocâd ar y pryd, mae gan Iesu Grist fywyd llawer gwell i ni na'r un y mae'r byd yn ei gynnig.

"Ac at angel yr eglwys yn Thyatira, ysgrifenna: 'Dyma y mae Mab Duw yn ei ddweud, yr hwn sydd ganddo lygaid fel fflam dân, a'i draed fel pres gloyw."
(Dat. 2:18)

Dyma'r pedwerydd o'r saith llythyr nefol a anfonwyd at eglwysi Asia drwy law Ioan yr apostol alltud a gafodd weledigaeth pan oedd ar ynys Patmos.

Cefndir y ddinas

Enw Thyatira heddiw yw Akhisar. Mae'n gorwedd mewn dyffryn oedd fel dolen gyswllt rhwng dau ddyffryn arall. Oherwydd hynny, roedd yn arferol cael gwarchodlu yn y ddinas i'w gwarchod hi gan ei bod mewn safle agored, ac i rwystro ymosodiad ar ddinas Pergamus hefyd.

Gan fod cymaint yn pasio trwy'r dre, daeth yn ddinas fasnachol. Roedd yn enwog am liwio a'i masnach Indigo. Roedd Lydia'r weithwraig borffor yn dod o Thyatira.

Yr oedd yn enwog am urddau crefftwyr mewn gwaith megis gwlân, llin, dillad, lledr, llestri pridd ac yn y blaen, roedd pob urdd yn gysylltiedig â duw gwarchodol. Er mwyn cael bywoliaeth roedd rhaid perthyn i urdd, neu undeb, ac roedd aelodaeth o'r urdd yn awgrymu addoli'r duw cysylltiol, ac roedd disgwyl i'r aelodau fynychu'r seremonïau a'r gloddestau i'r duwiau. Roedd hyn yn creu tensiwn i Gristnogion. A ddylen nhw beidio ag ymuno â'r urddau ac o ganlyniad ddioddef safon byw isel a cholli pob statws cymdeithasol, neu berthyn i urdd, mynychu'r gwleddoedd a'r addoli paganaidd, anfoesol a gwadu Crist i bob pwrpas.

Cyfarchiad

Mae Crist yn ddisglair ei lygaid a'i draed. Mae'r fflam dân yn awgrymu sancteiddrwydd a phurdeb, fel y berth yn llosgi a'r disgrifiad o Dduw fel 'tân ysol'. Mae'n gweld pob sefyllfa ac mae'n gweld trwy bawb â golwg glân. Does dim posib cuddio dim rhagddo nac ymddangos yn rhywun ffug o'i flaen.
Does ganddo ddim traed o glai fel pechaduriaid ond rhai o bres gloyw. Bydd y rhain yn sathru ei elynion dan draed. (27)

Cymeradwyaeth

Mae'n gweld llawer yn cynyddu mewn grasusau Cristnogol fel cariad, ffydd, gwasanaeth a dyfalbarhad. Nid mynd o fod yn frwd i fod yn oer, nid colli sêl mae'r rhain ond ei hennill. Mae hyn yn plesio'n Harglwydd yn fawr gan ei fod yn bwriadu i ni fynd 'o nerth i nerth'. Nid yw'n dweud dim rhagor wrth y rhai ffyddlon ond bod angen iddyn nhw ddal yn dynn yn eu ffyrdd nes i Iesu Grist ddod nôl.

Cerydd

Y broblem yw eu bod yn goddef proffwydes o'r enw Jesebel. Hi oedd gwraig Ahab, brenin Israel yn nyddiau Elias. Roedd yn dywysoges baganaidd cyn ei briodi, a chyflwynodd addoliad Baal fel prif grefydd Samaria. Lladdodd nifer o broffwydi'r Arglwydd, bu'n bygwth Elias a threfnodd ladd Naboth ffyddlon am wrthod gwerthu ei winllan i'w phriod trachwantus.

Mae'n amlwg bod proffwydes yn Thyatira o'r un cymeriad, yn annog saint i bechu (yn y gwleddoedd paganaidd anfoesol) ac yn mynnu cael dylanwad a grym, ar draul sathru eraill dan draed. Mae ei chalon yn galed ac nid yw wedi edifarhau eto.

Rhybudd

Mae llymder y rhybudd yn dangos pa mor ddifrifol oedd pechod y wraig hon yng ngolwg Crist. Mae fel un rhybudd terfynol. Fe ddaw salwch difrifol i'w rhan hi a'r rhai sy'n cymryd ei harweiniad a'i dylanwad ar eu bywydau. Mae'n ein hatgoffa o dynged Herod yn Actau 12 am dderbyn clod fel duw am ei araith. Wnaiff y gwir Dduw ddim rhannu ei ogoniant â neb.

Yna ceir rhybudd i'w phlant hefyd. Lladdwyd tri deg o feibion Ahab yn amser Jehu. Mae'n rhybudd dychrynllyd i ddilynwyr gau broffwydi.

Mae'r Arglwydd yn dweud yn glir ei fod am ddangos ei fod yn barnu'r meddwl a'r galon, mae'n gweld ein cymhellion. Gall geiriau esmwyth swnio'n dda, ond ni allant greu argraff ar y Crist gogoneddus.

Teyrnasu

Mae Crist yn dod nôl a chaiff y byrddau eu troi. Daw yn ôl fel Brenin mawr gogoneddus fydd yn llywodraethu dros bawb. Bydd ei lywodraeth yn llym yn erbyn ei elynion a bydd yn eu malurio dan draed. Mae adnodau 26–27 yn ddyfyniad o Salm 2 sy'n dechrau gyda gwrthryfel dynion yn erbyn llywodraeth Duw. Mae'r Brenin Mawr yn chwerthin ac yn datgan ei fod wedi penodi ei frenin, ei Feseia, a hwn gaiff y llywodraeth derfynol.

Caiff pob Cristion ffyddlon deyrnasu gyda Christ yn ei ailddyfodiad.

Mae seren y bore yn 22:16 yn gyfeiriad at Grist ei hun. Dyma'r seren sydd yn sefyll allan yn y ffurfafen, ac felly bydd Crist a'i ffyddloniaid maes o law. Mae seren yn symbol o frenhiniaeth yn yr Hen Destament ac yn gysylltiedig â'r deyrnwialen: **"Daw seren allan o Jacob, a chyfyd teyrnwialen o Israel; fe ddryllia dalcen Moab, a difa holl feibion Seth."** (Num. 24:17)

Faint bynnag ein colled o fod yn ffyddlon i'n Gwaredwr, ar ein hennill y byddwn yn y pen draw. Dim ond colled all fod i'w wrthwynebwyr ac i ragrithwyr.

"Ac at angel yr eglwys yn Sardis, ysgrifenna: 'Dyma y mae'r hwn sydd ganddo saith ysbryd Duw a'r saith seren yn ei ddweud: Gwn am dy weithredoedd, a bod gennyt enw dy fod yn fyw er mai marw ydwyt." **(Dat. 3:1)**

Dyma'r pumed llythyr gan y Crist atgyfodedig at ei saith eglwys yn Asia trwy law Ioan, y carcharor Cristnogol.

Cefndir Sardis

Roedd 'yr anorchfygol' Sardis yn eistedd ar fryn anodd iawn cyrraedd ato, yn edrych dros Dyffryn Hermus, ac yn yr hen amser yn brifddinas Lydia. Roedd hen dueddiad gan y trigolion i fod yn falch a hunanhyderus. Roedden nhw'n siŵr eu bod yn anorchfygol oherwydd safle manteisiol y ddinas. Serch hynny, fe'i gorchfygwyd yn 549 a 218 cc. Roedd hollt yn y graig, ac fe lwyddodd dringwyr da i dorri mewn i'r ddinas gefn nos a sicrhau ei chwymp. Ni allai dinas pen y bryn dyfu ac felly gadawyd yr acropolis a chodwyd dinas gyfagos. Yn amser Datguddiad roedd y ddinas yn heneiddio ac yn marw i bob pwrpas. Cafodd rhan o'r ddinas ei dinistrio gan ddaeargryn yn 17 oc.

Cyfarchiad

Mae Crist yn ei ddisgrifio'i hun yn dal saith ysbryd Duw a'r saith seren. Yn y bennod gyntaf daw'r cyfarchiad gwreiddiol oddi wrth y Tad tragwyddol, y saith ysbryd ac Iesu Grist. Felly, yr Ysbryd Glân yng nghyflawnder ei waith yw'r saith ysbryd. Dyma'r Ysbryd sydd yn rhoi bywyd, a gall wneud hynny hyd yn oed i Sardis farwaidd, a hynny trwy weinidogaeth henuriaid yr eglwys.

Cerydd

Y tro hwn mae'r cerydd yn blaenori'r gymeradwyaeth oherwydd bod y rhai sydd yn cysgu'n ysbrydol yn fwy niferus na'r rhai byw, mae'n debyg. Roedd gan yr eglwys enw (gan ddynion) am fod yn llewyrchus a byw. Nid barn dynion am ein heglwysi sydd yn cyfrif ond barn y Gwaredwr. Mae'n hawdd mynd i boeni am ein delwedd gerbron y byd heb boeni dim am ein delwedd gerbron gorsedd y nef. Er nad oes sôn am erlid gan Iddew na Chenedl-ddyn, mae tawelwch Sardis fel tawelwch y fynwent.

Mae'r rhan fwyaf wedi 'halogi eu dillad'. Mae eu gwasanaeth a'u haddoliad yn amhur ac yn anghyflawn hefyd. Cragen wag oedd eu crefydd. Mae'n debyg bod y ffurf yn ddigon cywir, yr arferion, y traddodiadau a'r gwasanaethau, ond bod dim realiti ysbrydol yn perthyn iddynt.

Mae ysgolion yn gyfarwydd â chael eu harolygu gan rai a elwir yn 'Arolygwyr ei Mawrhydi'. Dyna'n union yw Crist, gan ei fod yn edrych ar yr eglwys 'yng ngolwg Duw'.

Rhaid iddyn nhw edrych i'r gorffennol, ac at etifeddiaeth real, fywiog y dyddiau cynnar pan ddaeth yr Efengyl yno gyntaf. Rhaid mynd nôl at y ffydd gyntaf, y gobaith ffres a'r cariad brwd ddaeth gyda'r wir Efengyl.

Cymeradwyaeth

Lleiafrif bach sy'n plesio'r Arglwydd yn Sardis. Mae eu dillad yn lân ac yn bur. Maen nhw'r un fath y tu mewn a'r tu allan. Mae eu calonnau yn eiddo i'r Arglwydd yn gyfan gwbl. Does dim calon ddwbl, na meddwl deublyg yn eu gwasanaeth. Mae'r ychydig enwau yn wybyddus yn bersonol i Grist y Bugail mawr. Rhaid i ni gofio bod ein Harglwydd yn edrych ar y galon bob amser, ac os nad yw mewn tiwn â'r geiriau cywir, ni fydd ein 'Cristnogaeth' ragrithiol yn cael unrhyw argraff ar y nef, a gwae ni os yw hynny'n wir amdanom.

Rhybudd

Mae neges i ddeffro o'r cysgadrwydd ysbrydol yma. Rhaid iddyn nhw afael yn yr ychydig fywyd ysbrydol sydd ar ôl. Wrth i Grist sôn am ddod fel lleidr, mae'n debyg y byddai hanes dinas Sardis yn dod i'w cof a'r modd y daeth lladron i fyny at yr acropolis trwy'r hollt yn y graig. Dyw ei pharchusrwydd ffug ddim yn mynd i sefyll prawf yr Arglwydd.

Mae'n dweud hefyd y caiff y rhai ffyddlon gadw eu henwau yn llyfr y bywyd. Mae hynny'n golygu y bydd enwau'r rhagrithwyr, sydd yn flaenllaw ar lyfrau'r eglwys, efallai, yn absennol o'r llyfr mawr sydd o bwys tragwyddol.

Addewid

Ceir addewid o ddillad gwyn disglair i'r sawl sy'n edifarhau. Mae gwyn yn awgrymu glendid, purdeb, perffeithrwydd a dathliad hefyd. Ym mhennod saith cawn olygfa o'r nef gyda'r dyrfa ddi-rif mewn gynau gwynion. Mae'r rhain wedi eu cannu yng ngwaed yr Oen. Felly maen nhw'n gyfiawn ac yn sanctaidd trwy gredu yng nghroes Iesu Grist.

Yna mae Crist yn dweud y bydd yn eu harddel gerbron y Tad. Dyma'r bobl y bydd yn falch ohonynt. Dyma'r rhai gaiff eu cymeradwyo wrth orsedd y nef. Mae'n ein hatgoffa o'i eiriau yn y Bregeth ar y Mynydd y bydd yn gwadu pob adnabyddiaeth o ragrithwyr: **"Ac yna dywedaf wrthynt yn eu hwynebau, 'Nid adnabûm erioed mohonoch; ewch ymaith oddi wrthyf, chwi ddrwgweithredwyr.'"**

"Ac at angel yr eglwys yn Philadelffia, ysgrifenna: 'Dyma y mae'r Un sanctaidd, yr Un gwir, yn ei ddweud, yr hwn y mae allwedd Dafydd ganddo, yr hwn sy'n agor, ac ni fydd neb yn cau, ac yn cau, a neb yn agor." **(Dat. 3:7)**

Dyma'r chweched o'r saith llythyr at eglwysi'r hen Asia Leiaf.

Dinas Philadelphia

Doedd Philadelphia ddim yn ddinas hynafol. Fe'i sefydlwyd yn 140 cc gan Attalus II. Cafodd ef ei enwi'n 'philadelphos' sef 'brawdgarwr' oherwydd ei ffyddlondeb i'w frawd Eumenes. Dyna sut y cafodd y ddinas ei henw maes o law.

Roedd y ddinas hon ddau ddeg wyth milltir i'r de-ddwyrain o Sardis mewn dyffryn ar briffordd bwysig iawn oedd yn dod o Ewrop i'r Dwyrain. Roedd mewn man cyfarfod i dair talaith, sef Mysia, Lydia a Phrygia. Mae rhai wedi galw'r ddinas yn Borth i'r Dwyrain. Dyma pam y'i hadeiladwyd mewn gwirionedd, i fynd â'r diwylliant Groegaidd i gyfeiriad y Dwyrain, gan fod Attalus yn gweld drws cyfle yn agor i gyfeiriad codiad haul.

Roedd Philadelphia yn ymyl gwastadedd eang a oedd yn ardal losgfynyddig. Roedd yn dir ffrwythlon a daeth y ddinas yn fyd-enwog am ei gwin. Hefyd roedd yr ardal yn llawn ffynhonnau poeth oedd yn denu pobl i gael eu hiacháu ynddynt. Yn anffodus roedd yr ardal hefyd yn agored i ddaeargrynfâu. Cafodd y ddinas ei chwalu'n ddrwg yn naeargryn 17oc ond cafodd nawdd hael gan Tiberius i'w hailadeiladu. O barch ato, rhoddwyd yr enw Neocaesarea (Tref newydd Cesar) ar Philadelphia ond ni pharodd yn hir iawn, ac adenillodd yr hen enw ei blwyf yn y diwedd.

Oherwydd yr amgylchiadau bregus, byddai'r trigolion yn ffoi i'r gwastadedd ar adegau o grynfa. Roedden nhw'n gyfarwydd â'r mynd a'r dod achlysurol yma oedd yn ansefydlogi eu bywyd.

Cyfarchiad

Mae'r Crist byw yn ei gyflwyno'i hun fel yr Un sanctaidd a gwir. Ganddo Ef y mae allwedd Dafydd.

Iesu Grist yw'r Meseia dilys, ac nid yw rhith y pseudo-Iddewon yn ei blesio o gwbl. Mae'r cyfeiriad at allwedd Dafydd a'r drws yn dod o Eseia 22:22 sydd yn disgrifio swyddog Iddewig o'r enw Eliacim yn cael awdurdod yr allweddau yn Jerwsalem yn lle rhyw Sebna. Roedd gan swyddog yr allweddau awdurdod arbennig. Roedd yn arolygu'r ystafelloedd brenhinol, a hefyd yn dweud pwy oedd yn cael ei dderbyn i wasanaeth y brenin.

Crist yw'r Brenin Mawr, wrth gwrs, ac mae ganddo awdurdod terfynol ar bwy sydd yn dod i lysoedd Brenin y Gogoniant, a phwy gaiff aros am byth yn ei wasanaeth.

Cymeradwyaeth

Mae'n gwybod am wendid yr eglwys; efallai ei bod yn fach o ran maint ac adnoddau dynol, ond mae wedi sefyll yn ffyddlon yn yr Efengyl ac yn enw Crist. Roedden nhw wedi gwneud hyn yn wyneb gwawd a chyhuddiadau synagog Satan. Maent wedi cadw 'gair dyfalbarhad' (10), sef Efengyl dyfalbarhad Crist i'r groes a'r Gair sydd yn ein galw ni i ddyfalbarhau'n amyneddgar hyd y diwedd. Maen nhw wedi ennill coron am eu ffyddlondeb eisoes ac mae'n eu hannog i ddal eu gafael arni.

Addewid

Roedd yr Arglwydd yn gosod drws agored o'i blaen, drws o gyfle arbennig i'r Efengyl yn yr ardal, drws i ras Duw dorri mewn i fywydau dynion a'u haileni. Roedd rhai o'r Iddewon yn mynd i ddod yn eiddo i'r eglwys – trwy ddod yn Gristnogion a chofleidio'r Efengyl. Bydden nhw'n cael eu cadarnhau fel pobl yr Arglwydd, rhai y mae Ef yn eu caru.

Mae'n addo eu cadw rhag niwed yn y prawf arall i'w ffydd sydd o'u blaen nhw a phawb yn gyffredinol hefyd. Prawf yr holl fyd oedd y don o erledigaeth oedd ar fin codi dros y byd Rhufeinig yn dilyn yr orfodaeth i addoli'r ymerawdwr fel prawf o deyrngarwch. Byddai hyn yn brawf ar y di-gred hefyd, gan ddod â chondemniad ar y rhai fyddai'n eu dangos eu hunain yn elynion i Grist.

Yna daw'r addewid o golofn yn Nheml Dduw. Mae hyn, mae'n debyg, yn gyfeiriad at arferiad yn Philadelphia i anrhydeddu noddwyr hael y ddinas. Os oedd rhywun wedi gwasanaethu'r wladwriaeth yn arbennig o dda byddai ei enw'n cael ei argraffu ar golofn yn un o'r llu temlau i un o'r llu duwiau oedd yn cael eu haddoli yn y ddinas.

Hefyd bydd deiliaid dinas Dduw yn gweld enw newydd ar y Jerwsalem newydd nefol, fel cafodd Philadlelphia enw newydd dros dro, beth bynnag.

Mae'r addewid o gael aros yn y Deml, ac yn y ddinas am byth yn ein hatgoffa o fywyd ansefydlog Philadelphia oherwydd y daeargrynfâu. Unwaith y bydden nhw'n cyrraedd y gogoniant, y Jerwsalem nefol, ni fyddai rhaid ffoi byth eto.

"Ac at angel yr eglwys yn Laodicea, ysgrifenna: 'Dyma y mae'r Amen, y tyst ffyddlon a gwir, a dechreuad creadigaeth Duw, yn ei ddweud." **(Dat.3:14)**

Dyma'r olaf o'r saith llythyr a anfonwyd gan y Crist byw at saith eglwys Asia trwy law Ioan yr apostol.

Dinas Laodicea

Safai Laodicea yn nyffryn afon Lycus gyda dwy ddinas arall, sef Colosae a Hierapolis. Cafodd ei sefydlu yn 250 cc gan Antiochus II a'i enwi ar ôl ei wraig, Laodice. Daeth yn dref bwysig yn ymerodraeth Rhufain fel tref lysol lle byddai rhaglaw Rhufeinig yn dod i weinyddu barn a chyfiawnder.

Roedd Laodicea'n arbennig o gyfoethog. Dyma lle roedd banciau mawr yr ardal. Pan ddaeth daeargryn yn 60 oc. gwrthododd y ddinas hon unrhyw nawdd neu grant oddi wrth yr ymerodraeth a llwyddwyd i'w hailadeiladu mewn gwychder; roedden nhw'n hunangynhaliol yn eu cyfoeth mawr. Roedd hi'n enwog hefyd am ysgol feddygol oedd wedi cynhyrchu eli llygad arbennig, ymhlith pethau eraill, ac yn enwog am gynhyrchu dillad o'i gwlân du meddal gwych.

Mae'n debyg bod dŵr Laodicea'n llugoer. Roedd ffynhonnau poeth yn Hierapolis a dŵr oer ffres yng Ngholosae, ond roedd Laodicea'n gorfod dibynnu ar bibell i gario'i dŵr o Denzili ryw bedair milltir i ffwrdd.

Mae Paul yn cyfeirio at Laodicea yn ei epistol at y Colosiaid, lle mae'n sôn am ei ymdrech ef ac Epaphras (oedd wedi dod â'r Efengyl i'r ardal) drostynt. Mae'n eu cyfarch ar ddiwedd yr epistol ac yn dweud wrth y Colosiaid i basio'u llythyr i Laodicea ac i ddarllen ei lythyr at y Laodiceaid.

Cyfarchiad

Crist yw'r 'Amen', ymgorfforiad o wirionedd Duw. Mae ei dystiolaeth yn wir ac yn ddibynadwy. Mae ganddo awdurdod aruchel fel Un y crëwyd y byd trwyddo ac er ei fwyn, ac mae ganddo gyfoeth byd-eang, felly. Mae angen y gwirionedd ar eglwys oedd yn byw mewn ffantasi o hunanddigonedd a chyfoeth gerbron Duw.

Cerydd

Mae ei asesiad Ef o'i eglwys yn ddeifiol, ac yn chwalu ei hunan-dyb yn rhacs. Mae'n eu disgrifio fel dŵr claear oedd yn dda i ddim ond ei boeri allan. Roedd gwerth iachusol i ddŵr poeth a gallai dŵr ffres ac oer dorri syched yn hyfryd, ond doedd dim gwerth i ddŵr claear. Am hynny, mae ar fin eu poeri o'i enau. Mae cyflwr ysbrydol eglwys Laodicea mor droëdig nes eu bod yn codi cyfog ar y Gwaredwr.

Yr oedden nhw (ac eraill o bosib) yn eu gweld eu hunain fel eglwys lewyrchus, foethus a hunangynhaliol, heb angen nawdd na chymorth o'r tu allan, ddim hyd yn oed gan yr hollgyfoethog Dduw. Roedden nhw'n tybio eu bod yn uchelwyr yng ngolwg Duw er bod yr Arglwydd yn eu gweld fel cardotwyr truenus ac anghenus.

Cyngor cariad

Oherwydd ei drueni drostynt a'i gariad tuag atynt mae'r Arglwydd yn eu cynghori i ailddarganfod y cyfoeth sydd ynddo Fe. Rhaid ailafael yn yr iachawdwriaeth sydd yn Iesu Grist. Mae ei faddeuant fel aur pur oedd wedi cael ei brosesu trwy dân ei ddioddefaint creulon ar groes Calfaria. Mae ganddo gyfiawnder i guddio noethni gwarthus eu pechodau a'u gwisgo'n hardd gerbron y Tad. Mae hyn yn ein hatgoffa o ddameg priodas mab y Brenin yn Mathew 22 lle mae'r person sydd heb wisg briodas (am ei fod wedi ei gwrthod wrth ddod i mewn) yn cael ei fwrw allan. Mae ganddo eli i agor eu llygaid i'w gweld eu hunain fel y mae Ef yn eu gweld, i weld eu gwir gyflwr, ond hefyd i weld ei gariad angerddol tuag atynt ar gras rhyfeddol sydd ar eu cyfer.

Dyma anogaeth hyfryd gan ein Gwaredwr! Mae'n apelio atynt o gariad ac o ras i edifarhau am wrthgilio mor bell oddi wrtho ac am ei gau allan o'i eglwys ei hun. Yn wir mae rhai esbonwyr yn awgrymu nad oedd llawer o'r bobl hyn wedi profi gras Crist yn y lle cyntaf mewn gwirionedd.

Mae'n annerch unigolion yn yr eglwys i agor y drws iddo. Mae'n ei ddarlunio'i hun yn curo i gael dod i mewn. Os bydd unrhyw un yn agor iddo, caiff wledda yn ei gwmni ac yn ei bresenoldeb cariadus.

Addewid

Mae'r Tyst ffyddlon yn addo y bydd y gymdeithas gariadus yn parhau am byth gydag Ef. Mae'n addo gwir ddyrchafiad i eistedd gydag Ef mewn awdurdod nefol. Mae hyn gymaint gwell na'r hunanddyrchafiad oedd yn nodweddu'r ddinas falch oedd yn diodde'n enbyd o feddyliau mawreddog. Cawn ein hatgoffa o eiriau Iesu ar y ddaear y bydd y sawl sydd yn ei ddyrchafu ei hun yn cael ei dynnu i lawr, tra bod y sawl sy'n ymostwng gerbron Duw yn siŵr o gael ei ddyrchafu cyn hir.

"Yn ysgrifenedig ar ei fantell ac ar ei glun y mae enw: 'Brenin brenhinoedd, ac Arglwydd arglwyddi." (Dat.19:16)

Ers troad y Mileniwm mae tîm rygbi Cymru wedi ennill Pencampwriaeth y Chwe Gwlad ddwywaith hyd yn hyn. Nid yn unig maen nhw wedi cael y bencampwriaeth, ond maen nhw hefyd wedi cyflawni'r Gamp Lawn trwy ennill pob gêm. Mae hynny'n golygu maeddu pum gwrthwynebwr.

Mor braf yw gweld ein tîm yn gwneud yn dda. Mae'r chwaraewyr yn cynrychioli'r wlad ar y maes rygbi. Bydd eu methiant yn peri rhyw ddigalondid ac embaras hyd yn oed, tra bod eu llwyddiant yn codi'r galon; ac mae'r genedl yn dechrau ymffrostio yn arwyr y bêl hirgron unwaith eto.

Mae hynny yn f'atgoffa o'n Cynrychiolydd ni Gristnogion, sef yr Arglwydd Iesu Grist. Daeth Duw'r Mab yn ddyn, i fod, fel Adda, yn gynrychiolydd i'w bobl, sef pawb fydd yn credu ac yn ymddiried ynddo. Yn y disgrifiad hwn ohono cawn ein hatgoffa o'i fuddugoliaeth fawreddog ar bump o'n gelynion, nes ein bod ni yn gallu llawenhau ac ymffrostio ynddo.

Pechod

Dyma elyn mawr y ddynoliaeth am sawl rheswm:
Mae'n ein gwahanu oddi wrth ein Creawdwr: (Eseia 59:2)
Mae'n denu digofaint Duw arnom: (Rhuf. 1:18)
Mae'n arwain at farwolaeth – y ffaith o farwolaeth gorfforol, a'r ail farwolaeth, sef uffern dragwyddol.

Ond ar y groes, aberthwyd Oen Duw **"sy'n cymryd ymaith bechod y byd".** Cymerodd Crist bechod ei bobl arno fe'i hunan. Cafodd ei gyfrif yn bechadur yn ein lle, er mwyn i ni gael ein cyfrif yn gyfiawn trwy ffydd ynddo Ef. Bellach ni all pechod ein condemnio, ein pellhau oddi wrth ein Tad nefol, ein concro na'n damnio.

Angau

Dyma ganlyniad pechod fel y gwelsom eisoes. Mae marwolaeth y corff yn elyn parhaus i ni o genhedlaeth i genhedlaeth. Nid yw'n parchu oed, statws, cefndir na chred. Mae atgyfodiad Iesu Grist yn cyhoeddi buddugoliaeth dros y bedd. Nid y bedd sydd â'r gair olaf.

Mae cymaint o bobl heddiw yn dal gafael mewn credoau di-sail a disylwedd wrth wynebu angau - bod yr ymadawedig yn yr ystafell nesaf, neu wedi troi'n seren, ei fod yn edrych i lawr arnom, ei fod wedi mynd i baratoi lle yn y nef hyd yn oed.

Mae gwir obaith yn atgyfodiad corfforol, hanesyddol Crist. Roedd ganddo gorff atgyfodedig oedd yn bwyta pysgod gyda'r disgyblion yn eu hystafell. Ymddangosodd i fwy na phum cant o gredinwyr.

Does dim angen ofni angau bellach, sydd fel cacynen heb golyn, fel sarff heb wenwyn. I'r Cristion, hyd yn oed yn nhristwch tywyll glyn cysgod angau mae gobaith cadarn fel goleuni sy'n mynnu pelydru drwyddo.

Uffern

Dyma'r ail farwolaeth, y tywyllwch eithaf (Math. 8:12; 22:13; 25:30), lle o wylo a rhincian dannedd (yr adnodau uchod a rhagor). Dyma'r lle a baratowyd i'r diafol a'i angylion (Math. 25:41) ond bod Satan yn benderfynol o fynd ag eraill i lawr gydag ef. Dyma yw'r distryw sydd ar ben draw'r llwybr llydan, y llyn tân a'r tân tragwyddol. Caiff ei alw'n gosbedigaeth dragwyddol hefyd yn Math. 25:46. Does dim amheuaeth ei fod yn gyflwr ac yn lle erchyll i fod ynddo am byth.

Dyma a ddioddefodd ein Gwaredwr gwych ar Galfaria, yn ogystal â'r artaith gorfforol oedd yn rhan o bob croeshoelio. Dyma arwyddocâd y tywyllwch am dair awr a'r gri o ymadawiad pan ofynnodd y Mab pam roedd y Tad wedi ei adael.

Gelynion

Mae'n wir dweud ein bod oll yn elynion yn ein pechod, ond mewn ystyr arall bu gelynion amlwg ac erlidwyr i bobl Dduw a Christnogion erioed. Yn yr Hen Destament roedd cenhedloedd eraill yn ymosod ar y genedl etholedig o bryd i'w gilydd. Er bod Duw yn caniatáu hynny, roedd hefyd yn cosbi ac yn dangos ei wrthwynebiad i'r gwrthwynebwr, boed yn Assyria, yr Aifft neu Fabilon, fel enghreifftiau amlwg. Daeth gelyniaeth i'r Meseia o gyfeiriad arweinwyr fel yr archoffeiriaid a'r Ysgrifenyddion, a sect fel y Phariseaid. Mae hyn wedi parhau ar hyd hanes yr Eglwys. Ond proffwydir yn Salm 2 y bydd yn dryllio ac yn malurio pob gelyn, ac yn ôl Salm 110 cânt eu gwneud yn droedfainc i'w draed.

Satan

Ystyr yr enw Satan yw 'gwrthwynebwr'. Does dim amheuaeth mai'r angel syrthiedig hwn sydd y tu ôl i bob gelyniaeth a phechod. Ef ddaeth â chosb marwolaeth arnom hefyd. Mae Iesu'n ei ddisgrifio fel gŵr arfog cryf, sy'n ceisio gwarchod ei blasty a'i eiddo. Mae meddwl am elynion y Ffydd, pechod, angau ac uffern fel arfogaeth diafol yn ddigon i'n dychryn. Ond yna mae'n sôn am **"un cryfach nag ef"** yn dod i gymryd ei arfwsig a rhannu'r ysbail â'i bobl.